Best Time

白 马 时 光

维克多·谢阁兰于 1914 年拍摄的秦始皇陵　　作者 2013 年拍摄的秦始皇陵，距谢阁兰拍摄地 200—300 米远

1974 年首次挖掘的 1 号坑，南向，挖掘地点为左侧大树的正下方

王玉清（左）和袁仲一（右）进行第一批武士俑的初步清洗

1978年挖掘的1号坑的后期工作

2017年1月拍摄的1号坑所在地
秦始皇兵马俑博物馆外观

2017年3月挖掘出的2号坑，图片显示，仍有大片区域尚未发掘

1号坑内部现状

1号坑中的御手俑

早期修复的1号坑武士俑

兵马俑特写·一

兵马俑特写·二

兵马俑特写·三

兵马俑特写·四

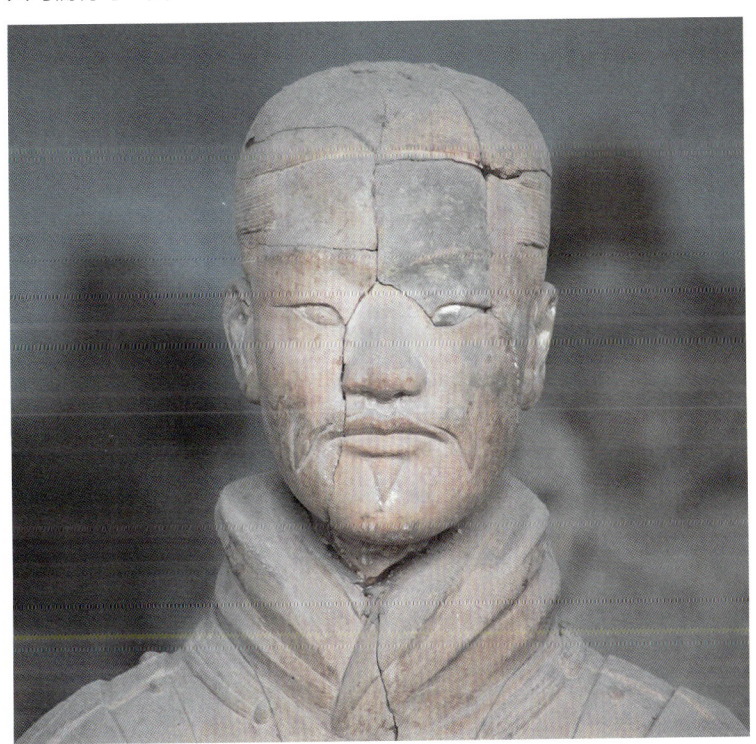

陶囷

陶囷俯视图

青铜器·一

青铜器·二

秦景公大墓的车马坑

秦景公大墓

模拟的秦景公墓内景

用于制造景公棺椁的杉木，上有刀痕

秦景公陵墓中出土的青铜构件

秦景公大墓出土的黄金啄木鸟微缩模型　　黄金啄木鸟微缩模型俯视图，可见其羽翼工艺精美

黄金动物微缩模型

秦景公大墓出土的鹿纹图案瓦当

鹿纹图案瓦当侧面

太公庙出土的青铜钟，刻有"天命"铭文

陕北榆林地区被侵蚀的古长城，远处为修复的明代瞭望塔

咸阳宫殿建筑遗址保护碑

清代蜀道到陕西边境的地图

峄山刻石宋代摹本　　　　　　　　峄山刻石宋代摹本局部

秦始皇陵一号铜车马

秦始皇陵二号铜车马

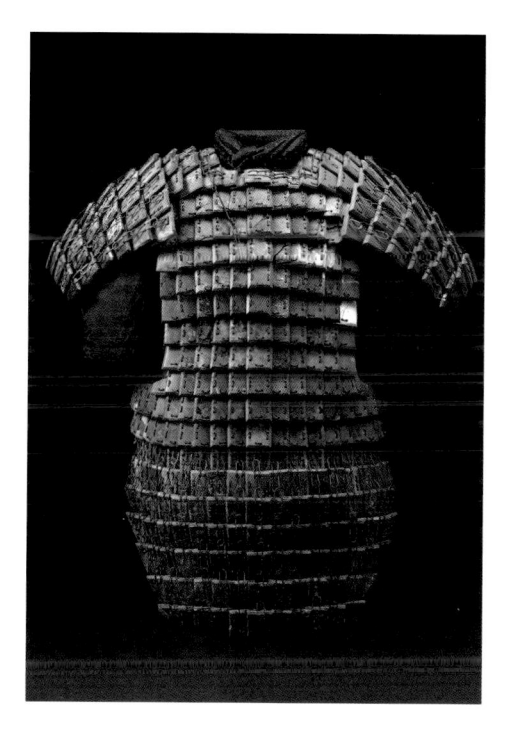

修复后的铠甲 　　　　　　　　　　　修复后的铠甲侧面

杂技演员或摔跤手·一　　　　　　　杂技演员或摔跤手·二

2003年发掘于7号坑的坐姿乐师俑

2003年发掘于7号坑的青铜鹤

2003年发掘于7号坑的青铜雁

2号坑的青铜斧

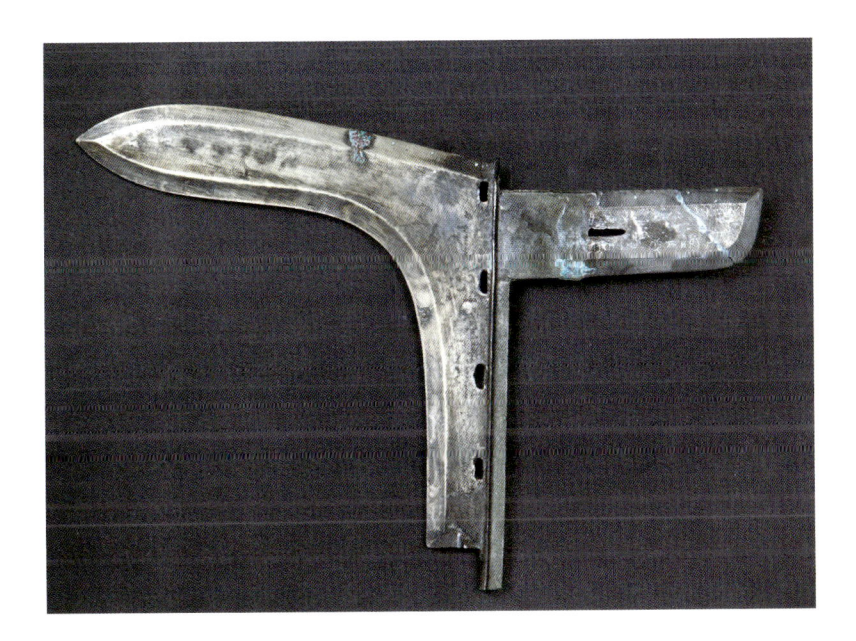

青铜戈

青铜镦

成捆的弩箭

砖石上的刻文·一

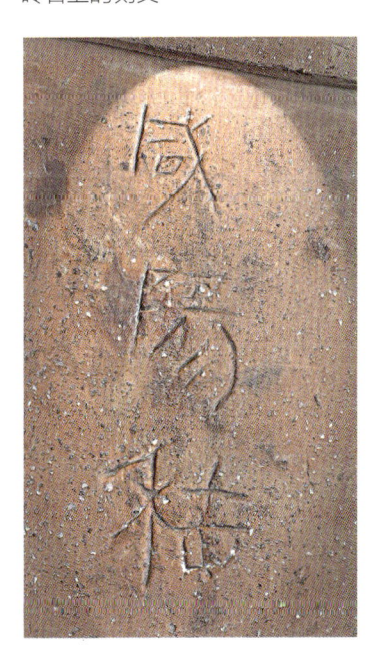

砖石上的刻文·二

1号坑战车的马

做陶器时用脚踩踏和泥，

2017 年 1 月 12 日拍摄于陕西东北部澄城尧头窑

陶俑的发髻·一　　　　　　陶俑的发髻·二　　　　　　陶俑的发髻·三

明｜二陵神道上的石人

霍去病墓《马踏匈奴》石雕

霍去病墓动物石雕

汉景帝阳陵

唐乾陵神道

汉景帝阳陵陪葬坑出土的羊、猪和烹饪器皿

汉景帝阳陵陪葬坑出土的陶俑

修复兵马俑工作图片·一

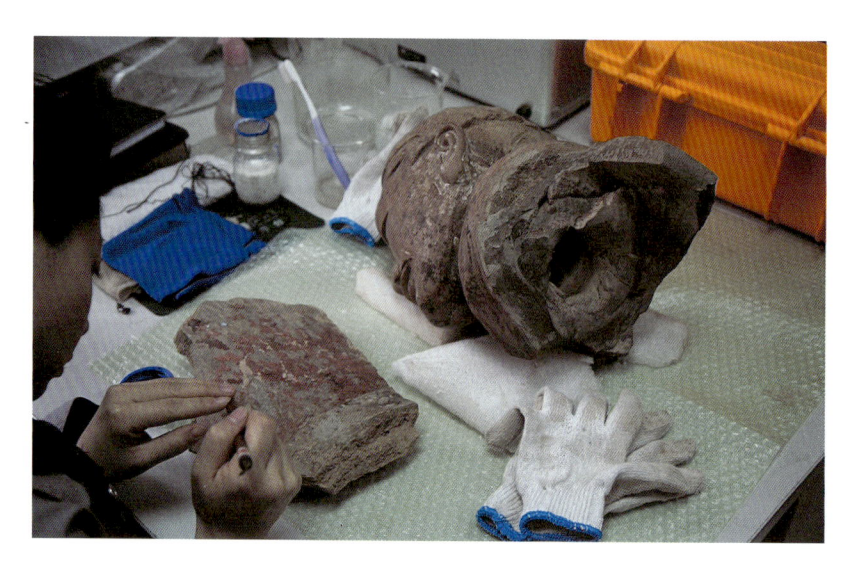

修复兵马俑工作图片·二

修复保护阶段的兵马俑

穿长甲的将军俑

穿铠甲的跪姿兵马俑

慕尼黑工业大学凯瑟琳娜·布兰斯多夫博士及其团队的复制实验作品·将军俑

复制实验作品·跪射俑

出土的兵马俑，色彩保存完好

出土的兵马俑头部·一　　　　　　　　　出土的兵马俑头部·二

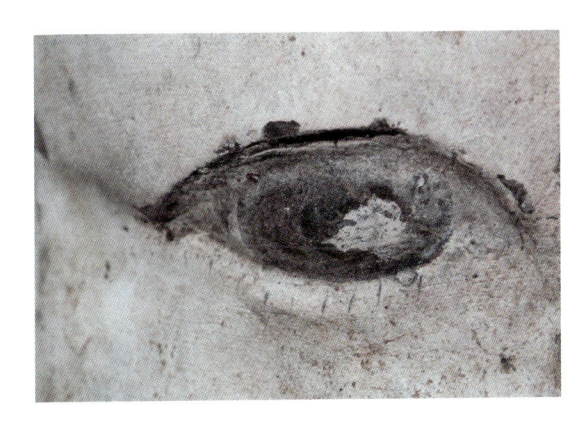

兵马俑的眼睛特写

兵马俑彩色的手臂

兵马俑彩色的服装

秦始皇帝陵巨大的封土堆

9901号坑入口

戈和弩的修复工作

9901号坑出土的铅块

9801号坑出土修复的铠甲·一

9801号坑出土修复的铠甲·二

9901号坑出土的鼎

石磬原件

石磬复制品

0006 号坑中的青铜斧或钺

0006 号坑中的御手俑和文官俑

0006 号坑

甘肃省出土的希腊风鎏金盘，刻有希腊奥林匹斯十二神的头像

望峰俯视下的陵墓

清晨迷蒙雾气中的望峰，在陵墓轴心的正南方，像一把天然的扶手椅

0006号坑入口

陵墓区内南门外存世的城墙

身披铠甲的摔跤手或杂技演员 　　　　　　摔跤手或杂技演员 　　　　　　摔跤手或杂技演员侧面

法国吉美博物馆内的希腊大理石人像雕塑

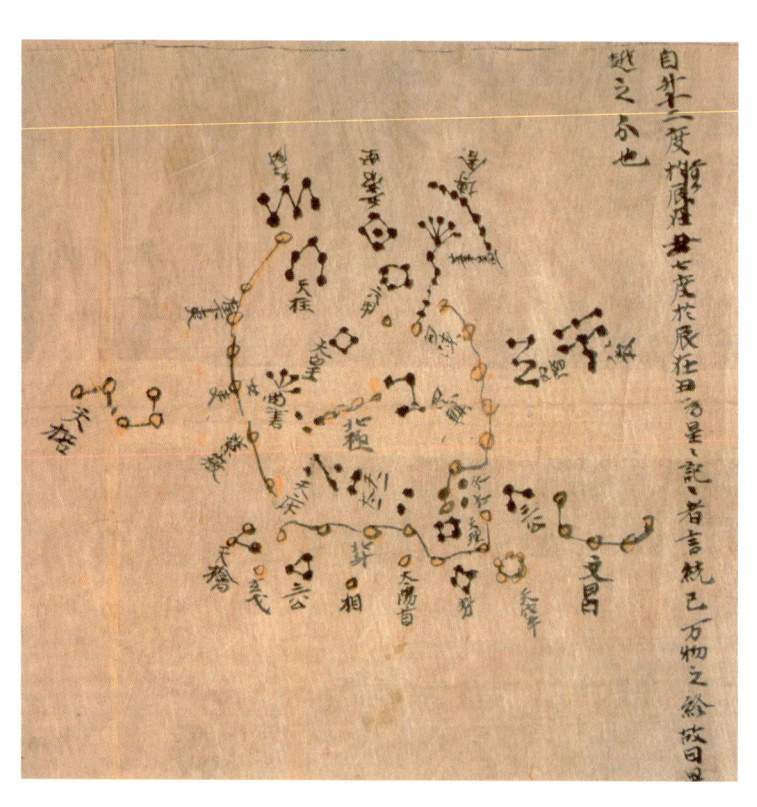

公元 700 年的敦煌星图

TERRACOTTA WARRIORS

秦俑两千年

［英］爱德华·伯曼（Edward Burman） 著
姜琳 译
张卫星 学术顾问

图书在版编目（CIP）数据

秦俑两千年 /（英）爱德华·伯曼著；姜琳译. —
南昌：百花洲文艺出版社，2020.5（2020.6重印）
ISBN 978-7-5500-3472-3

Ⅰ. ①秦… Ⅱ. ①爱… ②姜… Ⅲ. ①秦俑—研究
Ⅳ. ① K878.94

中国版本图书馆 CIP 数据核字（2019）第 259192 号

江西省版权局著作权合同登记号：14-2019-0162

Terracotta Warriors: History, Mystery and the Latest Discoveries by Edward Burman
First published in Great Britain in 2018 by Weidenfeld & Nicolson
© EB Cultural Enterprises
Published by arrangement with Orion Publishing Group via The Grayhawk Agency Ltd.
Chinese Simplified Character translation Copyright © 2020 by Beijing White Horse Time
Culture Development Co., Ltd.
All Rights Reserved.

秦俑两千年
QINYONG LIANGQIAN NIAN

〔英〕爱德华·伯曼 著 姜琳 译

出 版 人	章华荣
出 品 人	李国靖
特约监制	王 瑜
责任编辑	游灵通
学术顾问	张卫星
特约策划	李国靖
特约编辑	刘洁丽 王良玉
封面设计	林爻 QQ:450611716
版式设计	王雨晨
出版发行	百花洲文艺出版社
社　　址	南昌市红谷滩世贸路 898 号博能中心Ⅰ期 A 座 20 楼
邮　　编	330038
经　　销	全国新华书店
印　　刷	三河市兴博印务有限公司
开　　本	710mm×1000mm　1/16
印　　张	21.75
字　　数	197 千字
版　　次	2020 年 5 月第 1 版
印　　次	2020 年 6 月第 2 次印刷
书　　号	ISBN 978-7-5500-3472-3
定　　价	88.00 元

赣版权登字：05-2019-326
版权所有，侵权必究
发行电话 0791-86895108　　网　址 http://www.bhzwy.com
图书若有印装错误，影响阅读，可向承印厂联系调换。

插图列表

1. 维克多·谢阁兰于 1914 年拍摄的秦始皇陵
2. 作者 2013 年拍摄的秦始皇陵，距谢阁兰拍摄地 200—300 米远
3. 1974 年首次挖掘的 1 号坑，南向，挖掘地点为左侧大树的正下方
4. 王玉清（左）和袁仲一（右）进行第一批武士俑的初步清洗
5. 1978 年挖掘的 1 号坑的后期工作
6. 2017 年 1 月拍摄的 1 号坑所在地，秦始皇兵马俑博物馆外观
7. 2017 年 3 月挖掘出的 2 号坑，图片显示，仍有大片区域尚未发掘
8. 1 号坑内部现状
9. 1 号坑中的御手俑
10. 早期修复的 1 号坑武士俑
11. 兵马俑特写·一
12. 兵马俑特写·二
13. 兵马俑特写·三
14. 兵马俑特写·四
15. 陶囷
16. 陶囷俯视图
17. 青铜器·一
18. 青铜器·二
19. 秦景公大墓的车马坑
20. 秦景公大墓

21. 模拟的秦景公墓内景
22. 用于制造景公棺椁的杉木，上有刀痕
23. 秦景公陵墓中出土的青铜构件
24. 秦景公大墓出土的黄金啄木鸟微缩模型
25. 黄金啄木鸟微缩模型俯视图，可见其羽翼工艺精美
26. 黄金动物微缩模型
27. 秦景公大墓出土的鹿纹图案瓦当
28. 鹿纹图案瓦当侧面
29. 太公庙出土的青铜钟，刻有"天命"铭文
30. 陕北榆林地区被侵蚀的古长城，远处为修复的明代瞭望塔
31. 咸阳宫殿建筑遗址保护碑
32. 清代蜀道到陕西边境的地图
33. 峄山刻石宋代摹本
34. 峄山刻石宋代摹本局部
35. 秦始皇陵一号铜车马
36. 秦始皇陵二号铜车马
37. 修复后的铠甲
38. 修复后的铠甲侧面
39. 杂技演员或摔跤手·一
40. 杂技演员或摔跤手·二
41. 2003 年发掘于 7 号坑的坐姿乐师俑
42. 2003 年发掘于 7 号坑的青铜鹤
43. 2003 年发掘于 7 号坑的青铜雁
44. 2 号坑的青铜斧
45. 青铜戈
46. 青铜镦

47. 成捆的弩箭

48. 砖石上的刻文·一

49. 砖石上的刻文·二

50. 1 号坑战车的马

51. 做陶器时用脚踩踏和泥，2017 年 1 月 12 日拍摄于陕西东北部澄城尧头窑

52. 陶俑的发髻·一

53. 陶俑的发髻·二

54. 陶俑的发髻·三

55. 明十三陵神道上的石人

56. 霍去病墓《马踏匈奴》石雕

57. 霍去病墓动物石雕

58. 汉景帝阳陵

59. 唐乾陵神道

60. 汉景帝阳陵陪葬坑出土的羊、猪和烹饪器皿

61. 汉景帝阳陵陪葬坑出土的陶俑

62. 修复兵马俑工作图片·一

63. 修复兵马俑工作图片·二

64. 修复保护阶段的兵马俑

65. 穿长甲的将军俑

66. 穿铠甲的跪姿兵马俑

67. 慕尼黑工业大学凯瑟琳娜·布兰斯多夫博士及其团队的复制实验作品·将军俑

68. 复制实验作品·跪射俑

69. 出土的兵马俑，色彩保存完好

70. 出土的兵马俑头部·一

71. 出土的兵马俑头部·二

72. 兵马俑的眼睛特写

73. 兵马俑彩色的手臂

74. 兵马俑彩色的服装

75. 秦始皇帝陵巨大的封土堆

76. 9901 号坑入口

77. 戈和弩的修复工作

78. 9901 号坑出土的铅块

79. 9801 号坑出土修复的铠甲·一

80. 9801 号坑出土修复的铠甲·二

81. 9901 号坑出土的鼎

82. 石磬原件

83. 石磬复制品

84. 0006 号坑中的青铜斧或钺

85. 0006 号坑中的御手俑和文官俑

86. 0006 号坑

87. 甘肃省出土的希腊风鎏金盘，刻有希腊奥林匹斯十二神的头像

88. 望峰俯视下的陵墓

89. 清晨迷蒙雾气中的望峰，在陵墓轴心的正南方，像一把天然的扶手椅

90. 0006 号坑入口

91. 陵墓区内南门处存世的城墙

92. 身披铠甲的摔跤手或杂技演员

93. 摔跤手或杂技演员

94. 摔跤手或杂技演员侧面

95. 法国吉美博物馆内的希腊大理石人像雕塑

96. 公元 700 年的敦煌星图

文本注释

和大多数介绍中国的作家一样，我采用了罗马化的汉语拼音书写方式。为了便于普通读者阅读，并且文本和引用保持一致，我通常会用些现代写法，即在早期文本中将地名和其他名称更改为拼音，同时在括号或注释中使用较旧的威妥玛氏拼音法。偶尔，就像书写秦都一样，为了清楚起见，我在括号中添加了中文名称，因为中国读者可能无法识别罗马化拼音的一些鲜为人知的地点或书籍；旧地图使用不同的名称形式，通常这些名称现在已经完全改变。"秦"的拼写现在已经出现了多种变体，例如，英语中的写法为"Ch'in"或"Chhin"，法语中的写法为"Ts'in"（例如，毕瓯和沙畹的写法），意大利语中的写法为"Zin"。同样，为了保持一致性和清晰度，我在引用采用其他写法的内容时也将其写成"Qin"。在历史长河中，西安这个城市有多种叫法，如 Fenghao（丰镐）、Chang'an（长安）、Daxing（大兴）、Fengyuan（丰原）以及其他欧洲语言的拼写方式，如 Hsien、Sian、Sianfu、Sigan Fu 等等。为避免混淆，我通篇采用的是"Xi'an"的拼写方式。沙畹采用的是其特有的罗马化法语拼写方式，如，用 P'ong-tch'eng 来代替 Pengcheng，这会让习惯使用拼音的读者或者不熟悉中国名字的读者产生阅读障碍。此外，为了保持清晰和一致性，我已经将引文中的法语名称进行了修改。

另外还有一个问题可能会混淆，我已经形成书写惯例。韩国，战国时期七个主要的诸侯国之一，从较古老的晋国一分为三时开始就是秦国的重要邻国。但是与后来更为著名的汉朝没有任何关系，所以这本书总是用"Hann（韩）"表示古代小国，用"Han"来表示大汉王朝避免混淆。

关于"坟墓"和"陵墓"这两个词的使用也可能存在一些含糊之处。陵墓现在有时指包括兵马俑的陵墓综合体。为了清楚起见，本书将使用以下形式：陵墓区（类似大教堂区），包括墓穴、墓室、陵冢和内墙区域；紧邻陵墓区域、外墙内及周围的区域；兵马俑区（在陵墓以东1.5公里处形成一个独特的实体）；首字母大写的Mausoleum表示陵墓，包括秦始皇为他死后墓地规划的整个区域。

我十分感谢参考书目中的各位学术作者，感谢维克多·谢阁兰（1878—1919）在中国拍摄的纪录片让我接触并研究法国汉学。我想补充一点，我没有使用爱德华·毕瓯（1803—1850）、爱德华·沙畹（1865—1918）（谢阁兰在法国大学时的老师）之前的作品，尽管他们是博学的汉学家，而且他们详细的注释经常会提供卓越洞见（詹姆斯·理雅各的注释对于19世纪儒家文献的翻译亦是如此）。沙畹实际上是1907年时不知不觉地到访此处。受此启发，谢阁兰七年后拍摄了这一遗址的著名照片。他的导师翻译了汉代史学家司马迁的作品，司马迁的《史记》是获得秦朝史料的主要来源。沙畹和谢阁兰之间的往来信件让有关陵墓的读物更加精彩。我已经翻译／改编了沙畹1895年至1905年出版的五卷法语版《史记》中司马迁有关秦朝部分的内容，此外有些是来自伯顿·沃森的当代译著，尤其是沙畹没有翻译的有关汉朝的几个章节（《史记》《汉书》《后汉书》，1993）。我也咨询过，但是并没有引用威廉·H.倪豪士编辑的合译本，尤其是沙畹的《史记》（1994）第一卷和伯顿·沃森的《史记》（2002）第二卷。

我的目标是创作一个清晰易懂的版本。来自中国学术报告的翻译段落是供我个人使用，并且在可能的情况下与作者讨论了所有不确定之处。其他语言的内容为作者本人翻译。

引 言

传说和 1974 年的重大发现

国外更习惯将秦始皇称为"始皇帝"。2200 多年前,秦始皇去世后不久,人们才意识到秦始皇陵的存在。其修建与一部著名的中国古代纪传体史书《史记》息息相关,英文书名为 Records of the Grand Historian 或 Records of the Scribe。《史记》是汉武帝时期的大史学家(亦称作"太史公")司马迁(前 145—?)在竹简上书写而成。过程记录如下:

始皇初即位,穿治郦山,及并天下,天下徒送诣七十余万人,穿三泉,下铜而致椁[1],宫观百官奇器珍怪徙臧满之。令匠作机弩矢,有所穿近者辄射之。[2]

但是古代中国人不知道陵冢及其地下墓穴的确切位置,因为它们是被故意修建在隐秘的地方,与其他令我们叹为观止的陵墓——如阿格拉的泰姬陵或巴黎的万神庙——不同,这种庞大的劳动力长期劳动的产物在墓主人安葬后总是隐藏不见。一旦成千上万能使皇帝在冥界得到永生的文物和宝藏被埋入墓穴,那些完成任务的技工和工匠(参见第 7 章)就会被反锁在墓穴内陪葬,然后陵墓外的场地上会种植树木，这样它看起来就像早已存在的山区景观中的另一座山。

  几个世纪以来，传说和流言一直存在；一些当地村民可能已经知道或者猜到这是什么，只是想象不到他们自己在陵冢、帝国墓葬和古代遗址形成的景观中的意义。它确切的位置是明朝时期（与意大利文艺复兴大致同期）确定下来的，并且进行了大致的调查。一百多年前，两位外国游客来到此地拍摄照片，但有意义的信息只能追溯到20世纪60年代。几个世纪以来，迷信和恐惧以及水银的存在（这在司马迁的描述中可以得知，稍后详述）已经使得盗墓者和文物贩子不敢盗墓。

  这本身就意义非凡，它提出了难以解决的问题和谜团，但是仅限于墓穴。真正令人震惊的事实是，当地人，甚至是消息灵通的《史记》作者司马迁以及他的父亲司马谈竟然对成千上万的兵马俑的存在一无所知。司马迁接替司马谈担任太史的官职。司马谈开始写史书，他应该天生对陵寝传说留有记忆。但是现存历史文本或书籍中却没有丝毫暗示。毫不夸张地说，这在1974年之前是不可想象的，即便是在现在，秦始皇陵庞大的规模和复杂性仍然震惊世人，举世仅有。

  事实上，秦始皇和秦始皇陵的故事只是历史、谜团和发现中的部分内容。这三要素构成了本书的基本结构。

  历史：中国历史文献帮我们简单明了地勾勒历史，成为我们了解历史的基本起点。谜团：自秦始皇去世，种种谜团层出不穷，如秦始皇的性格、故意隐藏的陵寝地址、其真正目的以及无法确定的兵马俑的作用。发现：正如1974年发现这些秦俑一样，过去是偶然间发现的，但是现今的发掘工作已经非常系统，并且采用了发达的考古学和科学技术解开谜团，填补了历史的空白。

上面提到的一位外国人，法国诗人、小说家、汉学家维克多·谢阁兰博士并不是第一个拍摄秦始皇陵的人，但他是第一个记录他的"发现"的人。他的照片由柯达提供的设备拍摄，用于由巴黎教育部赞助的官方任务，其质量也更好。³ 谢阁兰记录了他1914年2月15日来到陕西临潼附近的村镇寻找唐朝墓葬的过程。此次寻访是受他的导师沙畹以及沙畹的导师亨利·柯蒂埃资助完成。亨利·柯蒂埃是东方语言文化学院的教授。一天傍晚，谢阁兰同当地人交谈，得知附近还有更大的陵墓。其中的一个村民提到了秦始皇的名字。谢阁兰及其同伴感到难以置信。他们听说秦始皇埋葬在西安附近地区，人们一直认为他的陵寝和中国西北路边的几百个墓葬一样已经被破坏掉了。在后期提交的任务完成情况正式报告书中，他进一步解释说他们确定被欺骗了，这很常见。⁴

但是，当他和他的同伴从北面靠近宽阔的陵墓时，疑虑消失了。当夜幕降临时，他们看到一连串的紫色山峰出现在他们面前，一条条山梁，规则间隔，像扶壁一样，也如砌筑的肩膀。在那里，谢阁兰第二天晚上写信给他的妻子，信中称，在山脚下，是"另一座山，孤立的灰白色，具有如此规则、刻意和有序的形状，这一点是毫无疑问的"。⁵ 它完全吻合司马迁《史记》中提到的三层结构或阶梯。具有讽刺意味的是，它更像现代生产的，而不是谢阁兰时代的发现，因为近年来很多树已经重新种植在陵墓周围。他直观地比较它与吉萨大金字塔裸露的外表，并于3月3日拍摄了一张意义非凡的照片，为考古学家提供了一个关键的参考影像。最初的玻璃板位于巴黎的吉美博物馆，但可以在秦始皇帝陵博物院和很多有关秦始皇的书中看到。然而，谢阁兰以及基于其早期成果进行研究的考古学家都没有料想到，地下宝藏比墓葬本身的占地面积要大得多。

因此，我们可以想象，1974年第一批秦俑被曝光后，附近迷信的村民会感到多么惊讶和恐惧。

故事的这一部分是众所周知的，自1979年第一座秦俑博物馆开放以来，已经有九千万中国人和一千五百万外国游客前往临潼"朝圣"，导游会以各种形式向游人讲述这段历史。1974年3月的一场干旱威胁着当年的水果种植收入。当地的几位村民决定挖一口新井。刚挖了一米，他们碰到了一些硬东西，认为这是一个古老的砖窑，但几天之后他们挖了一个宽阔的深洞。然后，令他们惊讶的是，他们挖着挖着，露出了一些陶质碎片。突然间出现了一个红色陶器的头部，其眼睛和外观吓坏了他们。当陶土制成的四肢、整个躯干和青铜箭头完全露出时，他们意识到他们发现了其他农民和盗墓者几十年前来此陵墓寻找的古文物。他们的第一个想法是，向收藏家出售他们发现的古文物或卖废铁来赚快钱。他们可能不知道仍然存在于地下的古文物规模。至今导游仍然向游客们展示几位村民发掘并首次发现的1号坑。

如此多的古物发现迅速传播到附近的村庄，很快就传到了临潼博物馆工作人员赵康民的耳朵里。当他走访发现的地点时，辨认出了砖块和其他物件来自秦朝。他把发掘的一些东西带回博物馆，开始进行一些简单的清理和修复；他还找到并买回了作为废品出售的金属物件。没有人猜到它们真正的潜在价值。迷信的村民们担心这些发现会带来灾难或者厄运；有些人认为它们是与流行病等疾病有关的恶魔或神灵的形象，他们甚至烧香寻求庇佑。此外还有其他各种恐惧。

后来，一位驻北京的记者蔺安稳在临潼地区探亲时碰巧听说了这一发现。他参观了赵康民所在的博物馆，听了他讲述的故事并研究了这些文物。回到北京后，他为1974年6月出版的官方报纸撰写了一份一千字的报告[6]。这份报告引起了最高层领导的兴趣和关注。在通信和交通条件大不如今的情况下，这种兴奋是显而易见的：几天之内，国务院副总理李先念和国家文物局局长也获悉这一情况。7月6日，国家文物局局长亲自前往西安进行调查研究；7月15日，陕西省文物管理委员会派出一个团队对该遗址进行评估。

之后的细节鲜为人知。三名考古学家乘坐牛鼻式解放CA-30军用敞篷卡车（解放卡车）出发，每人带有一个帆布袋和一个蚊帐。他们受命调查遗址，测量其范围，然后给政府撰写报告。团队的成员之一，即后来的秦始皇兵马俑博物馆馆长袁仲一回忆说，他们预计只停留一个星期，因此只带了很少的物资。[7]他们睡在遗址附近的一棵树下，支上蚊帐，每天轮流在不同的农户家吃饭，并给他们一张面额半斤的肉票（可以凭票获得半斤的猪肉）。他们的主要任务是勘探并确定坑的大小，因此他们从打井的位置开始向外工作；与此同时，他们从一堆明显的垃圾中挑选出两大篮的兵马俑碎片，并开始进行研究。8月2日，他们开始在现场勘探，而出现在不断扩大的俑坑中的物件继续使其感到震惊。时年42岁的袁先生已经因"幸运"的发现而出名：他以前的任务是，在西安北部的三原地区发掘建于公元7世纪的唐太宗李世民的陵墓，在那里他找到了第一批幸存的唐代壁画——现在在陕西历史博物馆收藏。炎热的夏日阳光下工作的辛劳因一系列的惊喜发现而得到了缓解。那年8月，他们发现了第一把青铜剑，它的剑刃没有生锈，仍然闪闪发光。然后，9月，在大约20个兵马俑出土之后，袁表示预计他们会找到一匹马。两天后，第一匹陶马被发掘出来。当晚，他们饮白酒庆祝。直到1975年3月，他们才报告了确切的规模，即俑坑的测量尺寸为230米×62米。

在初步工作进行了一年后，出土的青铜兵器和兵马俑表明1号坑内还有大量珍宝，因此他们决定建造一座博物馆。但是，随着修建新建筑的工作于1976年5月开始，在1号坑旁边发现了另外两个遗址，现在被称为2号坑和3号坑，此外还有未完成且从未使用过的4号坑。袁仲一的工作刚开始是一周，后来进行了30年的发掘、分析、研究和出版，一直持续到2003年退休。如今，他已经80多岁的高龄了，但是仍然是秦始皇帝陵博物院的名誉院长，并被尊为兵马俑研究的老前辈。在他的指导下，新的信息不断增加，他关于陵墓和兵马俑的主要出版物是最完整和权威的信息来源，尽管由于专业技术性很强而从未被翻译成任何外语（他最近关于兵马俑的总结性研究专著，发表于2014年，有近600页的内容和数十张考古线描图）。[8]多年来，不断壮大的团队对陵墓遗址周围更广阔的地区继续进行探测和发掘，并取得了惊人的成果和发现。一段时间以来，人们认为所涉及的总面积大约是56平方公里，但正如我们将在本书末尾看到的那样，确切的面积可能是那个面积的两倍——从原来发现兵马俑的地方向外螺旋延伸。

近年来，传统的考古技术通过科学分析，采用40年前不具备的方法以及开展重要的国际合作项目得到了加强。例如，2005年通过对该区域进行地磁扫描，得到了更精确的场地及建筑物的地图，并发现了大量金属物体和硬币的存在。对出土武器和物体的冶金研究也出现了有趣的信息，对用于装饰武士的颜色和颜料的研究也是如此。在2009年夏天，第三批发掘工作于1号坑开始（继1974年和1985年之后，确定了1、2、3号坑）并持续到现在。重要的新发现包括100多个兵马俑和马俑、两套战车和大量武器。其中一些新发现的人物是高级官员，在服装和武器上的装饰也更加精美；新技术可以保留更多的颜色，包括脸上的肤色和睫毛的颜色。2015年，研究人员报告了初步研究的细节，并发表了一份完整的研究报告。2015年3月开始了2号坑的新发掘。

1999年至2012年期间，在靠近陵墓的地区进行了一系列其他发掘工作。考古学家在陵冢附近发现了当时被认为是皇宫的遗迹，但现在被认为是始皇灵魂栖息的地方，包括18个庭院式房屋，中间有一间主室。陪葬坑、墙、门、石质道路和建筑物的遗迹表明了清晰的布局和结构。秦朝发展出了古代陵墓修建苑囿区的范例，陵墓周围建造花园区域，象征死后世界的都城。这项工作近年来的初步研究结果将在本书的第三部分中详细论述。

同时，关于战国晚期到西汉早期的墓葬的发现，增加了秦朝的相关信息。其他惊人的发现，对于汉学家和专业的历史学家来说是众所周知的，但对普通游客来说却不为人所知。这些发现为帝国的存续运转提供了重要的洞见。一个重要的例子是，在发现兵马俑一年之后，发现了1155条带有文字的竹简。这些文本记录了秦代法律、行政政策、宗教和日常生活的信息。它们于湖北省云梦县睡虎地出土，公元前210年秦始皇亲自前往云梦县并举行献祭仪式，湖北省博物馆展出了许多相关文物。即使对于中国学者来说，这些古文也很难阅读和解释，但是在专业期刊上发表后，荷兰汉学家A.F.P.何四维在1985年以英语翻译和出版了选集，书名为《秦律辑佚》。从那以后，其他墓葬的简牍陆续出土：1989年在湖北省云梦县的龙岗，1993年在湖北省荆州市，2002年和2005年在湖南省龙山县里耶等地发现、出土。预计共出版五卷，第一卷在2012年用中文制作完成。[9]

考古学家从青铜器皿和石刻刻文中获取信息，通过考古地理、人体骨骼的DNA研究和先进的数字分析技术等新学科手段来获取更多信息。

这些新的资料来源是不定期发布的新墓葬信息及其相关发现，它们可能会通过未来许多年的更多发现逐步增加，并形成有关秦始皇陵及其中兵马俑的更清晰的概述。本书的相关信息截至2017年仲夏。

目　　录

一、历史

第 1 章　武士楚　/ 003

第 2 章　秦始皇的祖先　/ 008

第 3 章　由地方割据霸权到全国统一皇权　/ 026

第 4 章　短暂帝国的建立　/ 041

二、谜团

第 5 章　秦始皇期待的长生不老　/ 063

第 6 章　什么是陵墓？　/ 072

第 7 章　谁建造了如此庞大的兵马俑军团？　/ 101

第 8 章　兵马俑存在的意义？　/ 115

第 9 章　秦始皇陵墓里究竟所存何物？　/ 128

三、最新发现

第 10 章　最新发现和研究 / 147

第 11 章　研究、复原、保存新技术 / 164

第 12 章　最新发掘与研究现状 / 174

第 13 章　秦朝为何灭亡？/ 187

四、展望

注　释 / 219

参考书目 / 253

致　谢 / 277

一、历史

第1章

武士楚

据说,迄今出土的2000多名兵马俑的面貌特征各不相同。当然,他们的脸型各异,反映出战国时期最西北部、中部、东北部和南部的六国各民族、各种族士兵的面部差异(秦国是第七个国家,统一六国,建立了一个新的帝国)。下面,我们随机选取一个兵俑,暂时假设他就是秦始皇军中士兵的真实形象。[1]

那么,这位久经沙场的士兵的真实身份是什么呢?

假设他来自楚国,但是却为秦国作战。虚构他的生活经历将有助于增进我们对兵马俑的了解。我们暂且称其"武士楚"。

他公元前264年出生于郢都。此地位于长江沿岸，武汉西部，靠近秦国领地和四川。他出生时，楚国正处于顷襄王治下。顷襄王公元前298年至公元前263年在位，是一位非常强大的君主。楚国为战国七雄之一，包括现在湖北、湖南两省的大部分地区，位于长江、汉水流域，汉水后来成为长江流域陕西西南部的支流。楚国为秦国主要宿敌，尤其是顷襄王的父王楚怀王被秦国扣为人质，被关押期间崩于公元前296年。若不是被秦国征服，顷襄王的子嗣中很可能会出现一位皇帝。

秦国不断地招募新兵，从秦国本土和新征服的领地，尤其是郢都等靠近秦国领土的地区征兵。因此，武士楚在公元前250年[2]被强行征入秦国军队，时年14岁。按法律规定，所有17岁至60岁的男丁都必须服兵役，但是14岁至16岁的男孩常常成为漏网之鱼，也许是因为虚报年龄。武士楚看起来比实际年龄显老，比征兵要求的最低身高1.77米的标准高出5厘米，多年锄地耕田也让他看起来更加结实健壮。武士楚之后的30年时光将在行军打仗、执勤站岗、马上征战中度过，因为秦国当时正在巩固国力。他和其他新兵一起被派往陕西北部腹地进行军事训练。公元前248年，16岁的武士楚受命给弩弓射手运送武器，为其攻打赵国提供后勤保障。这场战役由黄河流域一直打到咸阳东北部地区。次年，他腿部受伤，跟随大部队撤回秦国领地。

此后十年，他大部分时间驻守在当时已经存在的长城，那里与赵国的战争时有发生。因此，到公元前238年秦始皇亲政时，他已经成为一名身经百战、意志坚强的老兵。

当时，秦王嬴政正在实施吞并六国的战争。十年间，武士楚及其战友首先攻打的是韩国和赵国两个邻邦，之后计划阻断魏国和楚国，并与更远的两个国家、位于东海岸的燕国和齐国建立同盟。

公元前 236 年，秦国四大将领之一王翦率大军伐赵，武士楚随军连续作战，重创敌军，攻占九城。他们也不只是作战，因为王翦是一位战功卓著、战术独特的将领。正如两千年之后的拿破仑将军一样，他明白步兵们要吃饱了才能行军。每次军事行动之后，他都让兵将们享受异常奢侈的洗浴，之后让他们饱餐一顿。这位出色的将领也与他的士兵一起吃饭，并鼓励他们享受他们最喜欢的放松形式，其中包括投掷石块、举重和跳高等武术运动。这种训练形式非常有趣，形成了强大的团队精神。

武士楚非常享受这支军队的力量和优势带给他的感觉，伴随着同伴的友谊和信任继续行军作战。他们是多年来共同作战的战友，共同跋山涉水、嬉笑打闹、缔结友情，共同承受露营地的喧嚣和气味，共同经历激烈的战斗，共同享受胜利后庆祝活动的喜悦。我们可以想象，这位坚强的步兵两年后在王翦将军的领导下再次对抗赵国时的情景。王翦这次指挥了一支 60 万人的军队作战。秦军在邯郸附近的生死决战中击败了赵国将军扈辄，这里也是秦王嬴政出生的地方。胜利之后，武士楚参与斩首了 10 万名被俘的部队。怀着对胜利的热情，他与同僚们争先恐后地看看谁能用剑斩杀更多的敌人。随后，军队畅通无阻地向东行进，进入赵国领土并占领另外两个要塞，为几年后最终战胜这个主要的宿敌铺平了道路。

随着军队进入沿着黄河南岸的韩国，武士楚再次在秦王嬴政的带领下向东进军。韩国是其他六个主要战国中最小的一个，但其战略位置至关重要，因为它沿着黄河向东形成一条通道，可以进入魏国和楚国的腹地，之后来到沿海平原。公元前230年，军队占领了都城郑[3]。次年，韩王安投降秦国。这是六个国家中第一个灭亡的国家，其他国家也在之后的十年内迅速衰亡。

多年的行军作战给武士楚造成了伤害。在郑国时腿部再次受伤，匕首也在他的下巴上留下划痕，使他的下唇略微向右下垂。他现在已经45岁左右了，获准回到首都咸阳，在位于渭河以南的主要军营疗养恢复。由于饮食和休息都得到了良好的保障，再加上天生强壮的体质，他很快就康复了。是时候娶妻了，他娶了一个来自楚国的年轻女仆为妻，她在王翦的私宅工作。得到将军允许，他在沣河附近军营西边的已婚区安家。他被任命为部队指挥官；凭借他的经验和知识，以及在王将军指挥的战斗中获得的声望，他成了一名优秀的新兵教练。从他强壮的肩膀和脸上显示出来的坚定，我们可以想象到，他是多么希望回到他已经熟悉了30年的军营生活。

他将作为将领出战之后的战役。

公元前226年，王翦的军队准备大举进攻六个敌国中最北部的燕国，武士楚再次入伍。燕王喜寻求与燕国领地以北的部落结盟，但他的儿子太子丹贸然派遣了一组伪装成特使的刺客暗杀秦王嬴政，破坏了这些计划。暗杀行动失败了，结果只是刺激了秦王派遣大将前往燕地攻取燕国都城蓟（在今天的北京西南部）。首都被占领，燕军溃败。为表态度，燕王喜下令处死他的亲生儿子太子丹，并且派人将斩下的头颅送往秦国以示忏悔。

在第二次战役中，武士楚回到了他的出生地，这个地点现在已被遗忘。战役一开始只是初步的战术行动，武士楚并没有参加。这些行动是由王翦的儿子领导的，他攻下了楚国北部边境十几个城池。公元前224年，王翦和李信将军因为最后进攻所需的士兵数量而产生分歧：王翦坚持需要60万，但是李信将军建议20万足矣，原因显而易见，并且得到了秦王嬴政的支持。王翦不服气，对外称病，甘愿解甲归田。但是，当李信将军战败、损失大量兵将时，秦王派人请回他最得力的将军王翦并且如数拨调给他60万大军。出于长期以来对王翦的赤胆忠心，武士楚再次参战，第二年打败楚国。

如今，他已经54岁了，久经沙场，疲惫不堪，嘴角边带着一丝蔑视。他已经亲身经历生活给予他的一切，并且幸存下来。他的资历使他成为保卫秦始皇陵墓的秘密军队的榜样，因为他的生平事迹概括了最近的一段历史。他的表情明显地体现出了中国古代武士的力量、信心和宿命论思想。秦始皇的部队有百万规模，正是因为有一百万这样可靠的将士，所以更容易理解秦始皇为何可以战胜六个对手，最终统一全国。

第 2 章

秦始皇的祖先

秦国长期以来一直梦想着统一天下,他们建立的帝国不是像人们假想的那样最终由一个人缔造而成的。这是一个历经数百年的结果,秦始皇的祖先——秦国的王公和后来的秦王在军事斗争中都功不可没。

在公元前第二个千禧年末尾,即公元前 1046 年[1],周朝消灭商朝,将新攻下的土地分封给王亲贵戚、作战中的盟友以及商朝的旧贵族家族,因为他们的帮助对于周朝的节节胜利至关重要。三个世纪之后,也就是我们所说的春秋时期(前 770—前 476),周朝东迁之后,秦国开始尝试统一。当时大约有 170 个独立的小国,有些小到只有一座小城。自那时起到公元前 3 世纪,即战国时期(前 475—前 221),经过秦国采取的一系列的征服、消耗、吞并行动,封建国家的数量减少到 7 个,即齐国、楚国、燕国、韩国、赵国、魏国和秦国。[2] 随着战争的规模从数千人增加到数十万人,有些小国虽然得以幸存,却再也无法抵御敌军侵扰。公元前 260 年,秦国终于击败了它强大的对手赵国。在长平[3]的决战中,据说有 40 多万人死亡。

根据五帝世系得知,秦人是黄帝的孙子颛顼的后裔,黄帝是中国神话中五大"人文初祖"之一。他的称号是黄帝,"Yellow Emperor"

这种英文译法更为外国人所知。据说这个传奇或半传奇人物生活在公元前第三个千禧年中叶，经常被认为是"中国"的创始人，也是传统医学和农历等中国文化元素的发明者。司马迁在他的《史记》的引言中对黄帝进行如下描述："生而神灵，弱而能言，幼而徇齐，长而敦敏，成而聪明。"[4]没有任何一个家族比他的家族更有声望。因此，他的名字后来被纳入秦始皇帝（Qin Shi Huangdi，英文称为"First Emperor"）的正式命名也很自然，我们将在后文详述。实际上，秦国可能是周灭商后，再次强大于甘肃地区。[5]

司马迁洞见到推动秦国崛起并掌握霸权的两位远古先祖——伯益和后来的非子——的过人之处。他们两位都非常擅长养马，都让畜养的马匹数量不断增加，满足了王室对马的要求。这凸显了战马在中国历史上的长期重要性，因为许多敌人都是来自北部大草原的骑兵高手，而中国辽阔的疆土需要马匹进行快速运输、军事部署及军事战斗。骑马高手，无论是带剑的骑兵，还是从马鞍上射击的弓箭手——如蒙古人和满族人——在中国历史的一部分时间里都是统治者，这绝非巧合。司马迁引用了公元前891年至公元前886年统治中国的周孝王的话："昔伯益为舜主畜，畜多息，故有土，赐姓嬴。今其后世亦为朕息马，朕其分土为附庸。"[6]他下令那个牧马人改名叫秦嬴，并且应该在秦国的新领地，也就是今天的甘肃张家川地区，祭祀嬴姓祖先。马、战争和牺牲祭祀仪式都已经深深地刻在他们的生命中。

公元前822年，非子的玄孙秦庄公曾在甘肃西南部的一个名叫犬丘的地方建立了自己的都城，离秦不远，现在被称为礼县，靠近陕西边境。它矗立在一个具有重要战略意义的山谷中，这个区域的两条河流几乎连接着黄河和长江的水系——向北流入前者的渭水，向南流入后者的西汉水。从历史地理的角度来看，这是一个意义非凡的地方。在礼县以东，秦岭崛起并分离渭水河道和嘉陵江，渭水从汉水支流注入黄河，嘉陵江向南注入长江。该地的象征意义非常明显。因为秦国和楚国在汉水上游的山谷处接壤，此外还有面积较小的、四川低纬度地区的巴国和蜀国，秦国最终征服了此地；后来，楚从沿着汉水的东部平原崛起，穿过安康和汉中，而秦国处在渭水和黄河流经西安和洛阳的河段，靠近河岸。

考古学家最近才系统地研究礼县地区。在 2004 年至 2008 年期间发现多达 40 个秦早期定居点，包括三座修筑了城墙的城市，并在 2010 年至 2011 年进行了进一步的发掘。在本书中有两个特别有趣的发现，其中之一是在礼县附近的大堡子山坟墓：一个长达 88 米的秦"地方统治者"的坟墓，在东西轴线上有两个对齐的斜坡，其中包括一个乐器坑和四个人祭坑；另有一座 110 米长的坟墓，东西轴上有两个斜坡。这些已经非常巨大的建筑物周围有几个陪葬坑，先于秦始皇墓 600 年。[7] 以礼县为根基，秦军逐渐向东作战，先后设立了 9 个都城。[8] 秦的第一位王公名字叫襄，公元前 776 年他将首都从礼县迁至陕西的汧，即今天的陇县。这是一个重大的转变。

几个世纪以来，周朝的首都一直在今陕西西安西部，在沣河对岸有两个有城墙的定居点。沣河是一条支流，向北流入渭水，非常靠近后来的秦朝都城咸阳。西边的定居点叫作丰，另一个叫作镐，它们被统称为丰镐。但在公元前 770 年，周朝受到来自戎的野蛮入侵及其诸侯国的压力，并于公元前771年东进迁都到今河南洛阳附近地区。这是秦国历史上也是中国历史上的一个关键时刻。

周王东迁，戎族占领西部边境，秦襄公护送周王去洛阳，有功被封为公[9]。东迁后的周王定居在500公里以东的洛阳，秦国发现自己处于优势地位，可以充分利用黄河以西的周王室东迁后的权力空当。实际上，秦襄公的儿子、继承人秦文公是秦朝早期历史上最伟大的君主之一，擅了充分利用他的行动自主权。他统治了秦国50年，即从公元前765年到公元前716年，比他自己的儿子寿命长，并且击败了同样曾经入侵周朝的戎族，给他的孙子秦宪公留下了更加广阔的领土。在长期统治期间，他将秦都迁回今甘肃礼县的犬丘，然后在公元前762年再次迁入渭水及其支流汧水汇合处附近的地区。

公元前714年，秦朝东迁进入陕西省，当时秦文公的孙子秦宪公在今宝鸡东边的渭水南岸平阳（即今陕西省宝鸡市眉县）创建新都。

这里是南北交通与秦始皇对外征服的要道。北方的渭水河谷和经常干旱的陕西与肥沃繁茂的四川被秦岭和大巴山这两座东西向的山脉分隔开来。它们之间是汉水河谷，汉，也是后来一个伟大的朝代和一个民族的名字。那里的人们自称为"汉人"（或"汉族"）。后来，秦朝要去征服四川，但目前他们遭到了从蜀地向北进入其领土的蜀人的劫掠袭击。通往蜀国的主要路线之一是沿着汉水的支流褒河，直至其源头和秦岭主脉的分水岭。秦岭山脉主峰在高达3767米的太白山附近。穿过一系列高险要隘后，他们可以沿着山洪陡峭的斜水河谷，下行流入眉县段的渭水。这条路线后来被称为褒斜道。

1917 年，一名英国领事官员从南向北沿路而行，详细描述了他的旅程：艰难的攀登，陡峭的沟壑，甚至在 5 月的雪山上行走或骑行通过 11 个要隘。[10] 他们一行人疲惫不堪，到达渭水平原时才长出了一口气，而那些先前的蜀国入侵者不得不出来应战。

由于这种军事骚扰，平阳注定是一个短命的都城，没有多少残存。但是，这里却是一个重要遗址。1987 年在宝鸡太公庙出土了大量青铜器和一套仪式用的钟镈。这些物件应该属于秦宪公的儿子秦武公。这些钟镈上的铭文写道：秦朝取代周朝，行使天命，这是形成统一帝国的关键一步。铭文写道，秦公说，他的先祖已承天命，被赐予一处住所，统治一个国家。[11] 我们在第 3 章讲述秦始皇的故事时会分析天命的含义。

公元前 677 年，秦武公的弟弟和继任者秦德公越河迁都，定都地势更高的雍城，即今凤翔县，也是现在陕西省宝鸡市下辖的一个县。[12] 新都城有更多的建筑用地，灌溉良好，也更加安全；对于痴迷于崇拜祖先的人来说，另一个吸引人的地方就是它曾经是一个商代城市的遗址。三个世纪以来，直到公元前 349 年，它仍然是秦都，并且形成了他们的第一个巨大的国君墓葬群。雍城是早期唯一一个可能与咸阳相媲美的都城：首先是因为它存在的时间比其他所有城市都长（第二和第三长的时间分别只有 55 年和 64 年，而汧只有 10 年）；其次，因为它是唯一一个有秦公墓园的城市，可以作为临潼地区大秦丰碑的典范。尽管地面上的遗迹已经很少，但是部分城市外墙仍然清晰可见。

雍这个地方具有很强的预言能力。据司马迁记载："秦德公既立，卜居雍……用三百牢于鄜畤。"[13]祖先世系和古代神话的重要性再次显现。因为治水被誉为功臣的大禹开创了商朝和周朝之前的夏朝，因此他被视为杰出典范。史学家司马迁对这个半神话人物进行了以下描述："禹为人敏给克勤；其德不违，其仁可亲，其言可信……亹亹穆穆，为纲为纪。"[14]秦德公也在大正宫用龟甲进行占卜来决定是否在那里定居。此外，他还占卜到将来他的子孙会在黄河流域饮马。（"卜居雍，后子孙饮马于河。"）[15]鉴于商朝和大禹建立的夏朝之间千丝万缕的联系，这一预言势必受到重视。秦国当时还是小国，但是，据孔子说："秦，国虽小，其志大；处虽辟，行中正。"[16]秦国的声望与日俱增，也越来越让人觉得这一切都是宿命的安排。

现在秦朝开始效仿过去的伟大王朝。祭祀和占卜在商朝之后是密不可分的仪式。用数百匹马祭祀祖先王陵，用龟甲占卜是周朝标准的惯例，这些都是沿袭了商朝的做法。据记载，周朝的开国君主周武王通过这些形式选定镐为都城：

考卜维王，宅是镐京。
维龟正之，武王成之。（《诗经·大雅·文王有声》）[17]

有可能，雍城是按照《周礼》（规定政府管理部门的作用和职责的官方手册）的要求布局的。20世纪80年代和90年代发掘了南北长3300米、东西长3200米的城墙，秦国利用河流和自然地形创造了这个固若金汤的都城。在这个地方工作的徐卫民将这座城市描述为秦国历史上的一个里程碑，标志着秦国先祖在秦始皇时代之前的四个世纪（和14代人）真正崛起。[18] 最近的一篇关于城市布局的文章发表于2013年，文章支持这一观点。总面积为11平方公里，包括众多大门、八条主要道路、王宫和宗庙。三个城门宽8米到10米，有一个主入口和两个较小的侧入口，通过在木板之间用力夯土建造的夯土结构高达15米——尤其是最容易发生袭击的北墙。[19]

现在看来，乍一看，这么大的门似乎有些夸张。但是它们也有保罗·惠特利称之为"宇宙魔法"的意义："城门，在地球与地下世界和天堂的连接轴上产生力量，从复杂的礼制体系走向了指南针指向的基本方位，具有更高的象征意义。"[20] 附近庞大的农村人口进入城市参加盛大的祭祀仪式，这些门对他们来说可能显得更为重要。

众所周知，几个世纪以来，秦国沿袭了古代商朝实行的人祭的做法，一些近亲和官员要陪葬，在主陵旁陪葬墓里埋葬的全尸、被处死的犯人或者被俘敌军、频繁埋葬的被斩首的不同受害者均可证明。现实生活中的同伴在死后世界也可以保留生前的地位。[21] 常常有数百人成为陪葬的牺牲品。甚至是一个王后的小墓也有陪葬，如众所周知的葬于河南安阳的商朝王后妇好，她的棺椁周围有16具陪葬的奴婢或奴隶的尸体。[22]

在司马迁提到秦祭陪葬的第一个案例中，公元前678年有66人给秦武公陪葬；但是他措辞不明确，将其描述为"跟随死者而去的人"——含糊不清，因为并没有清楚地说明他们是自愿还是被迫。秦穆公在位39年，于公元前621年去世，有177人给他陪葬或者"跟随"他而去（"三十九年，穆公卒，葬雍。从死者百七十七人"），其中包括三名来自同一个名门望族的政府官员,他们可能是按照仪式要求自杀殉葬。[23]他们的死亡闹得满城风雨。文学经典《诗经》中为他们而写的悲歌,表达出人们对"三贤"的殉葬感到惋惜。我们将在下文中讨论。

时间和方式上的偶然发现让我们重新认识这种做法。1976年,时任陕西考古研究所所长的韩伟(已故)遇到一位农民,并且向他询问在雍城发现的残骸情况。这位农民告诉他,他在土地上开挖黏土要盖房子时,他的铲子撞到了非常坚硬的东西,无法继续工作。韩伟在这个遗址发掘,发现了一个巨大而显眼的坟墓,尽管它在汉代和宋代后期被洗劫了,但仍然有很多遗物保留了下来。在33个石乐器之一的磐上刻有铭文,经确认,此为秦景公(前576—前537在位)的坟墓。这些石乐器被放置在坟墓中,用于死后世界的乐器演奏仪式和娱乐活动。被收藏在秦始皇帝陵博物院的乐器上的铭文表明,周朝统治者已经认定了秦景公的地位。他是另一位长寿、成功的秦统治者,他的功绩建立在祖父秦穆公40年的成功统治基础之上。

在周朝,音乐是所有礼制和仪式的基本组成部分,正如我们将在结语中看到的皇室葬礼仪式那样。《诗经》中一首诗的开头描述了祠堂戏剧场景中祭祖仪式时的表演,木制乐器架支撑着青铜钟:

有瞽有瞽,在周之庭。
设业设虡,崇牙树羽。
应田县鼓,鞉磬柷圉。
既备乃奏,箫管备举。

喤喤厥声，肃雝和鸣，先祖是听。
我客戾止，永观厥成。[24]

这首诗是古老仪式的生动一瞥。仪式中的鼓、石磬和长箫都让参与者着迷。我们可以想象出家族圈外的观众也十分喜欢音乐。

其中一些仪式一定非常壮观，即使不是以人做祭品，也要屠宰数百头牛、羊和猪。位于雍城东南向15公里处的一个古代祭祀场所，最初由田亚岐发现的这个叫血池的地方，最近出现了新的证据。中国国家博物馆于2017年4月在网上发布的采访内容给出了另一些祭祀遗址基本细节，其根据是迄今为止2000平方米的发掘，此处总面积超过400公顷，是一个遗址区，有两座山和下面几个梯田。[25] 三个坑中最大的一个葬坑周围铺设木板。由木头制成但有一些青铜组件的模型战车、模型弩与青铜箭头共同昭示着秦始皇陵墓内部的物件。另外两个祭祀坑已经出土了更多的战车和数百个随葬品。

包括《周礼》在内的文学作品，有趣地概括了隆重的血池祭祀活动的准备情况。祭祀活动三年举行一次，每次皇帝都会亲自出席。这样的场合，准备工作往往需要提前几个月进行。首先，用于祭祀的牲畜需要由饲养部门选出，之后交由祭祀仪式的组织官府机构。此外还加入了珍稀鸟类以提高皇家仪式的声望。秦始皇从咸阳航行到渭水——后来的汉朝皇帝从渭水南岸的新都城长安乘船——然后乘坐马车从渭水到达雍城。在旅程中和到达目的地之后，在规定的庙中都有斋戒仪式，为祭祀活动做好精神准备。在指定的日子，皇帝带领他的大臣和其他朝廷官员进行一系列的祈福和祭祀活动，包括屠杀动物、焚烧动物尸体。仪式的每个阶段都伴随着精确控制的乐曲。

据《周礼》记载，当政王族的葬礼是由一些朝廷高官指挥进行的，例如冢人（他们决定适合的地点，并用适当的祭品完成必要程序），执掌墓葬的地方长官和葬礼执行主管（同时也负责贵族的葬礼仪式）。王室葬礼中，冢人安排王子们被埋葬在王陵前面，之后按照大臣的官职安排他们埋葬的位置。在这种情况下，由于死者的官阶不同，陵冢的大小和高度以及种植在它们上面的树木的数量都有严格的等级要求。[26]

我们可以假定秦朝的礼仪制度是沿袭当时周朝的礼制惯例，采用了随着当时朝代发展而不断演变的标准布局：一道斜坡向下延伸到东西轴线上的深沟，深沟内墓室的棺椁在中间位置；在这周围安排了官员的附属墓葬，有的还有奴隶和私人奴仆的墓葬。当丧事完成，墓主人被埋葬时，整个区域回填至地面。

位于雍城的秦景公大墓，葬室在地下24.5米处。根据规定，在它周围，稍微高一点，靠近秦景公棺椁的地方，放置了72名官员的棺椁，他们受命自杀追随秦景公到死后世界；在他们旁边，还有另外的94个男人的棺椁，里面的人分别是工匠、乐师和乐器制造者。附近还有20个造墓工人的棺椁，就像在秦始皇陵墓里的工人一样（这20个棺椁在公元前537年就已经存在了！）。总而言之，这意味着有186人自杀或者更有可能因为"追随"秦景公而被杀。棺椁本身是由大量的木材制成。秦景公的棺椁使用的是长7.2米、横截面边长为21厘米的木方，由于没有适合的锯，所有的树干都是用刀砍下来的。在雍城博物馆展出的横梁上可以清楚地看到刀痕。[27] 它们用销钉连接，然后通过精心制作的青铜构件强化接合处，在拐角处形成了90度拐角。

宝鸡先秦陵园博物馆馆长景宏伟认为，这些木梁的巨大尺寸和完善程度标志着秦王室真正力量的崛起。他说，完成这样的工程需要大量的劳动力，需要砍伐木材，运输到现场并切割成型，大小与作为十四代后裔的秦景公地位相符。[28]

所以这座陵墓可用于对临潼更著名的继承者的初步研究，建造甘肃早期墓葬的模型，建造一个已经比周朝皇陵更大的不朽建筑。因此，它象征着秦国早期的野心。事实上，秦始皇和他在雍城的祖先之间有着深刻的联系。司马迁告诉我们，在公元前238年四月，这位22岁的未来皇帝嬴政在那里度过了一个晚上，当时他"王冠，带剑"[29]。这指的是在一个精心挑选的吉日，在宗庙门口举行冠礼仪式，类似于后来的欧洲传统中骑士的束带仪式。正如研究这些仪式的一位现代学者所写的那样："早期的中国封建主义主要基于亲属关系；惩罚往往是针对整个家庭而不是个人；祖先崇拜是宗教生活的重点。因此，小心谨慎地定义家庭角色和转变是社会组织的基础。"[30] 在这样的时刻，祖先总是必须"出现"的。

冠礼可能是一个男人一生当中最重要的时刻。[31] 因为在这个仪式结束之后，人们就认为一个男人已经准备好管理他人。对于嬴政来说，冠礼之后意味着之前的摄政王吕不韦的权力到此结束。据史料记载："正因此，三皇五帝都非常重视冠礼。因此，行冠礼时引入所有的礼制用法，这也是节日庆典仪式中最重要的环节。"[32] 雍城的宗庙、祠堂、陵冢形成了秦始皇家族的传统，同时也预示了秦始皇应该采取哪些行动。他到雍城举行冠礼仪式，说明这座城市在秦国历史上的关键作用以及他个人对礼制和风俗的尊重。

秦献公（前384—前362在位）在他统治的第一年将都城东迁到栎阳，栎阳位于距离阎良五公里的冲积平原上。阎良今天是西安九区之一的所在地，在这个现代都市的东北部。此次迁都的原因之一似乎是让他的军队靠近曾侵犯秦国边境的韩国、魏国和赵国。从栎阳出发行军很快就可以到达黄河。从司马迁的记载我们可以了解到，这个城市在第一年就修建了城墙[33]，而秦献公当时正在考虑将国境向东迁移至宽阔的河流区域。但是他的儿子秦孝公（前361—前338在位）没有迁都，却成功地将大部分失去的土地收复到秦国的控制之下。几个世纪以来，栎阳的确切地点一直未知，直到1964年，考古学家才确定了它的地点。他们发现这座城占地面积约为2平方公里。他们在1980年1月开展了进一步的工作，并于2013年1月开始进行详细的发掘，想要挖出整个城墙。人们发现这座城市比以前想象的要大，平面呈直角，城墙南北长2500米、东西长1900米。有三条主要的东西向街道，宽达15米，通往三个方向的三个门，而其他墙垣则设有两个门。和雍城一样，一个6米左右的大门对于小城市而言很宽。几条河流和古代运河的出现证实了三座城市的存在，这表明频发的洪水和不断变换的河道需要经常改变原计划。[34]这也可能是为什么都城仅仅35年后就被转移到一个更安全的咸阳高地，正如便利的河滨城市平阳让位给更安全、更实用的雍城。

此遗址的发掘至今仍在继续。2017年1月，研究人员宣布，已经找到了一个大型地下室和一个非常罕见的壁炉,这表明上面被破坏的建筑物具有一定的重要性。这样的地下室通常与皇室所有者联系在一起。发现地下室的专家认为这是嫔妃的储藏室。[35]也许这些可能是秦王室成员的妾,虽然这些发现的确切时代至今尚不得而知。

秦国的最后一次重大转变发生在秦孝公统治的第12年,当时他将都城略微向西部迁移,从栎阳向咸阳,从后来的西安穿过渭水,即周朝旧都丰镐北部。现有的城镇和村庄形成了一个扩大的单一城市,附近的人们被迫搬迁。建造了新的和更大的宫殿,有更加宽敞的前殿,司马迁称之为专门为张贴告示而准备的两座阙。事实上,"冀阙"或"冀门阙"这两个词的意思是距离宫殿更近的地方,而且"冀"也具有"高大壮观"的次要含义。[36]因此它们不仅仅是简单的塔楼。既是秦始皇的期待,又能表明秦始皇如何遵从、发展祖先的传统,塔楼上的新诏书规定,全国的长度、重量和体积的量度应该是统一的。好像是为了承认这种新的力量,周朝君主现在已经赐予秦孝公享受"伯"的等级待遇,"伯"是第三高的王家等级,这是非王室血统的人可以达到的最高等级。公元前341年,其他诸侯前往秦孝公的新城市以示敬意。用19世纪晚期的耶稣会士汉学家阿尔伯特·切尔佩的话来说,只有他被皇帝赋予这样的荣誉这一事实表明:"徒有虚名的君主居住在洛阳时,秦孝公在咸阳掌握实权。"[37]在秦始皇出生之前的一个世纪,秦国已经走上了帝制的道路。

新受封的秦孝公任用精明干练的商君(商鞅)(约前390—前338)为政治战略谋士。商鞅出生在秦的敌国卫国,曾经在魏惠王(前369—前319在位)的朝廷任职。但是当他后来得知秦孝公求贤若渴,他便来到更加强大的秦国施展抱负。独具慧眼的他发现了这一最有利的时机,认为他在秦国会有更多更好的发展,因为正如他所预见的那样,秦国当时已经取得了一定的霸主地位。他是一个研习法律知识的年轻人,他的专业能力和惩戒措施是他成功的基石,也让他成为秦朝历史上的主要人物。由于司马迁的《史记》中有一章内容是专门介绍商鞅的生平,现存的《商君书》中对商鞅的更多介绍让商鞅以执法严厉闻名,因此也让我们对他的了解要多于对同时代其他政治家的了解。这两本书都在20世纪被翻译成英语。《商君书》是伟大的荷兰汉学家戴闻达1928年翻译的,附有一篇极好的长文简介。商君将秦国范围内民众集中统一管理,打破了贵族家庭的传统结构,创造了一个任人唯才的官员等级制度。他引入了什伍编制(将所有人口分为五户或十户家庭的政策),从而通过告发和连坐法来加强社会管理。也就是说,如果一个人犯罪,整个家庭就会受到惩罚。但是,采取这些严厉措施的同时,他鼓励耕织,实行土地私有制,并强调开垦荒地的重要性。他非常清楚"一个国家繁荣昌盛的手段,就是农业和战争"("国之所以兴者,农战也")[38]。这就是为什么在他的《商君书》中关于法律的引言段后面出现的是另一个题为"垦令"的段落。他强调鼓励或强迫居民种植更多作物特别是谷物的方法。

商鞅首先在栎阳进行了改革,后来在咸阳进行了改革,此时秦再次迁移,修建他们的最后一个都城。在某些方面,他的断言和论证风格和马基雅维利的风格很类似,例如,他写道:"如果人民比政府更强大,那么国家就是弱者;如果政府比人民强大,那么军队就很强大。"("民弱国强,民强国弱。")[39] 前一种情况也提供了一个可以刺激农业发展和财富增长的安全环境。传统和大多数后来的书籍都认为,商君设计的惩罚措施非常严厉,甚至有些残忍。然而,显然,他是他那个时代的人。战国时期最有趣的评论家之一韩非(约前280—前233),是一位政治哲学家,他对治国理政方面的精辟观察结果可以与马基雅维利相较。他曾是儒家学者荀子(约前313—前238)的学生,之前被称为"韩非子"。在他的著作《韩非子》中,他讲述了一段令人费解的插曲,由当时惩罚过错的标准,揭示出当时与我们这个时代完全不同的道德准则:

> 昔者韩昭侯醉而寝,典冠者见君之寒也,故加衣于君之上,觉寝而说,问左右曰:"谁加衣者?"左右对曰:"典冠。"君因兼罪典衣与典冠。其罪典衣,以为失其事也;其罪典冠,以为越其职也。非不恶寒也,以为侵官之害甚于寒。(《韩非子·二柄》)[40]

严厉的惩罚形式确实存在,从斩首到阉割,以及在审问期间经常采用的杖笞。一个常见的严厉措施是对那些未举报犯罪的人实施腰斩。韩非让我们看到了一位精明的法家学者眼中惩罚的重要性:"聪明的统治者控制他的大臣只需两种手段。这两种手段就是惩罚和奖赏。惩罚和奖赏是什么意思呢?对刑徒施加死刑或酷刑,称为惩罚;对有功之臣的表彰奖励就是奖赏。"("明主之所导制其臣者,二柄而已矣。二柄者,刑德也。何谓刑德?曰:杀戮之谓刑,庆赏之谓德。")[41] 此外,一些较轻的惩罚对于该制度至关重要。例如,囚犯被发配去修建城墙对于秦国的大兴土木至关重要。

1975年，在湖北省一个名叫喜的公元前3世纪县吏的坟墓中，发现了一套一千多枚记载法律法规碎片的竹简。这些竹简揭示了古人对细节和行政效率的关注，简直难以想象，包括：每年出生的牛犊和羊羔的数量、马的死亡、食品的交易和工资，等等。例如，定期测量牛，每年进行一次细致的评估，之后巡查官员得到奖励或惩罚：奖励可能是一瓶酒和一些干肉，但如果"牛已被用于农耕并且消瘦，每瘦一英寸（约2.5厘米），负责人就要被杖刑十下"（"其以牛田，牛减絜，治[笞]主者寸十"）。[42] 与这种严重程度形成鲜明对比的是，文本上的文字回答了当局提出的问题，证明了对犯罪行为和刑徒的宽大处理和理解。另一位著名的荷兰汉学家戴闻达（和他的学生）将其翻译成英文，他在关于刑事诉讼调查的介绍性评论中非常谨慎地发表意见。关于立案涉及的侦查工作的描述似乎非常现代化，例如有入室谋杀案中的身体位置的详细证据报告、致命的伤口、衣服甚至鞋子距其尸体的精确距离测量。[43] 这些简短的例证让我们深入了解了秦国的法律制度，它们也使现代社会在定罪时有先例可循：

求盗追捕罪人，罪人格杀求盗，问杀人者为贼杀人，且斗杀？斗杀人，廷行事为贼。[44]

有贼杀伤人冲术，偕旁人不援，百步中比野，当赀二甲。[45]

正如我们所称的那样，这些"工作指示"表明了对商鞅变法所确立的、嬴政统治时期仍然适用的秦律的不同观点。人们根据这些竹简来确定日期，尽管这些规定本身确立的时间更久。省级官员能够要求澄清有关法律和判例的事实令人震惊，因为拒绝回答他们问题的官员本身也会受到惩罚。这背后的想法很有意思，因为"工作人员清楚地知道人们了解法律，他们不敢违反法律规定地对待他人，人们也不敢违反法律"[46]。这是公元前4世纪的一个复杂而平衡的观点。

商鞅进行的行政改革和对司法体制的重视使秦国具备了建设帝国的强大军事力量，实行的中央集权制要优于其敌国，推崇运用法律、治国才能和政治权力进行哲学推理。

公元前350年，咸阳的冀阙上张贴了一道命令，禁止父亲和儿子、哥哥和弟弟们住在同一栋房子里（推行小家庭政策，成年后必须分家，独立谋生）。小城市、村庄和城镇将被合并到县，那里的官员称为县令（知县）和县丞（协助县令），咸阳共有31个县……为了获得可耕地，他（商鞅）开阡陌封疆，并平衡赋税；他统一度量衡，标准化了重量、数量和长度的衡量……五年之后，秦人富裕而强大。（"而令民父子兄弟同室内息者为禁。而集小乡邑聚为县，置令、丞，凡三十一县。为田开阡陌封疆，而赋税平。平斗桶权衡丈尺。行之四年，公子虔复犯约，劓之。居五年，秦人富强。"）[47]因此，一个多世纪后，秦始皇采用的许多措施已经出现在商鞅的著作中。但是一旦秦国征服敌国，就可以表明秦始皇自己卓越的执政才能。商鞅设置的县历史悠久，秦始皇时期也用来指代一个地区。

事实上，这些措施已经隐含在一个世纪之前孔子的文章中，因为他的志向是在相对统一的周朝解体后重建政治和谐，并团结各个敌对国。他强调道德、社会关系和正义，因为他要创造单一政体，他的作品旨在增强中国传统和信仰在这种统一中的作用。在许多小国之间的政治混乱和战争不断爆发的时刻，孔子渴望他所认定的古老秩序可以重建一个和平与繁荣的时代。不幸的是，他希望成为一名政治决策者的愿望仍然没有实现，但他的追随者所编写的关于他言行思想的经典文集，在秦国日趋强大时就已经广为人知。例如，孟子是孔子孙子的门人的学生，他讲述了在公元前319年的一次访问中，他和他们的邻国之一——魏国的梁襄王之间的一次谈话。

卒然问曰："天下恶乎定？"吾对曰："定于一。"[48]

其他著名的追随者，如韩非，成了秦国谋士。儒家理想发生改变，更加倾向于商鞅提倡的法治政府，治国手段也因此发生了变化，但是渴望统一后的和平与他的思想主张并不冲突。

统一已在半路上，与此同时，昭示了秦国的雄心。

第 3 章

由地方割据霸权到全国统一皇权

秦惠文王（前337—前311在位）是秦孝公的儿子，是秦国第一个享有"王"称号的人，有力地说明秦国不断巩固的权力。作为秦献公的孙子、秦孝公的儿子和秦始皇的高曾祖父，他在嬴氏家族（秦国家族）中占有重要地位，由过去接受封地的公爵蜕变成未来统一帝国的缔造者。

他是一位优秀的军事领导人，大大扩展了秦国的领土，并通过引进新的军事技术和战术为后来的征服奠定了基础。例如，众所周知，中国历史上最初善于骑射的是"胡"这个游牧民族。[1] 在战国时期，这是所有游牧民族的统称，但逐渐指代一直在北方对秦国和后来的汉朝构成威胁的匈奴人。[2] 在记录汉族的历史中，司马迁用了很长的篇幅来记录"匈奴的故事"。[3] 众所周知，赵国从胡人那里学习马上射击。他们的统治者赵武灵王（前325—前299在位）向他的军队引入了游牧战术；改变传统风俗，据说他穿着胡服，训练骑射兵。[4] 这说明穿着宽松的马裤更适合在马鞍上转身和从马背上射击。赵国将军李牧是战国时期公认的最伟大的指挥官之一，他不仅训练士兵骑射，还开始使用烽火台远距离快速发送命令。在惠文王的统治时期，这些做法均被秦国采用，并且首次成功用于秦国传统领地之外的战役，公元前316年将四川兼并为南方领地。该省的自然财富和资源使其成为具有吸引力的目标。

预见到他曾孙的军事战略，惠文王使用了他两年前建造的500公里长的道路将秦军直接带入四川。[5]他曾尝试过各种策略进入四川，例如，利用蜀国统治者开明氏的贪婪和欲望，送嫔妃给他作为礼物。后来他决定采用更加缜密复杂的计划。这需要制作五只石畜，它们的尾巴下面藏着金块，让人们误以为它们总是从身体里排泄出贵金属。故事中，轻信他人的开明氏深信不疑，建立了一条从山区到汉中的驰道，以便这些神奇的动物送达给他。但是，驰道建成后，秦军并没有送来珍贵的石畜，而是沿着"金牛道"或说"金牛路"入侵他的土地，并夺取了他的都城。[6]这可能是第一条沿着悬崖峭壁建造的栈道，峭壁下是南北向主干道上的山洪和瀑布，将木桩凿入岩石，有时用火爆破岩石，在缝隙中插入木桩。这些栈道一直用到近代，修复的汉中以南的部分路段现在还依稀可见，它通往城市，人迹罕至，但重建成了饶有趣味的博物馆。

这条新建的皇家道路接上了先前蜀国到眉县的道路西段，但是路线更长，因为它还向南延伸到汉水以南的大巴山：第一线路，陈仓道，从宝鸡经过秦岭山区，到达渭水流域眉县西部，第二线路，"金牛道"[7]经过大巴山，穿过险峻的要隘和剑门关峡谷来到蜀国都城，开明皇帝迁都此地，并改称为"成都"。唐代诗人李白（英文名字为Li Po）曾为此路赋诗一首，诗中毫不夸张地说：

蜀道之难，难于上青天，使人听此凋朱颜！[8]

英国汉学家亚瑟·威利1919年翻译过此诗,英译文如下:

It would be easier to climb to Heaven than to walk the Sichuan Road; and those who hear the tale of it turn pale with fear.

通过这项伟大工程,以及军队跨越天险的勇气,秦惠文王和秦国得以控制南部的蜀国和巴国。后来有一条连接陈仓和宝鸡的路,就是那条让李白非常震惊的路,它有个好听的名字,叫"连云路"或"连云道";有时这指的是全部第一条路线,而不仅仅是陈仓道。这一成就在战略上具有巨大的历史意义。用楚国研究专家的话来说:"毫无疑问,战国时期权力平衡中唯一最重要的事件是秦朝在公元前316年征服四川(巴和蜀)。"[9]在四川东部地区爆发了秦国与楚国之间的一次重大战争,是秦国崛起过程中的重要军事里程碑。这也导致了开明王在战斗中死亡,因为他试图抵抗四川北部的秦军前进。[10]蜀都成都以前只有一个木制的栅栏,现在用墙围住,重新改建成一个更大的城市,城市布局与秦朝都城咸阳布局类似;据一份远古的资料记载,它是缩小版的咸阳。[11]现在,古称"天府之国"的肥沃土地可以为秦军提供足够的粮食。这次征服的成功主要归功于宝鸡向南建设的道路。

几十年后,组织良好、有效管理的秦国受到荀子的称赞。公元前264年,荀子参观并首次评论了其优越的地形特征,说其具有独一无二的特质:"边境防御地形独特,地理位置优越。那里的山脉、森林、溪流和山谷都很壮观,自然资源丰富,这是地形的特有优势。"("其固塞险，形势便，山林川谷美，天材之利多，是形胜也。"）[12] 荀子也称赞人民清白而不轻浮，服从当局，行为举止自尊自爱，对待工作认真负责。他总结说，这些因素以及卓越的行政管理是秦过去四代统治者取得成功的原因。然而，必须指出的是，司马迁不赞同地形条件使其成功这个观点。他在《六国年表》的引言部分中写道："这似乎更像是上天的帮助。"（"盖若天所助焉。"）[13]

秦惠文王登基后的第一件事就是除掉商鞅。正如政治家苏秦在《战国策》中向惠文王提到的那样："当大臣们太重要时，国家就处于危险之中。当大臣们结党时，君主就处于危险之中。现在，秦国的妇女和儿童都在谈论商鞅制定的法律。"（"大臣太重者国危，左右太亲者身危。今秦妇人婴儿皆言商君之法……"）[14] 实际上，商鞅很难期望他的主公秦孝公能够免他一死。秦惠文王正式控告他煽动叛乱，但实际上此举是为了报复在他的父亲秦孝公还活着时商鞅对新王采取的行动。他被执行残酷的车裂处决。根据他自己设计和实施的严格法律，他家中共有九名成员被处决——真是作茧自缚。

在新都城，秦惠文王肆无忌惮地对其他国家不断发动战争。相比之下，商鞅的法律似乎更加人性化。根据司马迁所提供的数字，在其统治的27年间，即从公元前337年到公元前311年，惠文王的将军从秦敌手中夺取了数十个城市并斩杀了数十万名士兵：与魏国一战后杀死8万人，与韩、赵、魏和燕的联合部队作战后杀死了8.2万人，与韩国的一场战斗中杀死了1万人，与楚国作战取胜后又杀死了8万人。虽然这些数字可能有些夸张，但这些重大战役之外还有许多其他的战斗。这一总数，无论是真实的还是想象的，都显示出秦惠文王统治期间秦国的决心和军事实力。

此外,他的统治还有另一个有趣的方面,因为他娶了一个楚国女子为妻,对秦国历史产生了巨大的影响。这名女子,芈氏,出身楚国王室。事实上,体制外的长期研究者陈景元坚持认为,制造陵墓和兵马俑的想法来自这个有影响力的祖先,即宣太后,也就是芈夫人。就像马丁·路德一样,陈景元也写了63篇论文来支持他的论点。他的理论大多被考古学家驳回,他们认为他的观点非常古怪。[15]

与后来19世纪的慈禧太后一样,这位非凡的女性以妃子的身份参与政事。一些受宠的嫔妃常常如此。芈夫人是秦惠文王的第二个妻子,她的野心昭然若揭,她希望她的儿子缔造一个伟大、永世长存的朝代。

芈夫人为达目的不择手段,最典型的就是她勾引义渠王。义渠是一个半游牧、半农耕的民族,生活在渭水支流泾水的北部、黄河北部的河套地区。他俩之间的感情保持了很长时间,她还给他生了两个儿子。但是后来,她杀死了她的情人,派遣秦军征服他的领地。因此,这个嫁到秦国的楚国女人给秦国带来另一个民族的领地,而这个民族在北方边界长期与秦发生战争。无论勾引义渠王的事真有发生还是之后有人恶意编造抹黑秦国的历史,芈夫人都留下了荡妇的恶名。正如《战国策》中记载的那样,她在讨论秦惠文王死后事宜时举了下面这个非常刺激的例子:"当我服侍先王时,如果他把他的腿放到了我的身上,我会反对说我很不舒服,但是,当他把他的整个身体压在我身上时,我却一点都不觉得重。这是为什么呢?因为我觉得前一种动作对我来说没有什么好处。"("妾事先王也,先王以其髀加妾之身，妾困不疲也；尽置其身妾之上，而妾弗重也，何也？以其少有利焉。"）[16]她凭借高超的政治权术以及与同母异父弟弟魏冉的勾结，在秦武王死后，扶立她的长子秦昭襄王即位。昭襄王时年19岁，是秦武王的异母兄弟。

之后，她做了三年的摄政王，直到秦昭襄王成年完成冠礼。魏冉和她的亲弟弟芈戎都是杰出且忠心耿耿的武将，她的两个幼子却忙于挫败他们同父异母的哥哥们的阴谋诡计，因为他们支持秦武王。史料清晰地记载，真正形成秦朝的实力并最终实现中国统一的是宣太后和她的派系，人们常说的"四贵"，也就是她的两个兄弟和两个儿子。

她的儿子秦昭襄王在位56年（前306—前251），带来了某种程度上的稳定。正是在他母亲、叔叔和兄弟的帮助下他策划和执行了侵略性军事扩张，使秦国在秦始皇即位之前的几十年就成为霸主。昭襄王一登基，就被宣太后授意任命他的舅舅魏冉为将军，并让他负责守卫都城咸阳。后来，魏冉还担任了三任秦相。在担任军事指挥官和秦相15年后，他获得了侯爵的头衔，并在河南的穰获得食邑，并由此获得了"穰侯"的封号，同时也夺取了山东的陶邑。[17]他亲自率兵攻打魏国，并在那里攻占了60个城池。他对魏国、赵国和韩国的打击是秦国取得成功的基础。公元前274年，他率军再次攻打魏国，取得了巨大的胜利，《史记》记载，一共斩首了4万名被俘士兵，并于次年与大将军白起一起在河南华阳[18]的激烈战斗中摧毁了魏国和赵国的联合作战部队，这次斩首了10万军队并占领了几个主要城池。据说，像历史上许多成功的将军和大臣一样，他和他的姐姐一起变得非常强大和富有，他在朝廷内的敌人勾结起来密谋反对他。虽然最终被迫退隐陶邑，但他在秦国的历史上已经发挥了重要作用，因为他掌舵秦国很长一段时间，为形成统一的帝国铺平道路。司马迁明确指出，正是有了穰侯的巨大功绩秦国才能够扩张领土，[19]这至少也意味着一切要感谢他的姐姐。魏冉的成功也是秦昭襄王的成功。在秦昭襄王的长期统治末期，在创建唯一的帝国的过程中，昭襄王是一位成熟而强大的君主。

事实上，秦昭襄王曾试图容忍两个帝国并立，为了解决战国之间的冲突，建立一个稳定、组织有序的社会。在他在位的第19年，秦昭襄王称西帝，并且齐湣王自称东帝。[20]然而，几个月后他们都放弃了各自的头衔。他们似乎很快就明白，如果两个人同时称帝，那么帝王的头衔就毫无意义，因为与罗马帝王不同，中国的帝王当然要"一统天下"。因此，两个帝王的概念存在逻辑矛盾。但是，这一问题的解决方法表明，在公元前288年，即秦始皇最终统一中国前的将近70年，他的曾祖父几乎已经统一中国。

这很重要，因为秦昭襄王和嬴政，即未来的秦始皇之间有着非常直接的联系。昭襄王的儿子在加冕三天后去世，他的继任者庄襄王——秦始皇的父亲，统治了三年；[21]因此首先是政策的连续性，因为在昭襄王去世三年之后嬴政就继位掌权了，两位中间的国王还没来得及行使他们统治王国的权力。更重要的是，我们可以假设未来的秦始皇知道并受到昭襄王的启发，因为他的曾祖父去世时他已经九岁了。鉴于他对祖先极度崇拜，是否可能有一个比他的曾祖父更为重要的人向这个小男孩说过他建立帝国的抱负？

甚至有迹象表明，这些抱负实际上可以追溯到昭襄王的父亲惠文王的时代，因此可以追溯到雄心勃勃的芈夫人，她当时是那样野心勃勃。据《战国策》记载，纵横家苏秦有一个著名的预言，他说过下面这些话：

大王之国，西有巴、蜀、汉中[22]之利，北有胡貉、代马[23]之用，南有巫山、黔中[24]之限，东有崤、函之固[25]。田肥美，民殷富，战车万乘，奋击百万，沃野千里，蓄积饶多，地势形便，此所谓"天府"，天下之雄国也。以大王之贤，士民之众，车骑之用，兵法之教，可以并诸侯，吞天下，称帝而治。[26]

秦惠文王谨慎地回答说："寡人闻之，毛羽不丰满者，不可以高飞……"[27]但是种子已经播下，他的妻子，今后的太后，仍然坚持这一愿景，在秦惠文王生命结束后，一只羽翼丰满的小鸟会从他的家族中展翅高飞。

这种预测仍然存在。《战国策》中还有另外一个故事，惠文王的丞相和战略家张仪——苏秦思想的反对者，向楚王解释说："这十五年以来，秦没有派出军队越过函谷关的唯一原因是它一直在秘密谋划如何吞噬六国。"（"且夫秦之所以不出甲于函谷关十五年以攻诸侯者，阴谋有吞天下之心也。"）[28]《吕氏春秋》也叙述了秦昭襄王时代的一个故事，其中出现了这样的一句话："意者秦王帝王之主也。"[29]这本书确实是年轻的秦王嬴政当政时编纂的，但是写这篇文章的学者却在引用并利用先前的资料。如此看来，传言散播的几个世纪中，梦想确实在酝酿着。

建立统一帝国的思想又萦绕在秦始皇的父亲秦庄襄王的脑海中。李斯——未来秦始皇政府的丞相，和荀子研究之后，思考着他的下一步计划。[30] 他深知，随着各个战国之间产生交战的想法，应该有很多可乘之机。他虽然出身楚国，在河南省南部的上蔡[31]地区长大，但是他还是认为当政的楚王不会让他晋升。像之前的商君一样智慧超凡，他决定投奔秦国，因为他听说秦庄襄王想要"吞并四海，自称帝王，统治帝国"（"欲吞天下，称帝而治"）[32]。传说中的这种抱负并没有实现，因为庄襄王不久就死去。但是这件事非常有趣，明显体现出秦朝统治者历朝历代的思维模式。

这种失败的尝试，以及秦始皇出生前近一个世纪的预测，表明了秦国一统天下的梦想由来已久——至少从他伟大而备受尊敬的祖先秦景公时代就已经开始。

公元前259年，未来的秦始皇出生在距离传统秦地较远的邯郸，是当时赵国的都城，今河北省境内。该市现在是一个普通的工业中心，处于北京—西安交通线上的战略位置，大约在两个城市中间，也在古代河北、山东、河南和山西等主要省份的交界处。这个家族定居那里是因为秦昭襄王谈判之后秦国与赵国结盟，昭襄王要求他的孙子嬴异人（后来的庄襄王），当时刚刚出生的嬴政的父亲，作为人质来保证成功结盟。因此，嬴政作为盟友的人质出生在敌国的土地上，这种情况不仅让他对未来角色的认识更加清楚，而且更加激发了他的野心。当时他叫赵政，他的赵姓与他出生的月份——正月（农历第一个月份）放在一起，成了他的名字。

当时，异人家庭受到富商吕不韦的权势影响。他的妾名叫赵姬，后来成了异人的妻子（她姓赵，取自她生活所在地赵国，与秦姓赵氏无关）。无论如何，吕不韦都是一个旷世奇才，从一个邯郸的成功商人蜕变为史上首位摄政王，之后担任秦始皇的丞相，和欧洲的科西莫·德·美第奇非常相似。科西莫·德·美第奇也是由成功的商人和金融家蜕变成政治家。

《战国策》中记载的一则故事充分说明他的野心。遇到嬴异人之后，吕不韦找到自己的父亲进行了下面的谈话：

"耕田之利几倍？"

曰："十倍。"

"珠玉之赢几倍？"

曰："百倍。"

"立国家之主赢几倍？"

曰："无数。"[33]

但他是一个精明的政治家，也是一个干将。公元前239年由著名学者根据古籍和箴言为他编写的《吕氏春秋》提出了一个全面的理政哲学，为秦始皇后来执政提供洞见，秦始皇实际上是吕不韦的门生。这部书用黄帝、道家学说和孔子等人的逸事和语录概括古人的智慧。当嬴异人作为人质来到邯郸时，吕不韦迅速抓住机会。他认识到嬴异人有权坐上秦王宝座，但被朝廷的阴谋所阻碍，他前往秦国并利用他的财富精明地行贿，促使嬴异人成为王位的继承人。

以此，他奠定了自己在下届朝廷的重要地位，并且在赵政出生时成为他的仲父。《吕氏春秋》让我们产生了对朝廷的学术氛围的独特见解，强调历书和礼制。在这种氛围下，秦始皇逐渐走向成熟。

人们说吕不韦可能是秦始皇的生父，但是大多数历史学家现在的观点是，这个故事是一个儒家学者后来杜撰添加的，意在诋毁汉朝人眼中秦始皇的声誉。已故的德克·卜德是一位可靠而认真尽责的研究古代中国的历史学家，他将《史记》中的《李斯列传》《吕不韦列传》《蒙恬列传》和《刺客列传》中的荆轲部分翻译成英文并出版。他在研究吕氏传记时认为这个故事"绝对靠不住"。[34]

公元前249年，嬴异人成为秦庄襄王。吕不韦迁居咸阳，封侯拜相。用《吕氏春秋》的译者、已故的美国翻译家约翰·诺布洛克的话来说，吕现在成了"秦国实际上的统治者"[35]。一些现代的中国作家，如杨宽，在他1956年出版的传记《秦始皇》中认为，吕不韦在中国统一的进程中的重要作用要远远大于秦始皇。[36]事实上，吕不韦监督秦国征服六国完成中国统一，并且积极参与军事行动。公元前247年，在父亲庄襄王的三年统治结束时，这个小男孩成了秦王嬴政，吕不韦为摄政王。后者的《吕氏春秋》可被视为未来秦始皇的培训手册，他一定认真仔细地研读了此书。

前面的几个章节不断提及周朝和各个战国的王侯来说明祖先和历史先例的重要性，强调年轻的皇帝充满历史感和他作为天子的职责——正如我们看到秦始皇陵和兵马俑的历史先例。统治者的职责是十分明确的，例如，强调土地的有效管理，值得我们当今的许多人学习效仿。他命令工程负责人对包括都城在内的有围墙的城市进行彻底检查，走访可能遭受洪水侵袭的平原和田地，为诸如春季洪水之类的可预测事件做好防备措施。他的下属应该经常巡察，并检查水坝、堤坝和沟渠，并在必要时进行修缮，确保不会发生潜在的堵塞。甚至还要对道路进行检查，避免下雨时妨碍交通。[37]对细节的这种关注值得称道，也非常实用。其他章节涉及道德问题，如孝道，作为一个好的统治者在战争中的行为和战略，并提出了中央集权制的基本理念。我们可以想象到，年轻的秦王与仲父讨论这些想法时十分注重细节。

尉缭是一位受人尊敬的军事战略家、兵书作者和敏锐的观察家。在嬴政成为皇帝之前，他给嬴政画了一幅小但很有趣的肖像。司马迁引述："秦王有一个大鼻子，大眼睛，猛禽一样的胸膛；他的声音像豺狼；他有虎狼之心，并不善待他人。当他发现自己陷入困境时，他总是表现得很谦卑，但当他达到目的时，他就会凶得像要吃人。"（"秦王为人，蜂准，长目，挚鸟膺，豺声，少恩而虎狼心，居约易出人下，得志亦轻食人。"）[38]想到他无情地杀害对手、统治初期平叛政变（包括他同父异母的兄弟赵成蛟试图篡权）时，这种说法是正确的。传说，他的军队纪律严明、杀人成性，与敌国交战时砍掉了敌军成百上千的人头。他还经历了两次暗杀，幸免于难，似乎一直无所畏惧。有则故事记述，他曾经在夜间走过咸阳的街道，隐姓埋名，身边仅有四个护卫。

年轻秦王的军队行军打仗时纪律严明，同时也十分重视细节，这一点在第一帝国的发展过程中显而易见。中国古代七部军事经典著作的作者都强调作战时纪律性和组织性对战争取胜的重要作用。

正如军事战略书籍作者吴起在公元前400年描述其家族几代人时所述:"秦国人性格坚强,地缘关系不牢,政府治理森严。秦朝执政赏罚分明,颇得人心。人们永远不会屈服,反而热情似火、爱好争论。"("秦性强,其地险,其政严,其赏罚信,其人不让,皆有斗心,故散而自战。")[39] 同样地,荀子讲述了他出访咸阳时看到政府官员"严格履行职责,受人尊重、待人温和、认真严谨、忠诚可靠、值得信赖,从来不会玩忽职守"("其百吏肃然,莫不恭俭、敦敬、忠信而不楛")[40]。他们沉着地履行这些职责,政府似乎是无为而治,和远古时期一样。这是一位儒家学者对此的高度赞扬,尽管他似乎并不喜欢秦国。

从公元前230年到公元前221年的十年间,司马迁在《史记》中写道,秦王嬴政消灭敌军就像"蚕吞食桑叶"("自缪公以来,稍蚕食诸侯")一样。他非常精通军事战略,并且经常采用阴谋和策略而非有勇无谋,正如孙子在他的《孙子兵法》第三卷卷首中所建议的那样:"凡用兵之法,全国为上,破国次之。"[41] 但是孙子也知道战争的巨大代价,正如他早先写过的那样:

> 凡用兵之法,驰车千驷,革车千乘,带甲十万,千里馈粮,则内外之费,宾客之用,胶漆之材,车甲之奉,日费千金,然后十万之师举矣。

深谋远虑的兵书中的完美战术、严明的纪律、训练有素的士兵、周朝悠久传统的战略方针,都是秦国强大军事实力的基石。从本质上讲，秦军就是周朝的军事组织的一个分支。但是现在秦国的军队由秦王和几位优秀的将领共同领导，增加了部队领导力量的魅力。

周朝的另一个伟大功绩就是长期控制被征服人民。他们在千禧年之际商周权力交替期间已经明白，他们需要使自己的地位合法化，以说服传统的封建势力接受他们为真正的统治者。因此，他们炮制了一个君权天授的制度。虽然商朝自称具有准宗教权威，但周朝提出了更多的世俗和政治学说，其基础是神权（上天）、君权和人权三种权力。其中通过复杂的仪式体系——也许在北京天坛这样的建筑物中可以最明显地想象出——皇帝经常通过祭天来主张统治人民的权力。将夏商思想转变为新意识形态，是中国历史的一个转折点："周朝征服天下，将一块大面积的土地变成了新的土地，逐渐形成一个新的地缘政治区域，该区域最终培育了一种文化，广泛地标有'中国文化'；一个新国家，广泛称为'中国人'；和一种新的伦理——精神意识，广义上被称为'中国性'或'中国特征'。"[42]

这使得秦始皇不仅是第一个皇帝，而且在某种意义上是第一个可以称之为中国皇帝的人。之前没有中国这样一个地方，事实上，欧洲语言中的这个名字被认为是源于秦王朝的名字。

据说，"虽然商王只是上天的祭司长，但天命论让周王成为地球上执行天命的人。天和王实际上是没有区别的"[43]。这一事实是我们理解秦国都城和秦始皇修建陵墓计划的关键。都城——死后为坟墓——在秦国的轴心上，也就是在整个宇宙的轴心上。用孟子的话来说，君权神授的人的主要职责是"站在王国的中心，使四海之内的人民享受安宁"（"中天下而立，定四海之民"）[44]。

因此，这种新的绝对权力，加上军事技能和人力资源优势，使中国由一个早期历史上的多个传统的封建国家过渡到一个新的、统一的、权力集中的官僚帝国。这个帝国以多种形式存续了两千年。[45] 它还将皇家陵墓的现有概念升级为一个同样庞大且无人料及的建筑物，从给秦景公陪葬的72名官员到成千上万的兵马俑。

第4章

短暂帝国的建立

公元前 221 年，秦王嬴政对外自称"皇帝"，实际上为天下的统治者，承担着将理论转化为实践的历史重任。从秦朝国号的选择到都城咸阳的不断扩张，从道路交通网络到长城，从他的行政改革到书同文，秦始皇的远见卓识非同一般。[1]

但是，实际上这也是我们所说的内部统一，让所有祖先的改革和创新形成一个单一、有序、集中的体制，形成一种由法律、法规、职级、头衔和机关支持的等级制度。这主要是通过引入行政省、区、郡县等行政单位形成的，此外还称百姓为"黔首"，而不是部落、少数民族或者国家关系中的一员，形成了一个统一的民族。废除了之前几个国家采用的封建封号，采用了根据军事成就或作战英勇而命名的封号，进一步打破了旧有的封建制度。当然，秦始皇进行了最大规模的改革，包括统一语言文字、统一度量衡、统一着装标准，废除了传统习俗。正如我们所见，大部分内容并不是秦朝新提出的，很多的改进措施实际上是商君的改革思想。但是，新皇帝严厉、坚定地实施这些改革措施，这些因素才得以形成真正的革命。

然而，大部分改革都是由他的丞相李斯（？—前 208）设想并实施的。他在整个秦始皇统治时期担任丞相，也是秦始皇的儿子和继承人秦二世统治时期的丞相。在秦二世时期，和大多数伟大的大臣一样，他的结局也非常凄惨。李斯在公元前240年至公元前237年从他的家乡楚国来到咸阳，当时秦王嬴政还只是一个小男孩。像韩非求学于荀子一样，他很快就接近了吕不韦。吕不韦是统一的坚定倡导者，并且善于说理，给年轻的秦王留下了深刻的印象，他也因此成为秦王一位非常重要的谋士。司马迁记录了他对秦王的下列言论：

> 今诸侯服秦，譬若郡县。夫以秦之强，大王之贤，由灶上骚除，足以灭诸侯，成帝业，为天下一统，此万世之一时也。今怠而不急就，诸侯复强，相聚约从，虽有黄帝之贤，不能并也。[2]

这种辩才对一个正在寻找战略方向的年轻人产生了巨大的影响。李斯通过另一个著名的历史事件启发了年轻的秦王。当时许多朝廷大员要求驱逐在他国出生的官员。为什么会这样？李斯严厉地批评仇外心理（秦人的仇外心理对他而言也不利），君主将一个人革职，只是因为他不是他所在国的本地人，但却接受来自其他地方的好看或者有用的商品和产品？他以昆山的玉，长江以南的金、宝石、丝绸、音乐以及"佳冶窈窕赵女"为例：如果他们不是来自秦国，他们不应该被驱逐吗？

秦始皇最重要、最忠心的支持者，执政期间与其并肩作战的是蒙恬、蒙毅兄弟二人。他们的家族长期以来与秦王朝关系密切。[3]为了感谢蒙氏家族长期服务朝廷，新秦王实行的首要措施之一就是任命蒙恬为大将军，之后又任命蒙毅出任他们祖父曾经担任的丞相之职，并且赐予他与皇帝同乘銮舆的殊荣。正如司马迁所说："蒙恬被委以对外事务，蒙毅规划内务，两个人都因忠诚守信而享有盛誉。"（"恬任外事而毅常为内谋，名为忠信。"）[4]事实上，他们在秦始皇统治期间一直与皇帝并肩作战。蒙恬是秦始皇两项伟大历史功绩的背后支持力量：修建第一个真正意义上的长城以及道路和运河网络以促进交通和行军。

在原秦国的西部和北部，从西部的兰州到陕西西安，再往北到榆林，再到黄河，秦始皇的曾祖父昭襄王已经在公元前3世纪上半叶修建了一段城墙。这是向鄂尔多斯沙漠扩张的一部分，位于黄河北部河套内，旨在形成对付胡人的堡垒；司马迁将它描述为长长的城墙，也就是我们现在的长城。[5]但它不应该是连续的墙；相反，它是一个墙体系统，利用山脊和沟壑等自然地形，以及一些独立的墙壁和堡垒阻挡河谷，还包括现有墙壁的延伸形成。这个墙体最初有40%建在倾斜的地形上，只需要在下方挖一条护城河，然后堆积石块和土壤就可以立在上面。[6]因此，烽火台可以建在墙内的高处，而不是建在墙上。虽然夯土结构已经风化成更圆润的形状，但在榆林附近仍然可以看到这个旧墙的断面。据考古学家估计，在昭襄王统治时期，城墙就已经长达1775公里。

秦始皇延伸了这一长城，引发了一个世纪以前人们很乐于相信的故事。在1909年出版的《中国长城》一书中，美国传教士和探险家威廉·埃德加·盖尔引用了一系列榆林西南部万银村附近靠近长城地区的有趣的故事：

这个村庄未开化，对照相机一无所知，此地的一个美丽的年轻女士的照片让人们感到震惊，由此我们得到了很多关于长城的传说。秦朝诞生于帝国的云马之上，每一里地都踩踏三次，每次踩压的地方都出现一座塔。现在，人们不说"快点做"，而是说"马上做"。秦国像是一个破碎、坏掉、腐烂的人。城墙一天之内拔地而起，有八万里长。当一个女人大声尖叫时，它就倒塌了，从大海一直到西藏。秦朝建立时天上有18个太阳；人们工作的时间太长了，草上布满灰尘，都落在了他们的头上。人们工作的时间太长，他们睡着睡着，就被埋掉了；当他们醒来时，他们已经成为一代先祖了。秦国有一把巨大的铲子，每砸一下，就出现一座一里长的城墙；人们身高3.66米，长宽比例适中；现在，人们身材矮小，不能够修建长城了。[7]

旅馆老板告诉到此来访的盖尔，他很确定秦始皇时代的人身材高大，身高超过3.05米："老一辈人是这么说的，我还看到过长城里的人骨，膝盖下足足有1.22米长。"[8]对秦帝国的无限想象扩大了疆域内所有人的想象力。

事实上，长城是非常宏伟的。司马迁记载，蒙恬任用30万人修建长城，由西部的甘肃省临洮到东部的辽宁辽东地区共有1万里（大约5000公里）长。人们常常认为这就是后来的明长城，但是这时的长城是更简单的夯土构造，并且在条件允许的情况下加入石块。

而且，根据这个早期的说法，虽然它确实延伸到了黄河以外的山西省，但是似乎只是超越了陕西原有的秦地。司马迁在对汉朝的描述中，对秦始皇的城墙进行了更详细的描述：

自榆中并河以东，属之阴山，以为四十四县，城河上为塞。……

适治狱吏不直者，筑长城及南越地。……

除道[9]，道九原抵云阳，堑山堙谷，直通之。[10]

但是，正如林蔚在他对早期长城的怀疑中所观察到的那样，几乎没有详细信息。司马迁和其他历史学家没有指出关于长城的确切路线，也没有写明蒙恬沿着长城进行军事行动的信息。林蔚还指出，汉太史公司马迁讨论建造陵墓时，没有任何关于"切割石头，搬运建筑材料"之类的大量劳动的描述。其他古代的资料也没有更多相关信息。

他们也没有说太多这个大工程的目的。有趣的是，考虑到皇帝极其迷信的天性和他对神秘主义的嗜好，它的修建很有可能只是一时兴起的结果。在最近的长城历史研究中，朱莉娅·洛弗尔提出了一个有趣的设想，即修建长城的动机可能来自司马迁所记录的一段神谕，它说："毁灭秦朝的是'胡'。"（"亡秦者胡也。"）[11] 这是在秦始皇于公元前215年当政期间做出的神谕。当然，这个预言对于皇帝来说已经足够了。派蒙恬率领30万大军北上攻打胡人听起来像是冲动之举，但是蒙恬确实夺取了他们在河套地区的土地。然而在那个时候，不同的胡人部落，如匈奴，并没有带来特别的威胁，所以这一事件足以让我们知道迷信是如何产生重大影响的：很少能仅凭占卜就部署如此规模大、花费高的军事力量。但这也是现存的秦长城中最重要的一段。这同样是对神谕的冲动反应的结果吗？

匆忙决断的同时，秦始皇深知需要良好的沟通来有效地管理这样一个泱泱大国。他开始了一项庞大的道路建设计划。在这一点上，他又一次遵循了周朝的传统，因为中国这一地区的历史古道——比如西安和洛阳这两座都城之间的道路——建造规格非常高。英国汉学家李约瑟认为，在公元前9世纪，《诗经》中有一段诗表达了对这些道路的赞美：

周道如砥，其直如矢。
君子所履，小人所视。[12]

这也说明，在秦帝国时代，道路主要供皇室和官员使用。我们也可以想到秦惠文王时期修建的四川栈道。

《周礼》记载了筑路工程精确度的说明，并且明确界定了几种传统道路。有趣的是，重点强调了天然交通路线，以及官员研究山脉、森林、湖泊、河流的需要；如果天然路线要求必须这样去做，负责人必须穿过山脉，在河流和湖泊上建桥。一共有五种类型的路：小路、宽砌路、单车路、二车路、三车路——基准宽度是马车或者战车的宽度。甚至农业用地（分为一等、二等、三等农业用地）也是用这种精度测量区分的：

凡治野，夫间有遂，遂上有径，十夫有沟，沟上有畛，百夫有洫，洫上有涂，千夫有浍，浍上有道，万夫有川，川上有路，以达于畿。[13]

各个部分的尺寸也都是有精确要求的：一条沟渠的宽度和深度

为 0.61 米，一条小运河是其二倍，另一条运河又是这条小运河的二倍，然后是大运河，宽度和深度都为 5 米。同样地，一条路足够宽，可以让一匹马或一头牛通过，一条铺好的路可以允许一辆二轮运货马车通过，一条路可以允许一辆四匹马拉的车同时通过，一条宽阔的道路，让两辆这样的车同时通过。

在城市里，道路更宽，工匠按照要求修建宽阔的道路，允许九辆战车并行沿着主要道路通过城市，城墙周围可以容七辆战车并行。李约瑟援引《汉书》中的记载写道："秦始皇还下令在全国范围内修建驿道，东边最远可达齐国和燕国，最南可达吴国和楚国，在湖泊和河流周围，沿海岸修建；所有这些地方都是可以到达的。"（"秦为驰道于天下，东穷燕齐，南极吴楚，江湖之上，滨海之观毕至。"）[14] 这些笔直的驰道，宽阔而平坦，为快速运输提供便利，沿途有苍松翠柏的庇护，是专门为皇帝出行而设计的，也便于提供秦始皇创建的非常高效的邮政服务。当然也包括快速的军队部署；八条驰道从西安向外辐射，就像从罗马帝国向外延伸，为皇帝出行预留了专用的中央车道。驰道长度和重要性各不相同，每隔 5 公里到 30 公里都会设置驿站，提供临时的小旅馆、马匹和其他服务设施，修建桥梁等必要的基础设施，使整个交通系统更加高效。甚至连车的宽度都固定在 1.92 米，以方便车辆通过。这些驰道西至甘肃，东至渤海，南至广东中国南海。所有沿此路线的活动都由检查站和税务官员严格把控。

最著名的驰道是秦直道，从都城咸阳西北部到云阳，再到内蒙古的九原，距离约 1000 公里。司马迁说，这条路是在公元前 212 年直线铺设，穿过山脉，在山谷中筑堤（"三十五年，除道，道九原抵云阳，堑山堙谷"），[15]就像19世纪的铁路路线一样。很明显，它有重要的运输和军事功能，但查尔斯·桑夫特最近表示，这也起着礼制上的作用。他认为这条路始于甘泉，因为皇宫在那里。据说这也是黄帝建造他的明堂（或说"明亮的大厅"）的地方，是一个"仪式中心，或说祭祀场所"[16]。"黄帝"这一称谓也来源于此。黄河大环圈之外的九原地区最北端是匈奴穿越阴山，在中国和北亚之间往来的战略通道。这条路穿越鄂尔多斯平原，彰显了秦国的强大实力与控制力。路的尽头是匈奴人祭祖的地方，更加强调了该地的重要性。正如桑夫特总结的那样："秦直道可能扩大并改进了秦国西北部的交通，但更重要的是，它具有礼制、文化和政治意义，将秦国的霸权扩展到境外。"[17]从他在雍城的冠礼，到在他所征服的领土上为保持和维护形象和权力而举行的其他古老仪式，这是秦始皇仪式感的绝佳例证。

他利用秦直道和其他的驰道五次巡察他新创建的统一帝国，南至荆楚，东至山东，东南至湖南，北至热河（现称承德）；这些路段还为他在泰山（山东省）、会稽山（浙江省）和崂山（今山东烟台附近的芝罘岛）举行祭祀活动提供便利，在每一处都竖起了石碑来宣布他的成就，并宣告他的雄心。在这里，他遵循着既定的传统。《礼记·王制》进行了详细的描述。它说明了这些巡察不仅是为了显示国威，还让人们了解他的帝国：[18]

天子五年一巡守。

岁二月，东巡守，至于岱宗，柴而望祀山川；觐诸侯；问百年者就见之。命大师陈诗[19]以观民风，命市纳贾以观民之所好恶，志淫好辟。命典礼考时月，定日，同律，礼乐制度衣服正之。

几世纪以前，这些已经成为正式的仪式。大禹"已经攀越群山，标记树木，确定了山的高度和河流的长度"（"随山刊木，奠高山大川"）并且"巡察哪些庄稼适合耕种以评估税收"（"任土作贡"）。[20] 正如秦始皇在会稽山举行祭祀活动一样，他出行时也举行了祭祀活动。秦始皇是在巡察期间去世的，距离大禹假定的去世地点不远，大禹也是在巡察期间去世的，这真是生活的一大讽刺。秦始皇死于沙丘平台，河北南部赵王宫殿[21]。这个地方距离秦始皇的出生地邯郸也非常近。

公元前 220 年，秦始皇第一次到秦朝最初的中心地带甘肃西巡，按照古代的惯例和礼制，秦始皇再次巡视。他攀越鸡头山。据司马迁记载，远古时期的黄帝也曾亲自攀登此峰。

秦始皇第二次巡视是在公元前 219 年，当时他东巡至他曾经征服过的四国——韩国、魏国、齐国和楚国。他攀登峄山，并在那里刻石，由李斯用小篆书写，记录秦始皇的历史功绩。这块石碑现在已经失传，但是宋代著名书法家郑文宝丁公元 993 年制作了摹本，现藏于西安碑林博物馆。[22] 在他巡视参观其他地方和山脉时，他眺望着他的新领地，并通过祭祀、仪式和刻在石碑上的文字来维护他的主权，这种风格强调并强化了他对统一帝国的伟大愿景。他从峄山走到中国最著名的圣山——山东泰山，根据在雍城的仪式在那里举行了一个仪式。《尚书》和《竹书纪年》这两部书中记载了商朝与周朝的历史，书中每隔几页就会提到皇帝东巡。通常没有具体说明行程，但几乎总是提到以泰山作为主要巡视目的地；事实上，据说有72个皇帝曾去泰山封禅。

沙畹两次登上泰山。正如在他的研究中所写的那样，中国的山是"有神性的"[23]，这座山是中国五座圣山中最神圣的一处，其宗教意义堪比奥林匹斯山。它也是举行封禅仪式祭拜天地的重要之所，因此，司马迁用整整一章的篇幅来讲述封禅祭天仪式。这些对于天谕的合法性和成功都是必不可少的。司马迁指出，皇帝刻石的原因之一是确保每个人都知道他亲自举行祭祀活动——这是在雍城举行的仪式。[24] 因为仪式的细节是保密的，我们不能确切地知道祭祀仪式到底是如何进行的。但也有一些迹象表明这一过程：皇帝"建了一个覆盖着五种颜色土壤的祭坛，下面埋着一块玉石板，上面刻着一个秘密的信息给上天，因为上天要接受献祭。官员们穿上了黄色的官服，戴上皮帽，系上宽腰带，然后用箭射了献祭的牛"[25]。这是一种祭天的形式，接着是在山麓小丘上的一场禅礼，祭地。沙畹补充说："泰山……掌管着……东方，这是所有生命的起源。和太阳一样，所有的生命都从东方开始。"[26]

离开泰山之后，秦始皇又来到琅琊，也是在山东省。秦始皇在那里短居了三个月，也留下了一块刻石，上面的刻文非常具有代表性（马丁·科恩教授认为这些铭文实际上都大同小异，主题相同，只是具体地点和仪式的要求略有变化）。[27] 首先是对皇帝成就的概括，非常具有说服力：

维二十六年，皇帝作始。

端平法度，万物之纪。
以明人事，合同父子。
圣智仁义，显白道理。
东抚东土，以省卒士。
事已大毕，乃临于海。[28]

最后，他发表了一份声明，概括他的巨大权力：

人迹所至，无不臣者。功盖五帝……[29]

他在那里的时候，命人建造了琅琊台，并且下令三万户迁居创建新城。[30]

之后他做出了两个重大决定。[31] 第一件事，他受到了名叫徐福的方士煽动。徐福说服秦始皇，海上三岛上有神仙居住，他获得了秦始皇的批准寻找这些岛屿。秦始皇批准徐福征发大量童男童女寻找神仙——这一事件会在第5章详细描述。第二件事，可能也是更为重要的事，是我们今后将要重点讨论的与秦始皇陵相关事件发生在彭城地区，秦始皇沐浴之后开始祭祀仪式。他下令让千人下水，寻找在战乱时代就已经遗失的周朝青铜鼎，是传说中禹帝亲手铸造的九个大鼎，一直流传到夏朝、商朝、周朝，因此象征意义重大。[32] 相传，这九个大鼎赋予了天子合法性，而这也证明秦始皇对大鼎的重视。

公元前215年，他出发来到距离都城很远的地方，这个地方是一块可以俯瞰大海的岩石，名字叫"碣石"，在辽宁省渤海西北海岸，距离长城只有数公里（今绥中县附近）。他来到之前大禹的所到之处，这也再次表明他对祖先的尊敬。他再次在此地修建新的建筑物，包括可以沐浴的宫殿，目的是洗去污秽之后举行仪式或者祭祀。[33]

公元前211年11月1日，秦始皇开始他最后一次巡视，巡视途中暴毙。他南行到云梦县（1975年刻有秦国律法的竹简在湖北省云梦县出土），并在九嶷山举行祭祀活动。之后，他来到会稽山，也是大禹曾经去过的地方。我们可以回想一下，在雍城祭坛用龟甲占卜时曾预言秦始皇将在黄河饮马。因此，像秦始皇一样敬畏过去的人，正如龟甲预言将要饮马的人，去杭州附近的绍兴朝拜大禹的陵墓不足为奇。他从会稽山向北行进，来到琅琊，第三次登临芝罘山，但是他不久就死于疾病。司马迁简洁地说："他沿着海岸线行进，想要找到大海中央的三座神山，从而找到不死仙药。但是他寻而未果。"（"并海上，冀遇海中三神山之奇药。不得。"）[34] 他于公元前210年七月丙寅死于沙丘，距离他的咸阳皇宫仅有数周的路程。

这几次巡视对于我们了解秦始皇陵意义非凡，因为他希望在他的墓穴里复制他这十年间所到过的山川河流，这些山川河流就是当时世界的模样。这些铭文强调秦始皇凭借他取得的军事胜利、建立的司法制度和施行的管理政策让世界摆脱混沌、井然有序，让交战国家放下武器、和平相处。这是一个复杂的宇宙、地理和地缘政治的帝国愿景，创造的和谐局面在他死后依然存在。

这些刻石也让我们洞见他的性格特征。新皇帝正在测度他的帝国，彰显他的皇权的合法性。碑文的语气和内容表明了秦始皇的理念，用科恩的话说，这些文字"一方面提到了周朝的传统，另一方面提到了秦国的军事胜利。这两方面都涉及两个因素，文字的具体内容提到的政治信息让两种因素相融合"[35]。这些遗址处的刻文同时具有十分重要的象征意义和公共意义，是宣传他的信仰和抱负的独特方式。

这些新铺设的驰道对于巡游来说是必不可少的，皇帝的马车和护卫队走在上面都相对舒服。李约瑟计算出驰道全长有4250英里（约6840公里），其他的作者说有8000多公里，用时15年建成，类似于罗马公路主干系统，是"一条伟大的交通链"。爱德华·吉本在18世纪估算，"帝国西北向到东南向的距离长度是4080罗马里（罗马公路系统全长要长得多，但是用了几个世纪才建成）"[36]。一些秦始皇时期修建的驰道至今仍然存在，最著名的是东西向和南北向的几条主要驰道。有了这个交通运输网以及相关的邮政服务和军事前哨，秦始皇才能够实施行政改革，同时也使得他的五次巡游或者皇家出行变得更加快捷更加舒服。

《礼记》引证道路建设的相关内容，是秦始皇对交通项目负责人发出的指令。同一段落定义了水道的五种形式，即壕沟、沟渠、小型运河、中型运河和大运河。其中最伟大的运河当属西安北部的郑国渠。司马迁记载了修建郑国渠时的一件趣事：

而韩闻秦之好兴事，欲罢之，毋令东伐，乃使水工郑国间说秦，令凿泾水自中山西邸瓠口为渠，并北山东注洛三百余里，欲以溉田。中作而觉，秦欲杀郑国。郑国曰："始臣为间，然渠成亦秦之利也。"[37]

原来的旱地无法用于农业生产，但是由于受到黄河以及东西部隘口、北部地区的旧长城和鄂尔多斯沙漠、与城市南部渭水平行的秦岭山脉的保护，变成了中国最富饶肥沃的地区。司马迁认为，正是由于秦国的土地肥沃，秦国才能够征服其他封建国家。从汉朝开始的几百年间，对这条运河不断改造和迁移，现在这条河依然存在，仍然以主持修建的郑国的名字命名，叫作郑国渠。

这些工程、道路、运河的修建对于秦国来说至关重要。正是由于这些新建的、宽阔的沃土，秦国才能够给军队提供最基本的物质保障，才能完成修建长城和秦始皇陵兵马俑这样的浩大工程。同时，也保障了其他工程兴建完成。

秦始皇按照自己的想象重建并扩大了咸阳的首都。在城市的山坡上，他复制建造了他所征服的其他六国的宫殿，里面装满了他从六国带走的所有东西，包括"美丽的女人、钟和鼓"（"帷帐钟鼓美人充之"）[38]。这些新建筑俯视着都城，朝向河流南部的古老宫殿，在今西安包括骊山在内的秦岭附近，他的陵墓当时已经在骊山北部修建。在晴朗的日子里，这一切都可以在曾经的帝都咸阳东部的平台一览无余，秦始皇的远见卓识是显而易见的。但除了风景之外，他的愿景中也有一些象征性的元素。马克·爱德华·陆威仪解释说："由于新宫殿被视为国家的化身，秦国可以象征性地吞并一个国家，摧毁它原来的宫殿，并在自己的都城重建一个'俘虏'复制品。"[39] 另一位历史学家观察到，司马迁的言论背后隐藏着"潜伏"的意识，即维护被征服国家的能量的重要性，因为这样，秦始皇才能够"集中精力在自己都城的主要力量，而不是过去敌国都城的主要力量"[40]。

正如我们将在第 12 章中看到的，这预示了他将怎样修建陵墓，这是他为死后世界设计的微型世界。

从 1974 年到 1982 年，在发现和首次发掘兵马俑遗址的同一时期，在咸阳发现了三座大型皇宫。最大的是一个两层楼高的建筑，南向，在现在的城市东面，上层高度比下层高度多 6 米。这是一个巨大的 L 形建筑群，东西向 60 米长，南北向 45 米长，主殿在中心位置，从环绕宫殿的拱廊北部或者从今人认为的秦始皇住所的东南部都可进入。较低的一层有几个洗澡间，也许是供皇族女性和皇妃洗澡之用，此外还有其他用途不明的房间。在建筑物的东面和西面有两个楼梯。[41] 为宫殿建造的高台仍然可见，也可以看到围墙的碎块，考古学家们已经画出了宫殿的样子。

但即便如此，也不足以显示秦始皇的野心。现在，在他权力的巅峰时期，他开始在咸阳对面、渭水以南地区修建阿房宫。他认为，秦土的旧宫殿与新人口和都城的声望不相称，于是决心建造一个更宏伟的宫殿。更重要的是，由于他极强的使命感和对过去统治者的尊重，他注意到古老的周都城的位置，如我们所见，一开始在丰京，后来在镐京——在渭水支流的对面。"我听说过，"他说，"周文王定都丰京，周武王定都镐京。丰京和镐京之间的区域是皇帝和国王的所在地。"（"吾闻周文王都丰，武王都镐。丰、镐之间，帝王之都也。"）[42] 这就是他要修建阿房宫的地方。他占领那些他取而代之的人的土地和宫殿，之后做了上述决定，从而提高他的合法性。阿房宫沿斜坡建造，这种设计战国时期才开始采用，用于传统的封闭庭院。极目远眺,这是让他引以为傲的征服成就强有力的视觉证明,而不是城市中心的一个标志。

为了从咸阳到达这座宫殿,皇帝在渭水上修建了一座特别的桥,有两层楼高。由于没有代表物的存在,我们可以想象一个维奇奥桥上中国版的封闭走廊。佛罗伦萨的维奇奥桥是由米开朗基罗的朋友、画家、建筑师乔治·瓦萨里为美第奇公爵科西莫一世(1519—1574)建造的。他们的目标是把现在佛罗伦萨的乌菲齐政府机关(现为美术馆)与家宅连接起来,家宅位于佛罗伦萨皮蒂宫的阿诺河附近,那是一条更窄的河流。人们认为阿房宫的这座桥代表了跨越天汉抵达营室的阁道("以象天极阁道绝汉抵营室也")。根据一篇古老的文字,"南方山脉的顶峰被设计成宫殿的大门"("表南山之颠以为阙")[43]。根据司马迁的记载,这是宇宙观的一部分,是根据"众星拱北"的概念而形成的,它"向外辐射到天球赤道的星座"[44]。它延续了天地的宏观 - 微观世界的概念,融入司马迁所描述的墓室内顶部的图案设计。

毫不奇怪,这座宫殿在皇帝死后还没有完成,不久之后,在结束他王朝的起义中被火烧毁了。就像他的其他宫殿一样,它是一个两层楼的木质结构,建造在类似夯土构造的台地上,大约675米×112米。楼上的设计是为了容纳上万名宾客同时就座,而下面的楼层可以达到11米的作战所需高度。[45]这些数字听起来有些夸张,但著名的唐代诗人杜牧(803—853)在他的《阿房宫赋》中更夸张地写道:

使负栋之柱,多于南亩之农夫;架梁之椽,多于机上之工女;

钉头磷磷，多于在庾之粟粒。[46]

然而，这只是在咸阳百公里内的270座宫殿的一处，据说这些宫殿都是由高架人行道连接起来的，这样皇帝就可以在它们之间穿越而不被他人看到。艺术史学家巫鸿引用了《庙记》中的一段古代记载，大概内容如下：

北至九宗和甘泉，南至长杨和五柞，东至黄河，西至汧水和渭水交汇处，宫殿和皇家别墅在这个800里的地方鳞次栉比。在那里，树木上覆盖着绣花绸，土地涂上了象征皇权的红色和紫色。即使是在那里度过一生的宫中侍从也不知道到底有多少处这样的景观。[47]

这些建筑中有许多是修复或重建了他所征服的国家的宫殿，那些看到它们的人永远记住是他征服了这些国家。但是历史上几乎没有同样令人印象深刻的建筑工程。我们可以看到，陵墓的规模完全能够体现出秦始皇的野心。

在所有加强帝国实力的改革和主要工程之中，有一件事对秦始皇造成不利影响，那就是臭名昭著的"焚书"事件。但是事情不完全是表面看起来的那样。在公元前213年和秦始皇的对话中，李斯认为不应该研究以前的哲学著作用于针砭时势。但是，连一贯吹毛求疵的司马迁在记载这件事时都特殊强调："天下敢有藏《诗》《书》、百家语者，悉诣守尉杂烧之，*职责所在，记录这些书籍内的广博知识的人除外*。"（斜体字为本文作者后加内容。）[48]

皇帝成立了博士官来监督大学士们注释书籍，学士们可以继续接触这些著作，这是思想统一的结果，而不是摧毁过去。"知者不以言谈教，而慧者不以藏书箧。"事实上，韩非也抨击了一些愚蠢的学者不考虑混乱的社会秩序等实际情况，说些旧书中迂腐无用的陈词滥调，干扰当前朝政。[49]

换句话说，李斯和韩非认为，引证经典是对一个理想化的过去的诉求，无异于利用了权威的谬误，并可能导致煽动老百姓造反。这就是上面的书被选中、被没收的原因，只有经过批准的学者才能研究它们。有关医学、占卜、农业和林业等学科的书籍没有被没收，也没有遭到系统的破坏。事实上，就像我们看到的很多情况一样，这个传统可以追溯到商君时代。因为我们了解到，和韩非强调的侧重点略有不同，商鞅之前尚曾建议秦孝公"烧掉《诗经》和《尚书》以统一思想明确法令"（"燔《诗》《书》而明法令"）。[50]所以，如果是这样的话，就只采纳了部分建议，而留给秦始皇来完成这项任务。在任何情况下，这条法令都是短暂的。从公元前213年开始实行到公元前191年被汉惠帝废除，大部分时间里，这条法律并没有发挥作用。在对孔子的文本真实性进行研究的过程中，理雅各得出结论："秦朝对中国古代书籍造成了巨大的灾难，几乎彻底摧毁它们。"[51]事实上，由于早期汉代人的"巨大努力"，大部分被认为已经遗失的书籍和章节不仅被抢救出来，而且被分门别类地安全储存。

秦始皇本人实际上也是一位饱读诗书的学者。我们可以肯定的是，他从小师从吕不韦，当时就读了很多经典著作，而在他巡游途中留下的刻石上的刻文也清楚地说明了这一点。刻石上的文字以早期的青铜铭文字体为蓝本,内容常常与经典著作相呼应。[52]众所周知,这些刻石上的文字出自李斯之手,但鉴于它们对计划的实施至关重要,秦始皇肯定会重新检查内容。它们以诗的形式出现,结构安排合理,采用古典韵律。例如,泰山封禅时的铭文中,每三节都押韵,有两个步韵,每个步韵都有六个尾韵。[53]这表明他欣赏古诗、古代仪式和铭文的书写规则。一些学者,比如叔孙通,曾以儒家学者的身份及其文学性而闻名于世,[54]被任命到朝廷供职,其具体工作是延续人们对仪式和文本传统的文化记忆。皇帝出行时,有大量的学者和专家随行左右,在某些场合竟然多达70人。这反过来表明他深知古代文本中话语的力量(不为大众所知,仅为皇帝所用),但又希望用新的沟通形式取代它们,不破坏过去的传统,而只是吸收完全是他自己创造的新东西。

从传统的"天下同治"的统治观念向军事和行政手段施行的过渡,是在秦始皇作为皇帝在短暂的统治时期内的主要事业,但他似乎更渴望让他个人、他的家族和他的帝国得到永生。精雕细刻的法令以及刻在石头上的隽秀书法,旨在表达这一政治信息。科恩对会稽山上的刻文最后三行的翻译强调了这种立碑扬功的方法:

随行的官员列举了秦始皇的伟大成就,并且要求将其刻入石头,以期用精美的铭文美化、传播秦始皇的卓越功勋。[55]

很明显,刻文的目的是记录巡游途中秦始皇为秦帝国建立的不朽功绩。

二、谜团

第 5 章

秦始皇期待的长生不老

理解秦始皇花费大量时间和精力修建陵墓的关键是，了解中国古代的长寿观以及合乎逻辑的长寿或说长生不老的方法。秦始皇对于追求长生不老十分痴迷。

他躲过暗杀幸存下来，非常害怕别人密谋害他，坚持行动保密，修建城墙和走廊避开公众视线，让他看不见恶灵。多年的军事征战和血腥屠杀之后，他非常害怕那些受害者死后的灵魂尚在人间，伺机报复。他认为只有个人长生不老，他的王朝才能够永存续，所以死亡是不堪设想的；正如研究中国宗教活动的学者所说，汉朝继任者写道："神圣从本质上来说就是不死的艺术。"[1]事实上，我们从司马迁撰写的传记中得知，秦始皇甚至不愿意听到有人谈论死亡，所以他的大臣们不敢提及"死亡"二字。这种观念是一种家庭流传下来的传统，惠文王时代以来的所有历史文献中都有记载。事实上，大约在公元前 400 年，惠文王之前的几代人中，人们相信有些人已经设法免于死亡，得到永生。这种想法显然对君主很有吸引力，后来秦始皇希望延长其统治时期。

他们还非常注意保存墓穴中的尸体。正是基于这种想法，秦景公在雍城的墓穴中采用精心处理过的杉木。杉木被烧焦，确保潮气不会进入墓穴，木头上的小洞用液态锡填满，上面盖上木炭确保蠕虫和食腐动物不会轻易进入墓穴。在雍城仍然可见烧炭的迹象，在地上还有大量的木炭。

1971年，就在发现兵马俑之前，湖南省长沙市的建筑工人在位于楚国旧地的马王堆遗址发现了一位名叫辛追的汉族贵族女子的尸体。她的尸体是在与轪侯利苍的墓穴相连的棺椁里发现的。轪侯利苍在公元前185年去世，是在秦朝灭亡仅仅20年之后。利苍是汉代第二个皇帝汉惠帝（前194—前188在位）的儿子的臣僚，七年前被任命为长沙国的丞相。人们认为辛追是他的妻子，当她在公元前165年去世时，她的遗体与一个可能是他们儿子的年轻人一起被安置在同一个家族墓地里。有趣的是，他们被放置在嵌套的上漆棺椁中，就像俄罗斯套娃一样，这是一种楚葬习俗，出于他自己的楚族血统。在秦始皇墓中可能也有类似的特点。

先进、有效的技术被用于保存辛追的尸体："在墓室外面放置一层0.4米至0.5米厚的木炭，在此之外，墓穴空间填满了至少1米的白色黏土。坟墓内的文物被奇迹般地保存下来，这主要归功于使用了白土和木炭，能够有效地隔绝水汽和氧气。"[2] 值得注意的是，她的身体处于如此良好的状态，是因为她身上包裹着20层裹尸布，并且内脏和血管完好无损。通过尸检可以确定，她在吃瓜子后不久就死于心脏病。（她和她的化妆品以及其他个人物品在湖南省博物馆收藏着。）这说明了中国古代的人们已经掌握了高端的化学知识和技能。正如李约瑟所说，没有使用防腐剂，没有将其制作成干尸、制成皮革或冷冻。[3] 坟墓中还装有药用和香草药袋，大概放在那里用以保存。

韩非子举了其他的例子。正如人们所知，他是秦始皇的谋士，他通过著作对秦始皇的政治思想产生巨大的影响。但是他的著作也包含了对所谓的"长生不老药"或者万能药的思考。他讲述了惠文王一生中的一件趣事：

客有教燕王为不死之道者，王使人学之，所使学者未及学而客死。王大怒，诛之。王不知客之欺己，而诛学者之晚也。夫信不然之物，而诛无罪之臣，不察之患也。且人所急无如其身，不能自使其无死，安能使王长生哉？[4]

韩非对此持怀疑态度，但正如李约瑟在讨论这个故事时指出的那样："我们感兴趣的是，公元前320年左右，有些人准备教授实现肉体永生的艺术，也有些受过教育的贵族渴望倾听他们传授。毫无疑问，哲学家的艺术包含了我们后来所称的'炼丹术'，用各种形式锻炼身体，但大部分还是摄入药物。"[5]这些药物可以是草药或矿物化学药品，或者是两者的组合，被广泛使用。

秦始皇是追求永生的秦王室中的一员。在秦景公的墓中我们可以看到，秦王室很早就开始寻求永生。始皇帝自己当然相信他能够永远地活着并统治天下，因此不断寻找能够保证永生的药剂。在很大程度上来说，他非常愿意相信法师和炼金术士的故事。关于海上三座神山的传说已经存在了几个世纪，据说那儿的仙人拥有长生不老药，但那里很难到达。司马迁在他的《史记·封禅书》中解释说，虽然三座山都靠近陆地，但一旦船来到跟前，三神山反而在海水以下，"患且至，则船风引而去"。他援引那些曾派人去海上寻求灵丹妙药的早期统治者的事例作为引证。[6] 这三座山被称为蓬莱、方丈和瀛洲。当秦始皇第一次到岸时，一群术士接待了他，向他讲述了长生不老药的故事。这些信念持续存在，因为同一篇文章告诉我们，一百年后，汉武帝在西安的建章宫建造了一个池沼，"象海中神山龟鱼之属"。[7]

另一个有关神岛的故事发生在关于岛屿的神话作品中，通常是有关一个汉代的方士，或称为法师，实际上就是术士。东方朔曾说："之前，在秦始皇统治时期，很多被枉杀或者早死的人的尸体被乱扔到费尔干纳盆地或沿途，有类似乌鸦的鸟嘴里衔着这种植物，把它放到这些死尸的脸上，死尸就会马上坐起身来，死而复生。"（"昔秦始皇大苑中，多枉死者横道，有鸟如乌状，衔此草覆死人面，当时起坐而活也。"）[8] 如果吃了这种植物，就可以长寿甚至长生不老。听说了这个故事，知道了这种不死神药的原产地，并且获悉一块根茎就足以让一个人起死回生，并且派徐福带领 500 名童男童女去寻找神药。他们并没有成功。据中国医学史研究学者保罗·U. 文树德在引文中提到的那样，问题是，无论对植物进行怎样的描述，人们都认为它是一种神奇的蘑菇。

事实上，秦始皇尊术士为教他炼金术和长生不老术的老师，引入了一种"超越生命，获得永生的教派"。[9] 他曾三次亲自前往芝罘，登上崂山的最高峰朝拜——尽管感觉很高，但是实际上只在海平面上 300 米处。公元前 218 年，他在一则铭文中记录了他的登山情况，显示出他对自然美景超乎寻常的热爱：

> 维二十九年，时在中春，阳和方起。皇帝东游，巡登芝罘，临照于海。从臣嘉观……[10]

该岛现在作为一个半岛与大陆相连，只有1公里宽，10公里长。两个较短的铭文证明了他的到访：在公元前218年，他写道："登芝罘，刻石。"并在公元前210年的最后一次到访中写道："至芝罘，见巨鱼，射杀一鱼。"根据这个说法，秦始皇没有亲自找到长生不老药，他命令徐福扬帆远航替他寻找神药。

走向永生的第一步是抑制身体的腐烂，这样永生的人就可以开始他在地球上或精神世界里的漫游了。除了难以捉摸的和虚假的法术之外，在自然界中有两种容易获得的材料，人们相信它可以有助于保存尸身：玉石和水银。

前者是中国人最崇拜的石头。玉早就出现在中国文化的创始神话中，即传说中的玉皇大帝或八月玉皇帝，人们认为他就是神仙。字面看来，"国王"和"玉"这两个词是密切相关的：对于"王"这个字，添加一个笔画就创造一个"玉"字，拼音为 yù。如今，人们认为它主要是一种观赏性的岩石，通常是一种精致的绿色，因其珠宝般的美丽和护身符的作用而备受珍视，但它当时却是炼金术和追求永生的不可或缺的基本元素。

贝特霍尔德·劳费尔在1909年和1910年游历了陕西，为芝加哥的菲尔德博物馆收集玉器标本。他指出，在汉朝初期，西安南部的山脉被称为玉、金、银、铜和铁之乡。根据他的消息来源，最好的玉石都来自蓝田，在秦始皇陵以南30公里处。[11]因此，皇帝很可能对那个地区的白玉和翠玉非常熟悉。据劳费尔说，和现在一样，西安100年前也是中国西部地区天然翡翠的主要集散地。

周朝和先秦时期，人们用高质量的抛光玉石制作斧头、刀具和匕首，放置在墓穴之中。据说黄帝自己用玉器制造过武器。但它在古代如此受重视的原因之一是声音洪亮，这使其成为制作乐器的理想选择。秦景公大墓的墓室有一个木架子，里面有几个玉磬或编钟随时准备响起，他的后代对音乐的热爱使我们可以推测他自己的坟墓里也放置了类似的玉石乐器。当然，玉石具有高度装饰性，并且始终是仪式的重要组成部分。《礼记·玉藻》告诉我们："天子玉藻，十有二旒，前后邃延，龙卷以祭。"[12]后文说：

天子佩白玉而玄组绶，公侯佩山玄玉而朱组绶，大夫佩水苍玉而纯组绶，世子佩瑜玉而綦组绶，士佩瓀玟而缊组绶。[13]

另一个表明玉佩重要性的标志是，在统治者面前，即使是他的儿子和继承人也把他的玉坠绑紧，这样就看不见了。

人们常常用玉石来试图获得永生。最著名的实例于1968年被人们发现，当时在河北满城附近的西汉中山靖王墓中发现了两具身穿玉衣的尸体，分别是在公元前113年去世的景帝的儿子刘胜和他的妻子窦绾。窦绾可能是窦太后的侄孙女，是一个道教徒。刘胜所谓的"金缕玉衣"是由1000多克金线和2498块各种尺寸的玉牌制成的。

该墓藏有超过 10 000 件金、银、丝绸、陶器和漆器，位于一个完整而豪华的地下"宫殿"中，里面有马厩和储藏室。然而，没有一件像金缕玉衣那样引人注目。

在周朝时期，玉也可以内服。"当皇帝通过禁欲来净化自己时，玉府官员为他准备好他必须吃的玉。"（"玉府：王斋，则供食玉。"）[14]《周礼》称。这段文字的评注所述，"玉是阳精之纯者，食之以御水气"；在与灵魂交流之前，皇帝禁食沐浴；他必须服下纯玉的提取物；须溶解后食用。在《周礼》的另一段文字中，我们读到玉是捣碎的，以便它可以与米饭混合，作为埋葬着的皇帝尸体的食物。[15] 在后来的道教中，有着更进一步的观念和信仰，即，认为玉是灵魂的食物，因此能够确保永生。[16]

还有另一种观点认为，现实生活中的玉饰与坟墓里的玉饰有着千丝万缕的联系。《周礼》还提供了关于六块玉石的非常精确的细节。这些玉器应该放在皇帝的墓中，代表六种神，即天、地和四季。在所有的礼制和仪式中，有一个玉府，他们控制着这些玉石的正确使用，玉石有各种形状和尺寸，只有那些接受了天谕的人才能使用。埋葬皇帝时，这个官员用一块丝罗缎穿过六块玉上面的小孔将它们连接起来，向下放入坟墓。其中的两个分别代表天和地。[17] 人类仅仅是宇宙中的一小部分，是由宇宙创造而成。因此，如果宇宙力量以六块玉的形式存在，那么他在坟墓里就和他活着的时候一样，都要受其影响。正如劳费尔所说，对于古代中国人来说，坟墓只意味住所的改变，如果尸体被六个神的形象所包围，这就意味着他与神的伙伴关系从生前延续到了他死后的世界。[18] 的确，秦始皇不是周王，但是秦国早期吸收了周朝的民族精神，继承了周朝的礼制，我们可以合情合理地认为他采用并改进了许多周朝的做法。

玉本身就具有持久性。玉石的耐久性意味着生命与死亡之间没有间断，而是一种过渡；象征性的，既没有腐烂也没有死亡。这就是为什么早期的中国人接受这样一种观念，即已故的皇帝会继续和他们生活在一起，并继续控制影响他们。这也是为什么这位新皇帝大费周章地为他死后创造一个合适的住所。因为，他将继续统治这个世界。但玉也有一个物理功能。2012 年，在剑桥的菲茨威廉博物馆举办的"寻找永生：中国汉代的古墓宝藏"展览上展出了一个装满"玉九窍器"的盒子，用来防止生命力从尸体中逃走。它们插入人身上的孔洞，包括耳朵、鼻子、嘴、肛门和阴道。鉴于使用的是玉石这样昂贵的材料，显然这只适用于贵族或富裕家庭。

另一种现成的材料是古代中药和炼金术的关键成分——汞。事实上，这种以水银的神秘形式出现的化学元素是在常温下人们发现的唯一液态金属元素，这一点一直吸引着古代炼金术士和现代科学家。神话中的神农（五谷神，字面意思是"掌管五谷的神"）是农业和医药的发明者。汉代早期编写《神农本草经》中写出了汞，作者托名为神农。人们还认为神农掌握长生不老的秘诀。

早期的炼金术士称汞为"长生不老药"，相当于魔法石。在医学上，它常常以朱砂（一种汞的硫化物）的形式使用，这种天然的硫化物主要来自陕西，尽管人们说质量最好的来自湖南。朱砂及其近亲甘汞也被中国人用于制造颜料、化妆品、肥皂和泻药。[19] 它们是粗糙、闪亮的粉末，略带淡红色。有人认为，秦始皇使用的药水中就包括这种粉末。事实上，砷和汞的广泛应用会增加永生的可能性，这点恰恰支持了李约瑟的观点。人们常常引用他的话，认为秦始皇死于汞中毒。但是，还有其他的不同意见。例如，段清波认为李约瑟的观点是错误的。在进入秦陵工作之前，他是汉朝研究专家。汉武帝在秦始皇去世一个世纪后去世。段清波认为，汉武帝统治后期，使用药水或粉末形式的汞来延长寿命已经流行起来。在秦时代，这些药物完全是由从植物中提取的有机物质制成的。[20]因此，他认为在坟墓内使用汞与寻求永生无关，也不能保证不受入侵者的破坏。但是，汞中毒致死的理论很具有吸引力，而且普遍的看法是，皇帝在饮料中加入汞以图实现永生，并利用它来制造流动的水银，直接用来保存他的墓穴、他的尸体。

秦始皇的野心是没有界限的。在他看来，他正在建立能够延续一万年的帝国，并且打算一直影响他的后继者，作为伟大的祖先在他自己的坟墓里监督并控制他们。因此，这是秦始皇生命中的另一个讽刺——他第三次前往芝罘岛，几乎刚巡游完就死了——他和他的祖先相比死亡时间较早，只有50岁。这也许是寻找长生不老药不成功的直接结果，他认为吃了不老药，就能保证他长生不老。

第6章

什么是陵墓？

两千年后，秦始皇修建的陵墓享誉海内外，成为当今世界最伟大的旅游景点之一，真正实现了不朽。现在，很多人见过秦始皇帝陵博物院陈列的陪葬坑武士的照片。但是，兵马俑遗址虽然规模庞大，却只占了皇家墓葬群整体方案的一小部分，确实是整体布局中的附属部分。现在整个遗址的状态是怎么样的呢？我们可以直接看到秦始皇的什么遗物呢？他的陵墓到底是什么样的呢？

正如我们即将看到的那样，秦始皇陵比人类历史上任何阶段的其他纪念碑的规模都要大。为了避免与其他各种遗址和人类发现相混淆，本章将把整个陵墓分为三个主要部分：兵马俑区、内墙内的陵墓区和外墙内外的陵墓附近区域（参见图1）。这三部分之外的区域是总陵，至今还没有勘探研究，部分原因是人们最近才了解到它的全貌，此外，还因为这片陵墓大部分掩盖在村庄、工厂、公路和其他现代化基础设施之下。

秦始皇陵兵马俑

简要回顾一下发现过程将有助于我们确定场景，并超越日期和维度。在1974年春天第一次发现兵马俑之后，1号坑的第一场大规模

第 6 章 什么是陵墓？ 073

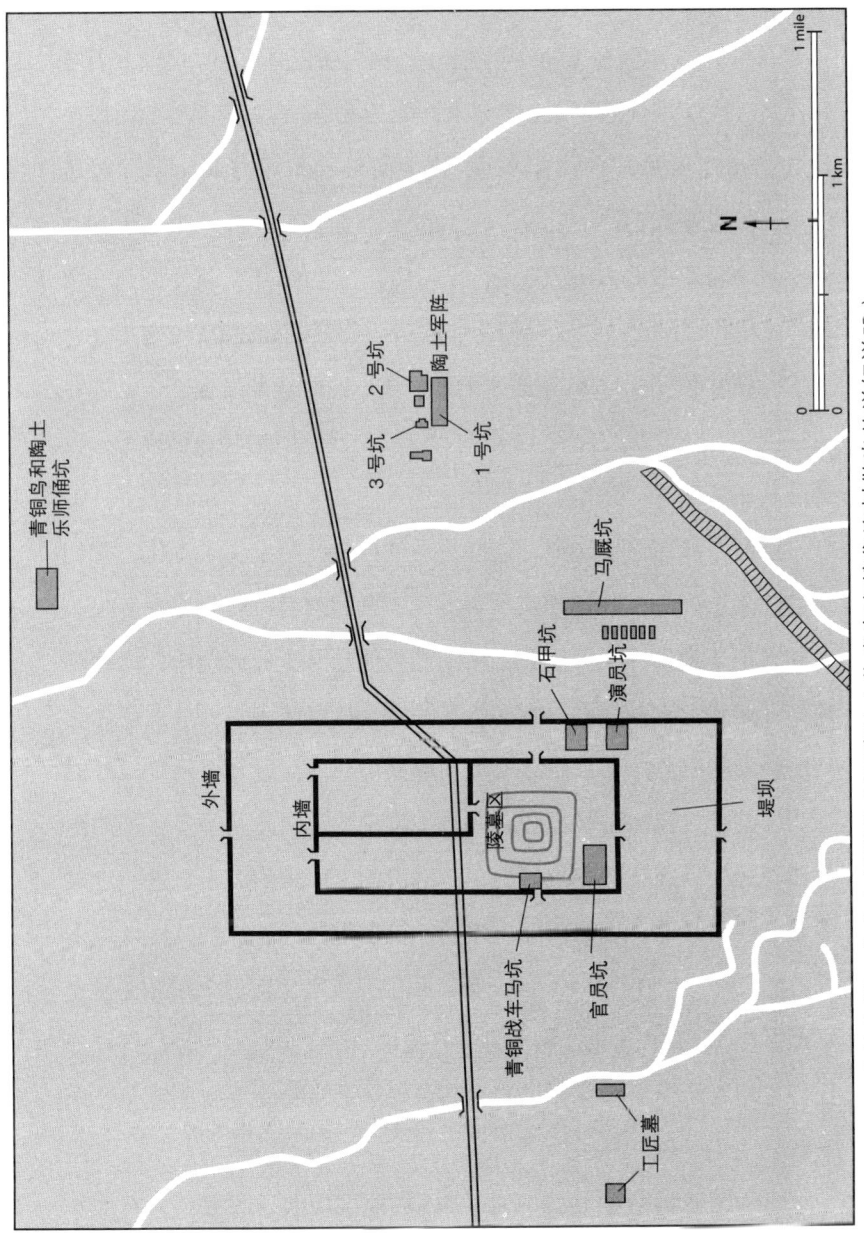

图 1 秦始皇陵：上文中提到的主要遗址（作者多方搜集资料做出的详细说明）

的发掘工作几乎立即开始，主要分三个阶段进行：第一阶段从 1974 年 7 月到 1975 年 3 月（965 平方米）；第二阶段是从 1975 年 10 月至 1976 年 1 月，占地面积 450 平方米；第三阶段，也是最重要的阶段，是从 1978 年 5 月到 1981 年 9 月，占地面积 2000 平方米。[1] 在 1 号坑的第二阶段发掘工作中发现了较小的 2 号坑，在 1976 年 5 月至 1977 年 8 月期间发掘了 170 平方米；十年后，在 1986 年，新发掘到一个 200 平方米的部分。主要早期工作的最后部分是通过在 1977 年 3 月至 12 月期间发掘出 520 平方米的 3 号坑，此时全部发掘工作已经完成。因此，在最初发现的 12 年内，这就是已探明的兵马俑位置，自那以后并没有太大变化。

然而，我们需要知道，这些兵马俑自身已经发生了变化，它们之前的陶土碎片和肢体部位非常混乱，之后对其进行复原、复位。秦朝末年，秦始皇死后不久，项羽和其他起义军放火烧杀，大肆劫掠：夺走贵重物品，砸碎大多数兵马俑，故意或者意外放火烧掉它们所站立的陪葬坑，被烧红的地面和被烧成木炭的木梁就是最好的证明。整个建筑物都被损毁，并且不再密封，因此两千多年来的雨雪和夏天的洪灾让陪葬坑到处都是浸湿的、厚重的泥土，进一步破坏了这些兵马俑。坑的顶部坍塌了，很多兵马俑被推倒，压入地下并被砸成碎片。在 20 世纪的发掘过程中，没有任何一个兵马俑是完好无损。只有从土地上费力地逐件提取，并在实验室中进行修复，我们才能看到今天栩栩如生的兵马俑。从最初的发现到呈现在公众眼前历时五年多。

第一个博物馆于 1979 年 10 月 1 日的国庆假日开放，只有 1 号坑可供游客观赏。其他展厅陆续建成开放，其中3号坑于1989年开放，2号坑则于1994年开放。后来，在俑坑旁边修建了一些新的建筑物，单独陈列展示防护柜中的兵马俑，以及一系列重要的相关文物，如青铜车马。这些新的展厅于1999年和2010年开放，为游客提供了更多的设施和特色产品服务，其中包括介绍秦始皇陵和兵马俑的360度电影。一系列专门的临时展览展出秦始皇帝陵博物院的大量展品，同时在西安的陕西历史博物馆永久展出士兵俑、马俑和手工艺品。此外，不定期将一批士兵俑和手工艺品运往海外，如伦敦、利物浦、巴黎、罗马、纽约、费城和芝加哥等城市的全球主要博物馆，以及一些不知名的博物馆，进行临时展览。2016年年底，新的巨大的兵马俑遗址入口在道路边上开放，该道路与遗址北面平行，向西通往陵墓。

但是游客看到了什么呢？什么是俑坑？俑坑究竟又是如何制造的呢？

为了准备建筑工程，在陵寝以东1.5公里处挖了四个大坑，深度约为5米，然后在边缘用夯土墙和木柱加固。在那个阶段，遗址看起来像一个现代摩天大楼的基建工程，有单独的附属结构，但有一半堆积在这些俑坑旁边的土被移开而不是带走。第四个俑坑从未使用过，大概是因为皇帝的早逝，工程未完工。在1号坑内，迄今为止最大的俑坑东西轴线长362米、宽62米（参见图2），在坑内建造了10个夯土墙，形成了11条等宽的平行走廊。然后用黏土砖铺设，并配备垂直木柱和水平梁，再用芦苇席覆盖，然后用一层湿黏土密封内部。最后，将被移走的土填回俑坑内盖住它们，只留下

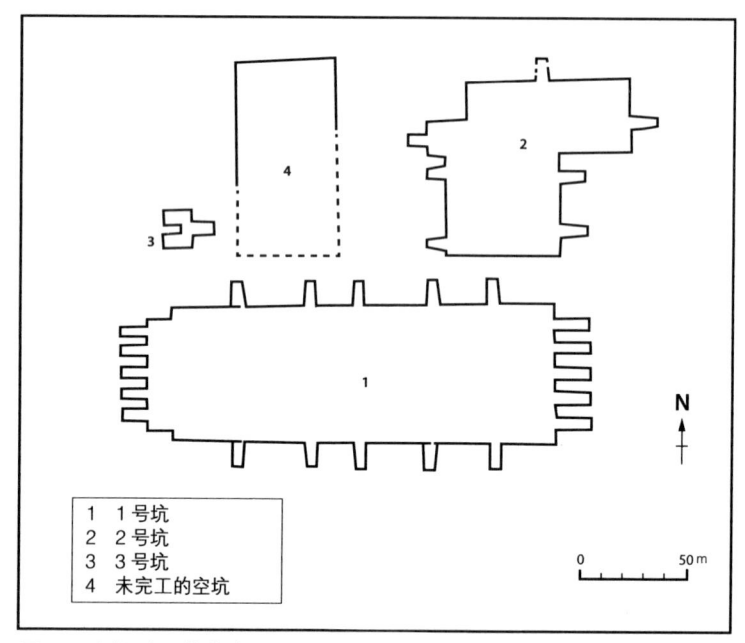

图 2　未经过现代修复的兵马俑俑坑平面图（袁仲一，2014 年前）

临时入口坡道以便进入俑坑。使用的木梁长度可达 12 米，类似于雍城使用的木梁。这 11 条走廊中共有大约 6000 名站立的兵马俑，其中现已发掘出 2000 多个。他们是"军队"的一部分，其中包括 140 多辆战车、520 匹马以及另外 150 匹骑兵用马，分布在三个坑之间。军队的主体，就像我们常能在照片中看到的一样，是面东的一排排步兵、穿铠甲的军吏和四马战车；它被数量不多的士兵保护着，站成几排，像体育场周围的警察一样面朝外，面向西方。更多的武士俑分布在俑坑的后部，那里还有五十多辆木制战车，单辕和两个轮子，每辆战车都由四匹陶马牵引。

这个巨大的坑东北方向仅 20 米，是一个较小的坑，称为 2 号坑，东西轴线长约 124 米，南北长 98 米。它距离 1 号坑非常近，但在结构上是分开的，最初发现有 89 辆战车和 100 多名骑兵和其他马匹。它分为四个部分，每个部分都有单独的通道，但每个部分都是不同的，可能与他们的军事功能相对应，其中一个肯定是骑兵部队。也有站立和跪姿的弓箭手，这在 1 号坑中是没有的。2 号坑内的大部分区域仍然覆盖着原来的席子，并且它只有部分被发掘出来。总而言之，据估计，2 号坑中大约有 1400 个兵马俑未被发掘。

3 号坑的面积要小得多，在东西轴线上有 28.8 米长，包括一个斜坡入口，南北向长 24.7 米。里面有一辆四马战车和 68 个兵马俑，但是很少有高级军官。他们的出现让人们认定这里是一个指挥中心。战车最初被漆成黑色，因此在战场上是非常独特的。而且它有四名乘员，这表明它是一个高级军官的战车。3 号坑也在 1 号坑西北向 20 米左右（参见图 2）。3 号坑是唯一一个已经发掘完工的俑坑。

在 2009 年至 2011 年的两年多里，考古工作人员在 1 号坑进行了进一步的发掘工作。在北部的中心部分发掘了两个走廊和三个隔墙，占地面积 200 平方米。这些走廊共发掘出 106 个新发现的兵马俑，以及马匹和战车的遗迹、武器和配件。由于采用了先进的保存技术和为兵马俑着色的颜料，这些新发现的兵马俑与坑中早期出土的灰色兵马俑完全不同。这些变化将在第 10 章讨论。[2] 2015 年 3 月在 2 号坑开始了新的发掘工作，截至笔者撰写本书时仍在进行中，结果尚未公布。

武士、马匹和战车的数量巨大。40 多年前，这里只有种着柿子树、石榴树的果园、当地的美食和过去很长一段时间内农村的生活方式。从那时起，当地经济已经完全依赖旅游业和相关产业。然而，尽管导游和旅游指南可以滔滔不绝地讲述士兵、马匹和战车的数量，但是这些数字对于游客来说并没有多大意义。

那么，问另一个简单的问题：兵马俑是什么样的军队？

首先，要了解周朝和战国时期"真正的"军队的构成。很多的资源提供了大量资料，正如19世纪的法国汉学家爱德华·毕瓯，从《礼记》《诗经》和经典兵书中收集到很多相关信息。[3]

军队的主要组成部分是木制的四马战车，就像在雍城秦公一号大墓中的那些战车一样，有一个单轴和直径约125厘米的大轮子，还有30根辐条。现已发现轻型战车、指挥战车和四人战车。标准战车的驾驶室尺寸为140厘米×110厘米（宽度足以容纳三个站立的人），周围有防护围栏，后部有一扇门；地板上铺满了垫子，起到了基本的悬吊系统的作用。但主要的特征是战车和马匹之间的连接。在驾驶室的前部是一个横杆，其两端向下弯曲以便抓握，但是与马匹之间的联系却不相同。中间的两匹马叫"服马"，而外部的两匹马叫"骖马"。一个人形的轭（即汉字"人"，指向前方）安装在服马肩部的关节处，并且轭的上端系在横杆上。然后将骖马的胸部用皮带与服马相连。用袁仲一教授的话来说："服马在轭和皮带的帮助下用肩膀的力量拉着战车，而骖马则用它们的胸部负重前行。"[4]他认为这种技术比西方古代战车采用的技术更先进。西方战车使用颈带，使得马匹在驰骋时呼吸困难，因为带子一直压在气管上（参见图3）。

然而，正如毕瓯所指出的，"战车"一词所指的不仅仅是简单的实体车和站在它上面的人,它相当于中世纪和文艺复兴早期欧洲的长矛队,指的是一个团队或军事单位。他可能想起了法国的兰斯弗尼。它实际上是一个作战部队,由一个骑士、一个侍从、一个士兵和两个或三个弓箭手组成。在法国,一个百人的长矛队包含大约 400 名战斗人员;而意大利的雇佣军合同显示,人数为 300。秦国的军队中,战车是一个等量或者更大的单位:三个身披铠甲的武士连在战车内(中心是长官,他的侍从在右边,左边的是御手),25 名武士一起在战车前或者战车旁步行,后面是 72 个身着轻铠的男人。

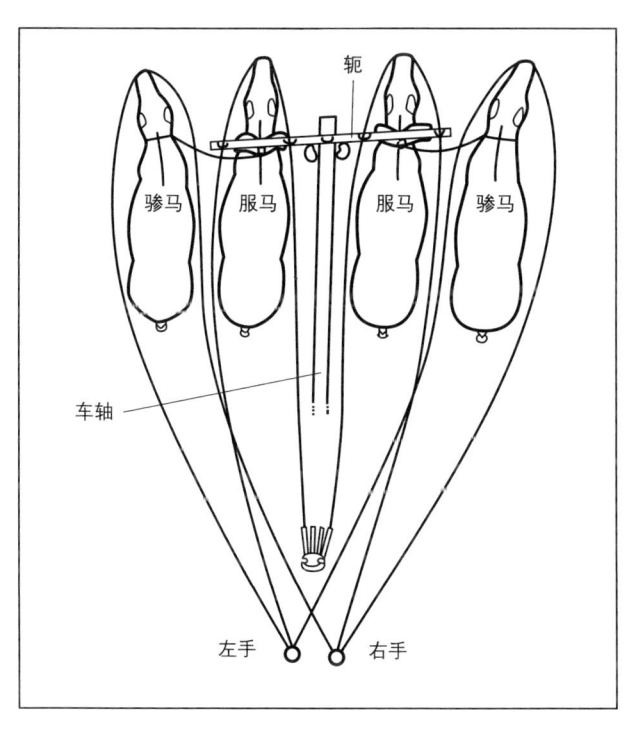

图 3 草图显示牵引战车的中间两匹服马如何与轭连接
(袁仲一,2014 年之后)

因此，以长矛队为模板，战车是一个大约100人的单位（根据地形和具体的战术，数字也会有所不同）。这些单位进一步组织成师和旅，就是毕瓯所说，在欧洲分别成为一个团和一个营，前者由2500人组成，由一位公侯或国王（坐在一辆六马战车上）率领。后者由500人构成，由一位高级军官率领，同样乘坐一辆六马战车。六个团，也就是15 000人，是普通军队的大小。在战斗队形中，指挥官在中间，一个将军在左边，另一个在右边。

这是现实生活的模板。那么，在陪葬坑中是如何做到的呢？

首先，很明显，到目前为止，至今发现的士兵、战车和马与上面给出的比例大致相符，这就说明这些数字和布局是合理的。此外，研究人员通过研究士兵所持的武器来确定他们的等级和职责，根据马匹和战车的位置绘制了1号坑的地图，这与毕瓯对军队的描述非常吻合（参见图4）。

每辆战车都有三人，在一般情况下都有一两个御手加上一名军官或将军。总共有五位将军，其中三位在队列的前部，另外两位在后面。在队列前部的将军对应于周代时期的战场阵形，有一个主体部分和两个侧翼。在主要战壕之前和旁边的长袍士兵的存在可能与这支军队的独特功能有关。但值得注意的是，战车上一般出现的是将军，后面是武装士兵和军官，正好12人。在这些队列中，战车后面跟着一支由108名士兵组成的部队，共有27行，每行4人（这种差异可能是因为事实上军官没有被列入百人队伍）。这与古代文献中大约每100人就有一辆战车密切相关，这些人需要听从一位连长指挥。[5]

第6章 什么是陵墓？ 081

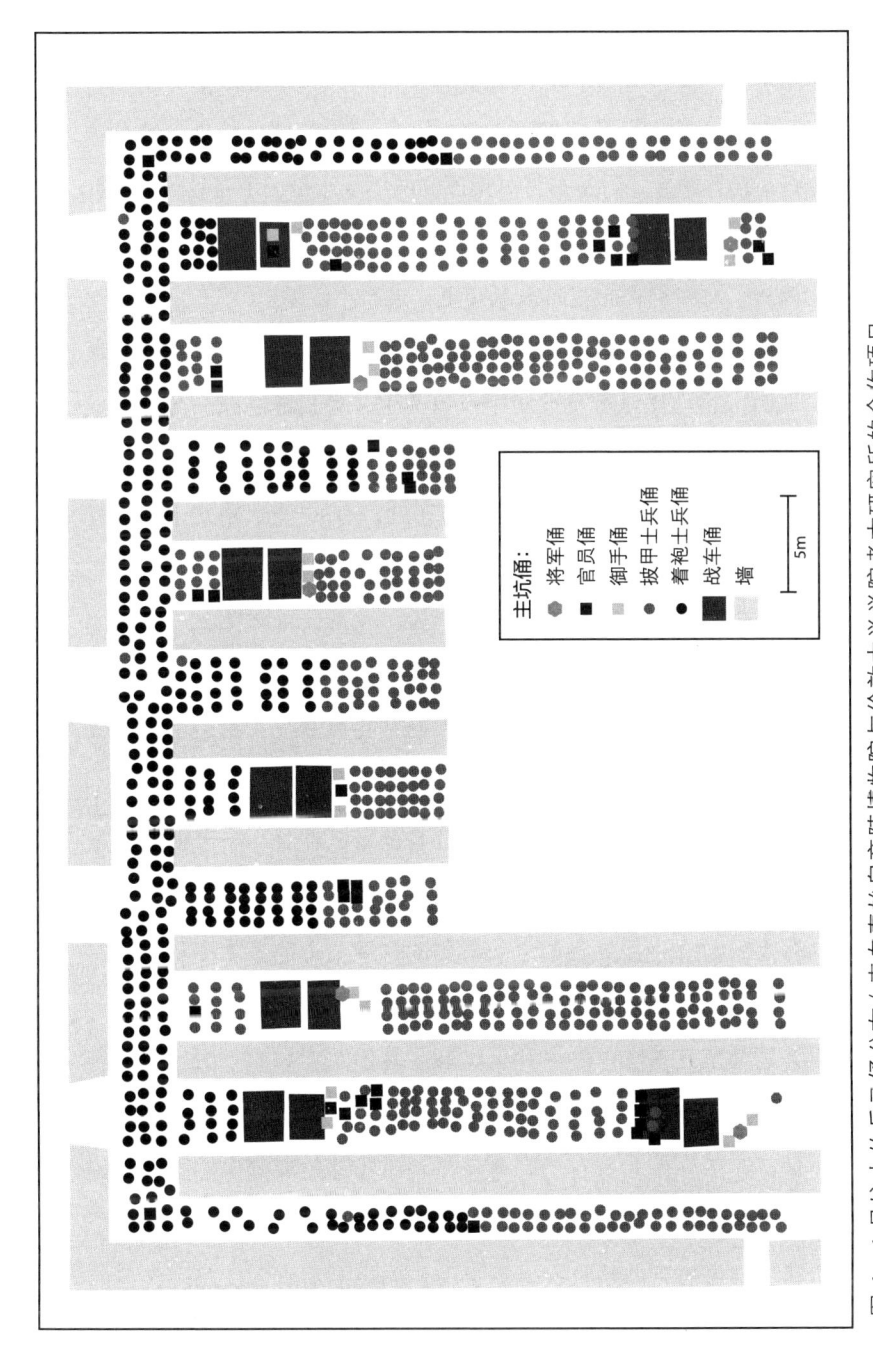

图4 1号坑中的兵马俑分布（来自秦始皇帝陵博物院与伦敦大学学院考古研究所的合作项目，经作者李秀珍、马科斯·马提依·托雷斯和安德鲁·贝文同意使用该图）

主坑俑：
将军俑
官员俑
御手俑
披甲士兵俑
着袍士兵俑
战车俑
墙

5m

因此，1号坑的战车和武士是战斗队伍中的一个真正的军队，前三行的礼宾武士以及他们后面在六列队伍中的部分除外，他们不是由将军指挥领导。后备军将军指挥的两辆战车是一个有趣的战略补充。所有经典战役中都强调保持队形，尽管尉缭承认："士失什伍，车失偏列，奇兵捐将而走，大众亦走，世将不能禁。"⁶

人们认为他们是战场上的一支作战部队，陵墓中的盔甲就是最好的证明。兵马俑浮雕身披皮甲或鱼鳞甲，将其缝制在一起，制成了甲衣。在所谓的石铠甲坑（K9801）中发现了更复杂的盔甲，由石头制成，在内墙和外墙之间的陵墓东面，有87套，再加上一套完整的马铠，我们稍后会详细讨论。许多在1号坑里的普通步兵没有穿甲；他们似乎也没有配备头盔或盾牌，作战时冲锋陷阵，他们的处境将会变得极其危险。另一些人则穿着较小的盔甲来保护手臂和肩膀，使用相对较小的护甲来保护四肢的自然移动。事实上，通常情况下，盔甲都是专门制成的，适用于不同等级。例如，御手驾车进入战场时站在战车的前部，大部分身体暴露在外，所以他们必须穿着很长的铠甲。而骑兵身穿较轻、较短的盔甲，方便他们骑马、在马背上射箭——正如我们之前看到的赵武灵王的战术和训练。将军们和其他高级军官穿着一件长甲束腰外衣，保护着重要的器官，并将其延伸至几乎膝盖的三角形区域。其他军官只穿了胸甲，或者是一件更短的中甲，以保护躯干。根据军衔，单个部件的尺寸和装饰质量都逐级降低。所有的彩色丝带和纽扣都用来确保皮甲在正确的位置，也使得这些武士形成了一道独特的景象。

兵马俑最显著的特点之一就是他们的高品质青铜武器。到目前为止，共发现了 27 把青铜剑，都还有剑鞘保护，完好无损，大多数长度在 80 厘米到 90 厘米之间，包括剑柄，细长的剑身从 64 厘米到 72 厘米不等。剑刃与中碳钢一样锋利而坚硬，铜与锡的比例为 4 : 1。有 16 件铍，其形状类似于青铜剑的头部，但区别就是它有一个近 4 米长的木杆，木杆固定在其柄部。这两种武器都是采用当时先进的技术制造的，青铜锡合金的比例"更科学、更合理、更程式化、更标准"[7]。最值得注意的是，有超过 40 000 个青铜箭头，三角锥形状，与早期的平头形状相比飞行速度和精确度更高。还有戈、长矛和一个非常精细的戟标本，它是一种混合武器，结合了长矛和戈的优点，通常被称为长戟，是一种更现代的武器。戟安装在像长枪一样的杆上，步兵可以以此更加有效地对抗骑兵和战车。由 2009 年 11 月以后 1 号坑发掘出土的大量新武器判断，应该还有更多的物件。

使用不太耐用的材料（如木头）制成的武器（主要是弓箭和弩）遭受的损失更大。当然，木制部件经常会腐烂掉，尽管有些部件可以恢复并用于测量武器的大小。周朝已将起源于斯基泰的武器发展成一种精确而有力的武器，它是一种精密武器，由木头和角做成，"木头使射程更长，角使射击速度更快"（"干也者，以为远也；角也者，以为疾也。"）。此外，它还有丝绸装饰和漆面，以防止霜冻和露水。[8]

《周礼》列出了传统弓箭的八种不同的箭头，具有高度的专业性。[9] 但是，弩的引入对于秦朝对外征服的迅速成功至关重要。据说这是在战国时期由楚国的一个被称作琴氏的射手发明的。虽然他实际上可能只是发明了金属触发机制。他注意到，所有军队的弓箭手都训练有素，传统的弓已经不够用了。他产生一个想法，就是以正确的角度在弓上装上一个枪托，并在盒子里安装一个扳机。弩的重量不等，较重的弩用来远程射击，较轻的弩可以快速使用，还有几种不同类型的箭可以用于特定目的。当然，弩更有效，箭头更重，射程更长，彻底改革了军事战争。但这些弩也有局限性：它们重新上膛和射击的速度较慢，而且不能在骑马时使用，尽管它们可以安装在战车上。我们可以想象，《周礼》用20页的篇幅介绍弓的制作方法，为秦朝末年弩的制作提供了借鉴。[10]

正如人们所预料的那样，最常见的武器发现是箭头，通常是100个为一捆。这些箭头刚好装满一名弩手的箭袋。"帝国后勤：兵马俑的制成"是伦敦大学学院（UCL）考古研究所和秦始皇帝陵博物院的一个合作项目。在这个项目的支持下，对这些问题进行了详细的分析。该项目的第一阶段是从2006年到2010年，包括对青铜武器的类型学研究、其尺寸的比较研究、所用合金的微观研究以及对士兵和武器配置的分析，以便了解兵马俑军队的布局和创建过程。[11]箭头是一个竹竿或木杆，安装在一个管状的金属圆筒（柄）中，其上有一个箭头。箭头本身的质量和尺寸高度一致，由复杂的合金制成，它们"由两个主要部分组成，这两个部分分别铸造，之后连接在一起：箭头和箭柄，共重约15克。头部是一个实心的三角形的、金字塔状的箭尖，平均长2.7厘米，宽1厘米。它的后部有一个圆柱形凹槽，插入箭柄。箭柄是直的金属杆，直径几毫米，长度可变，通常在7厘米到15厘米之间"[12]。

由于存在非常精密准确的弩和其他武器，这一场景的真实性得到了加强。这不仅仅是一个看起来像不像的问题,因为完全复制的战车机械部件,甚至军官的徽章,似乎都是确保模型与类似物相像的特征。[13] 这些都是在后世也能正常运转的模型,包括造箭的羽毛、木框、弩弦,以及制成箭鞘的皮革和麻。

化学分析显示,冶金学和制造业的复杂程度令人吃惊。一个惊人并且有争议的说法是,兵马俑所携带的青铜兵器的制造者竟然使用了20世纪的一项创新成果,即化学镀铬。由于这个原因,刃部完好且没有生锈,这是由于轻微涂覆约10～15微米的铬盐氧化物。然而,对于这是否是一个刻意的过程存在一些争议。现代中国冶金专家通过将铬矿石与熟醋和硝酸盐混合在一起进行实验,将混合物加热,使其变成重铬酸盐,再次加热,使其液化,然后将液体扩散到箭面上,形成灰色的铬盐氧化涂层。但持怀疑态度的专家认为,俑坑土壤中的铬分子渗入并形成箭表面的铬盐氧化涂层。[14]

然而,其他证据确实指出了弩箭制造知识的复杂性,例如箭头和箭柄中的合金成分的变化。借助便携式X射线荧光光谱仪,伦敦大学学院考古研究所和秦始皇帝陵博物院合作团队能够确定,箭头通常含有约20%的锡,所以非常坚硬,穿透力大大增强。相比之下,箭柄只含有3%的锡和1%的铅,而含有96%的铜,产生相对柔软的青铜。这些差异比最初看起来更微妙。虽然具有高比例锡的青铜在击中目标时具有更强的穿透力,但它也更脆弱;与此同时,箭柄中锡的比例较低,这也意味着当它受到外力作用被按压到竹竿上时不太可能破裂,并且在飞行中也可以更加灵活。[15]

除了对所使用的材料进行分析之外,创建了上述地图的合作团

队还形成了他们所说的秦国战斗编队的"快照",也含蓄地暗示了秦国的战略:

例如,人们可以很容易地看到,看起来地位较低的长袍士兵是如何被安置在前线的,其次是装甲兵和一般数量较少的军官或将军。同样地,箭头和弩扳机的分布表明,弩兵主要被设置在战斗队形中的前部和侧翼,中央是战车和携带着其他类型武器的士兵。[16]

这些结论与在古代文献和手册中发现的真实军队及其组织形式的描述相吻合。

在另一个重要的方面,士兵们似乎也与现实密切相关。在对武士的尺寸进行的简要分析中,根据他获得的734名士兵的测量结果,约翰·科姆斯计算出这些武士的平均高度为177.7厘米,从166厘米到187.5厘米不等。他认为,武士队与当时中国男子的平均身高相仿。此外,他说武士身高的分布最像几近精确分布的18世纪军事机构中军人的身高分布。这表明秦军队的最低身高要求接近175.95厘米,"因为此时样本的分布开始明显偏离正态分布"。事实上,只有80%以上的士兵达到或超过这个最低值。他的结论是,陶俑的尺寸真实地表示出中国步兵和普通男性的实际身高。[17]也就是说,兵马俑可能与当代士兵近似等高(上下误差1厘米)。[18]这里的关键词是近似,因为我们会在下面看到它们不是真实的肖像。

自1974年以来,人们已经就这个庞大、复杂、昂贵的"军队"创建目的提出一些理论并做出相应解释,我们将在第8章中讨论。

本节对展品进行基本描述，因为许多游客发现他们的第一次体验比较令人迷失方向。旅游旺季，游人众多。人们参观的第一个建筑，无论是跟团还是自由行，都是令人非常失望的。事实上，游客只能俯视一个大灰坑，尤其是在没有阳光照亮并形成有趣光影的时候，博物馆显得与最近设计的那些允许近距离观看并且与坑内的展品身体接触的博物馆截然不同，尽管一些最有趣的兵马俑样本可能会出现在2号坑旁边的玻璃柜中平视展出。

我相信，对游客来说，更好地理解武士的角色，以及他们在整个计划中的作用，将使这三个坑和整个参观变得更加有趣。

陵　墓

初看起来，陵墓让问题更加复杂。实际上很少有人看到，一旦大部分的考古证据被记录墓葬就被重新填埋。此外，秦始皇陵的发掘和最终展示暂时是专家和游客遥远的梦想。并不是所有参观三个武士坑的游客都会去参观陵墓，可以游览周围所有的小坑的游客就更是少之又少了。这点非常遗憾，因为它们的角色和故事确实令人着迷。

在晴朗的日子里，在整个平原上都能看到封土堆。在后面群山的映衬下，陵墓像是一个巨大的谜，它常常被误认为是一座天然形成的山。人们认为这里可能本来就是原来的阿房宫，由一座阶梯式的建筑演变而来。在人们看来，这里已经不再受到都城或附近地区的征服和控制。一位中国古代建筑史学家指出，战国时期，传统的宗族祠庙制度——祖先的灵牌和祭坛被安排在宗庙中，以延续家族的传承和儒家的孝道观——衰落。新崛起的国家——我们可以称之为东周——开始通过在陵园内修建更大、更复杂的陵墓来彰显他们的地位。他写道："艺术和建筑变革的两个重要表现是越来越富丽堂皇的殡葬建筑结构和传统明器艺术的发展。明器（冥器）是专门用于坟墓的装饰品。"[19]陵墓显然属于这一范畴。司马迁对墓室内的描写比较模糊。即使各种想法和假设比比皆是，也没有什么是绝对确定的。现在我们只能考虑已知的内容。

除古籍记载之外，明代人都穆也在访问该遗址后发表了一篇名为《骊山记》的文章，历史上再次提到秦始皇陵墓，并且提供了一份陵墓尺寸的调查报告。几个世纪后，两位到过西安的外国游客在其作品中两次提及陵墓。

第一位是日本的技术或科学教师——足立喜六。他在陕西高等学堂任教。人们认为该学堂现址是西北大学，它成立于那个时期，现在是西安最负盛名的大学之一。足立喜六从1906年到1910年在这座城市生活，当时日本人坚决主张通过教育实现亚洲社会现代化。足立喜六是一位热情的摄影师，在四年的时间里参观了西安地区的大部分已知历史遗迹。20多年后，在1933年，他在日本出版了《长安史迹研究》一书，里面有大约200张照片。其中一幅是已知最古老的秦始皇陵墓照片，在北边拍摄，但遗憾的是印刷版不太清楚[20]。

我们之前提到过，维克多·谢阁兰在信件和报告中描述了他在临潼的经历。1878年，他出生在法国西北部大西洋沿岸的布雷斯特，那里开发的海洋和世界对年轻人来说是一种自然的吸引力；他的叔祖父曾是一名海军医生，曾经访问过中国，他一定和家人谈论过在中国的经历，而他自己的父亲则在海军服役。由于近视，谢阁兰成为正式海军军官的愿望破灭，所以他开始了他的军医生涯。他在中国工作了几年。1914年2月1日，周日，他和他的富商朋友也是赞助人的奥古斯都·吉尔伯特·德·瓦赞伯爵从北京出发前往陕西。[21] 像前文的《引言》中描述的那样，他第一次见到坟冢，认为这是一个庞大的、前所未有的、无与伦比的纪念碑，堪比吉萨基奥普斯法老的金字塔。几天后，他写给吉尔伯特·德·维尔森的一个记者朋友保罗·德·卡萨纳克一封信，提供了一份详细的描述和测量数据，之后发表在卡萨纳克的《管理局》杂志。[22] 现在西安的历史学家和考古学家仍然认为谢阁兰那个星期拍摄的照片提供的100年前的陵墓信息价值非凡。

1962年，陕西省文管会的王玉清等人进行了第一次专业调查。他发现陵墓群包括两个有围墙的区域：一个内墙区域，封闭了墓穴和相关的建筑，以及内墙和外墙之间的一个区域，里面有建筑遗址和次级坟墓和陪葬坑。王教授测量了这些墙垣并绘制了一张调查图。他还发现了一些陶器和外部建筑遗迹，但没有进行发掘或科学研究。从那以后，进行了更精确的测量：外墙在南北轴线上形成一个矩形，尺寸为2187米×982米，而内墙为1337米×598米，这个区域包围了坟墓本体以及与之直接相连的建筑物。内墙南部的地宫上是金字塔形墓冢：现在，它的尺寸为350米×350米，但现代的勘探表明，它是470米×470米（参见图5）。墓室本身位于原始地面以下约30米至40米处。埋在内墙区域的人和物可能是皇帝在死后世界生活和工作中的必要补充。

090 秦俑两千年

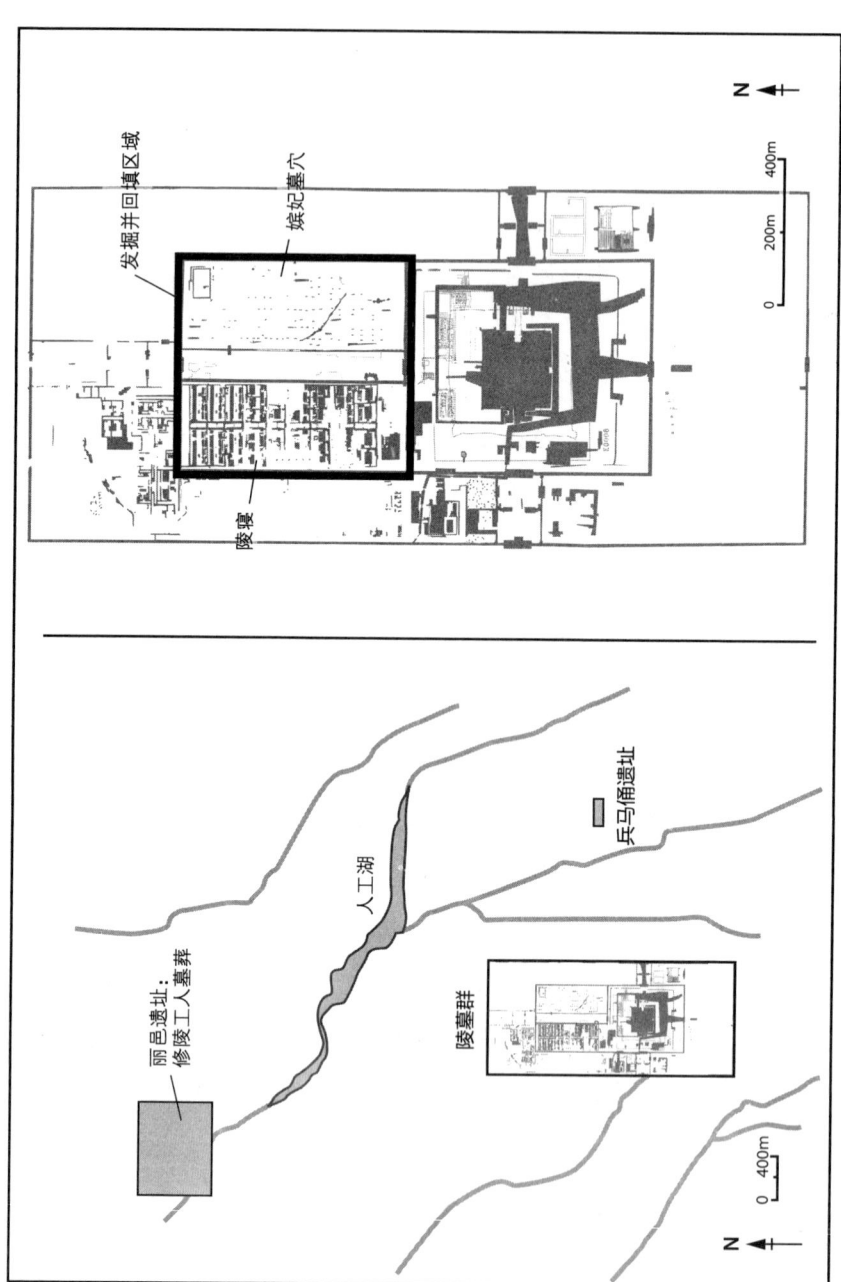

图5 陵墓周围区域（作者根据张卫星在《礼仪与秩序》中右侧的原始平面图详细阐述，2016）

在1980年的发掘过程中,人们对陵墓潜在的庞大规模有了更清晰的认识。当时,在陵墓以西20米的一个坑里发现了青铜战车和马,就在内墙的西门内。和许多后来的发现一样,它是在两年前的7月发现的,当时一个勘探区域发现了一个金属片,进一步的探测发现了青铜锈。今天,这些战车是在秦始皇帝陵博物院中最壮观的展品,它是由成千上万的碎片复原而成的。一种是由四匹马拉的轻型敞开式战车,一位身穿长束腰外衣的御手,他的左边佩带着一把剑,战车的侧面挂着一个弩弓。另一辆也是由四匹相似的马拉的封闭战车,更重一些。人们认为它就是皇家马车,后排车舆保护良好,上面盖着东西,御手跽坐在车舆后面,充分保护了皇帝出行巡游帝国时的隐秘性(如果不是隐姓埋名,这就是最好的保密方法,因为皇帝出行常常伴随着与之身份相配的华丽排场)——在现世生活中如此,在死后世界亦是如此。在这两种情况下,将它们与后面的战车连接起来的马具和车轴的细节都足够好,制造出可以使用的复制品。

然而战车模型为实物一半大小,比例均衡,这一事实经常需要解释。一位学者问道:"怎么可能将一个真人大小的军队和一个只有一半大小的皇帝使用的战车组合在一起?"[23]这个问题的答案是它们只有真人一半的大小,因为它们注定要被鬼魂而不是真人使用,在仪式或游行中,它们会带着皇帝的灵魂。正如《礼记》所释:"骨肉归复于土,命也。若魂气则无不之也。"[24]所以有盖的战车是"灵魂马车"或"灵车"。詹姆斯·理雅各当然从未亲眼见过这些特殊的战车。他在一个脚注中解释说:"左侧座位是在世的统治者,右面空置的安放的是他的灵魂。"[25]

出于这个原因,他们和真实的人一样,也没有那么复杂。这些战车是由数百个独立的部件组成的复杂模型,然后绘制了包括风格化的龙和云的图案——这些图案可能用来表示死者模模糊糊、似有非有的气息。他们又用了大约15公斤的金银做装饰。这些战车向西,用来安葬皇帝的灵魂。他的灵魂回归他的故乡。与《礼记》的观点相比,有一个细微的反常现象,因为上面引用的脚注补充说,一个统治者"有五种不同风格的马车,所有的马车都可以在国家的不同场合根据具体的仪式要求使用"。我们可以推测,在这些"场合"中,可能是为了祭祀祖先、巡游帝国或仅仅为了体育活动或狩猎以供娱乐。

战车需要大量的马匹。因此,人们对马厩坑和马的发现是意料之中的。在陵墓以东的焦村,最初的工作开始后不久就发现了101个马厩坑,其中37个在1976年10月到1977年1月的发掘季被发掘出来。那里有陶俑,但也有一些真的动物,它们被捆绑着,很可能是被活埋的。它们显然是死后世界宏伟计划中的一部分,因为也发现了水碗和食盆里的谷物和稻草。第二年,在对该遗址进行常规勘察时,在陵墓区内外墙之间的西大门附近发现了另一个马厩坑。[26]1977年的试挖发掘出了3匹真马的尸体、数不清的马骨、11具有可能是仆从、朝廷官员或马夫的残骸。据估计,有三四百匹真马被埋在那里,很多是在院子里或在大马厩里的训练场上。

皇帝在死后世界也需要仆人。因此,在1996年至1997年间,在外墙外发现了一个刑徒坑。我们可以合理地假设,虽然不再需要他们在现世工作了，但他们也可以参加死后世界的劳动。在外墙的东侧，还有一排排朝廷要员或朝臣的坟墓，他们可能已经准备好像现实生活中一样跟随皇帝。我们可以进一步假设，即在半个多世纪之后设计的汉景帝陵墓样式含有秦始皇陵墓的未完成部分，包括一系列它周围的辅助建筑，代表其政府的主要部门——方便与其官员在死后世界联系。在汉朝，有九个部，所以我们可以想象一个类似的数字。目前还没有发现景帝各部的规模，但是坟冢南部和东部地下明显空洞的地方可能已经确定要建造更多的建筑物。这个工程没有完工，可能是皇帝的意外死亡所致。内墙西门外的官方建筑群和马厩（参见图6）表明，这样的设计是为了皇帝驾鹤西去能够抵达死后世界；因此，或许，第一批建筑的重点是在陵墓的西南部。

不过，至少现在，全面规划和陵墓的内容仍是一个谜。

陵墓周围的马极其重要，这是没有任何疑问的。战车需要马匹，古代帝王享乐也需要马匹。在陵墓区发掘出的17个小型陪葬坑里发现了野生动物和鸟类，这些动物通常都有自己的棺椁，它们是秦始皇的私人动物园或狩猎场的一部分，这是帝王死后世界生活的另一个重要部分。到目前为止，出土的动物包括亚洲的鹿和其他种类的鹿。在今西安西部的古代狩猎区遗址，有许多的兽圈和宫殿，还有饲养老虎、狼和麋鹿的设施，这些都有可能复制到秦始皇陵。这些坑离西大门如此之近，可能将来会有更多的外来动物被发现。

狩猎一直是皇帝最喜欢的消遣方式，从早期的私人狩猎场到清代每年的习武、狩猎，雍城的瓦当上精致的鹿纹，完美地模仿了鹿的模样，其鹿角和腿部圆润充实。在雍城以南发现了十个石鼓，其

094　秦俑两千年

图中标注：
- 982 米宽的外墙
- 598 米宽的内墙
- 嫔妃墓
- 外墙 2187 米长
- 内墙 1337 米长
- 可能的政府办公机关残迹
- 寝殿
- 皇帝退朝后休息的宫殿
- 官署残骸
- 殉葬坑
- 青铜战车马坑
- 西门
- 东门
- 殉葬动物坑
- 盔甲坑
- 马厩坑
- 陵墓群
- 大臣坑
- 杂技演员，鼎和举重运动员俑坑

图 6　陵墓（作者多方搜集资料做出的详细说明）*

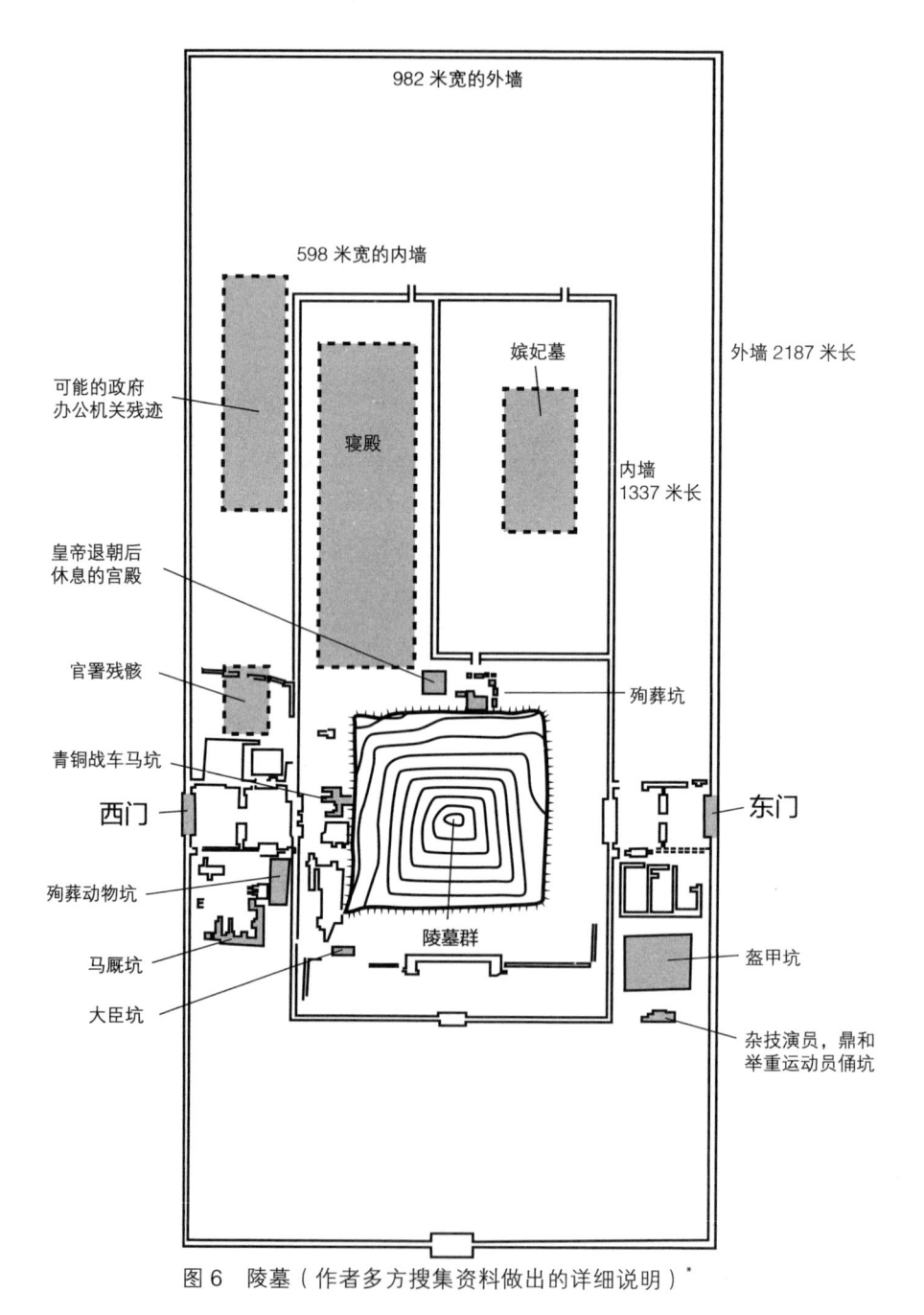

*　编者注：作者搜集。

上附有铭文,可追溯到公元前 5 世纪。美国学者研究并翻译了这些铭文,认为是那个世纪秦国的王公写的,为我们了解他们的生活方式提供了独到的见解,重点是他们的狩猎、马匹、战车和射箭等方面的生活。这些主题在石鼓上的每一首诗中都重复出现,可以通过名为《吾车》的石鼓文诗篇举例说明:

吾车既工,吾马既同。
吾车既好,吾马既阜。
君子员猎,员猎员游。
麀鹿速速,君子之求。
𩦴𩦴角弓,弓兹以寺。
吾驱其特,其来趩趩。
…………[27]

简而言之,这就是秦文化,在秦始皇的死后世界,这是非常适合他的业余活动。

2000 年,开始 K0006 号坑的发掘工作。它位于封土的西南侧,并且非常靠近封土。距离如此之近本身就暗示了埋在其中的人或物体的重要性以及这些陶俑的质量。发现了 12 个陶俑,其中 4 个是御手,现在已经复原并且站在坑里,还有官员袖手站在坑里。还有一辆战车,与军队坑中的战车完全不同的是,这里有超过 16 匹被活埋的真马的骨头。其中一个陶俑可能手持青铜钺,这让人想起商代使用的礼制用斧。因为斧钺从基本工具转变为武器,最终成为权力的象征。这类似于罗马人的礼制传统,他们有一名扈从,他的职责是在皇帝游行队伍中为皇帝开道,最初是用捆绑在一起的棍棒保护他,这是从伊特鲁里亚人那里借鉴来的用法。[28]后来,它被用于仪式,皇帝之前的扈从或其他高官拿着斧头。这个陶俑与皇家坟冢如此接近,发掘这座埋葬坑的考古学家段清波因此推断,这是司法大臣的官署或身后办公室,他将像一个扈从一样,每当秦始皇从坟墓中出来时,他都准备护送和带领秦始皇出行。[29]

紧邻陵墓区的附近地区

在1998年至2003年期间,在发掘出四个陪葬坑时有重大发现,其中两个在陵墓内、外墙之间的区域内。

其中第一个是K9801坑,工作于1998年8月至12月进行。此坑占地面积13 000平方米,是陵墓周围所谓的陪葬坑中最大的一个。但那时只调查了附近约500平方米的范围。和巨大的兵马俑坑一样,这个也被烧毁了,在倒塌的结构下,也遭受了严重的破坏,但似乎已经安排了87套整套的盔甲和43个全部由石头制成的头盔,可能放在木架子上准备在死后世界使用。甚至还有一套完整的马盔甲,这是迄今为止发现的唯一一件。数百个薄石片由原本是钻好的小孔缝在一起的。2013年,经过漫长而细致的修复,再加上一个重组的头盔,一套精美的盔甲公开展出,包括612块石甲片,总重达18公斤。值得注意的是,各个部件都是以几种不同的形状制成的,以便它们能够符合人体的轮廓:有些是方形和扁平形,有些是圆形的;它们的工艺标准也各不相同,精致一些的为高官使用,粗糙一些的为普通士兵使用。由于这个坑的大部分尚未发掘，因此我们相信，基于迄今为止修复的材料，盔甲的总套数可能高达 6000 套，使其成为一个全尺寸的皇家军械库，里面也可能还包含更多的兵器。

次年，1999 年夏天，在外墙东南角的 K9901 坑进行了一次试验性发掘。这里也被烧毁了，部分被破坏，所以里面的所有 11 个陶俑都被打碎了。在其中 6 个陶俑的修复过程中，出现了截然不同于兵马俑的陶俑形象，身材更加纤细，穿着短而窄的长裙，裸露着腿和躯干。他们非常神秘，很逼真，像是雕塑。从那时起他们就被称为杂技演员和演员，因为他们中一些人的手臂高举在肩膀上方，就像举起杆的某项体操活动。他们的位置安排非常谨慎，看起来更强壮的人站在坑的北墙后面，更瘦、更纤弱的人站在南墙后面。里面的鼎又大又重，重达 212 公斤，为这个坑带来了另一个神秘的元素。地板被优质松木覆盖，这表明这个坑的重要性。鼎是巨大的三足青铜烹饪器皿，腹部装饰有交替龙纹，可能是秦始皇对赵国作战的部分战利品。

上一节中提到的 K9901 和 K0006 坑都在十年后重新开放，我们将在第 12 章中谈论其研究结果，以及对鼎的礼制用途的惊人见解。

但在这个神秘而严肃的政府事务中，还有死后世界的娱乐活动。最有意思的发现之一就是 K0007 号坑，是秦始皇的乐府机构，距离他的墓地东北向约一公里，于 2001 年至 2003 年被发掘出来，占地 900 平方米。这个坑大大延伸了与陵墓相关的土地范围，是修建在一个根据现有溪流建造的人工湖旁边。地下溪流的布局反映了地上溪流的布局，而且沟渠内有木板，就像今天在公园里制造的运河或河堤一样。沿着一条60米长、曾经水量充沛的河岸，发现了46只实际大小的青铜天鹅、鹤和凫雁，每个都精美地铸造和着色，因此它们可以很容易地识别。一些在休息，一些在水中寻找食物，一只鹤嘴里叼泥鳅。这些鸟的大小和活动各不相同，就像真正的鸟类一样。这是一个异常的坑，也是另一个谜。

陵墓保护专家恢复这些不同的水禽时，他们发现了当时地中海文化中常见的工艺和技术，但在亚洲很少见。一个显著的例子是分别铸造雕塑铸件，然后通过钎焊（如焊接，但在较高温度下使用铜和锌）或通过诸如木制品中常用的榫眼和榫头之类的接头最终将它们连接在一起。从技术上讲，金属支架也被用于铸造模具中，以支持鸟类的细长腿，并将它们固定在底座上，由此产生的孔洞被铜片覆盖。段清波评论说，这些技术"很少或从未出现在先秦时期的青铜器中，尤其是铜片的修复技术"，尽管它们在五六世纪的埃及、希腊和罗马青铜雕塑中广泛使用。[30]用于鸟类的青铜中也有一个有趣的变形。在当时的中国，铜通常是由三种金属做的——铜、锡、铅，有时还会有少量的其他金属，可能是手边的任何东西。在这里，铜和锡的青铜第一次被发现，这是大约300年前地中海地区出现的另一种创新。总之，这些特征导致了一种推论，即青铜鸟的制造在某种程度上可能受到了地中海地区盛行的青铜铸造技术的影响。

在一个单独的坑道里，水禽的对面是15个坐姿或者跪姿的陶俑，他们的手就好像拿着木制的工具（早已消失了），这些俑可能是光着脚的养鸟人。根据云南汉墓的数据，早期的假设是，坐着的人是织工，也许是在织网捕鸟或捕鱼。[31]一个更有趣的论述是：他们是音乐家，他们的手是按照他们将要演奏的木质乐器来摆放的。段教授认为，他们同样的服装，包括一顶软帽、一件长衫和一条长裤，表明他们在室内演奏。他试图通过手的位置来辨别所奏乐器。例如，他认为，跪着的人物是在敲鼓或敲钟，而另一些人则拿着古老的琴拨来拨弦。[32]

再一次，这似乎是过去微缩模型中做过的一个更大的版本。1990 年，山东章丘发现的一个齐国墓中，发现了可以追溯到公元前 5 世纪左右的 26 个泥人、5 件乐器和 8 只鸟。十位身穿不同服装的女舞者在两位鼓手和另外三位音乐家演奏的铃声、磬和古琴的音乐声中跳舞。其他的人双手交叉放在身前，应该是观众。但是有一个明显的区别，因为这些人物的高度都略低于 10 厘米。[33]

据观察，最接近皇家墓室的墓穴中的雕塑细节质量更高[34]，这使得人们对于与皇帝一起埋葬的明器产生了很大的期望。

同样在 2003 年，在皇帝陵墓的西北部发现了一座墓穴，墓地长 109 米，高 26 米；它距离秦始皇的坟墓非常近，此外还有它的结构，都表明它的主人地位非常高，可能是皇帝的直系亲属。由于这些原因，它最初被认定为短命皇帝子婴的陵墓。但由于距离土墓只有 500 米，中国国家文物局于 2012 年决定不继续进行发掘，因为深度发掘有太多的风险，会破坏坟墓内和主坟内的物件。事实上，这一归因基本不可信，但对发掘的需求也就不那么迫切了。

鉴于他的成就和在战争、治国、视察和建筑工程上花费的时间，人们很难相信秦始皇在他 50 岁生日之前就去世了。如果他在位的时间和他声名显赫的祖先——在位时间分别是 50 年和 40 年的秦文公和秦景公一样，或者他的曾祖父——统治了秦国 56 年并于 75 岁去世的秦昭襄王一样，那将会是什么样子呢？他还能做多少事来巩固他永恒的安息之所呢？

尽管如此，即使完整的设计因为时间原因而没有全部实施完工，这个包括兵马俑区、陵墓区和陵墓区的附近地区在内的不朽遗址也已经是人类有史以来所取得的最伟大的成就之一。然而，我们即将看到的还有更多更多。

第7章

谁建造了如此庞大的兵马俑军团？

这种理想化的兵马俑需要几个世纪才得以建成，至少是从秦景公在雍城修建陵墓时就已经产生放置兵马俑的想法，后来芈夫人寻求让秦朝永世辉煌的方法，最后赵政开始实际的建造工作，一直到公元前246年他成为秦王嬴政加快步伐，直到他成为秦始皇的第25年。但是，实际的计划和主要的创建过程仍然是个不解之谜。此外，连记录秦始皇及其祖先言行活动最详细的历史学家司马迁对兵马俑的存在都只字未提，让这一谜团更加错综复杂。非常奇怪的是，除了完成建造任务并可能被就地处决的工人外，没有人，甚至连秦始皇本人都没有见过它竣工时的模样。直到20世纪，它才被人们发现，呈现在公众眼前。

司马迁记述，在陵墓遗址有70万工人。我们正好可以从这里开始讨论，因为这一数字经常会引起争议，游客对此非常怀疑。实际上，这个数字确实比较容易引发争议，因为司马迁明确地指出，这些工人当中有很多人修建了阿房宫，他们非常有可能是修建兵马俑的工匠和劳役，兵马俑是秦始皇陵的主要部分。我们可以想象，除了"将修建陵墓的工匠关在陵墓里不得离开"[1]这样的手段来确保墓室遗址对外界保密不被发现之外，一定也采取了其他的措施来确保几百米之外的兵马俑的隐蔽性。

一旦皇帝的尸体被放入陵墓并且封住墓室，在三处（阿房宫、陵墓、兵马俑）的劳动力人数可能被削减到最少。无论如何，工地的劳役最终都会不断减少，因为大型挖掘工作和运土工作已经完成，劳动者已经变得不那么重要。正如我们将要看到的，工匠们通常在墓址外工作。汉代历史学家司马迁还告诉我们，秦始皇刚刚登基时，这些工人被从帝国各地运来到陵墓工作。[2] 现在，我们可以假设，数千人已经很久没有回过家了；自开工以来，已有数千人死亡，带着他们知道的秘密永远离去。这一数字过于庞大，因此许多人对此深表怀疑。

人们最主要的疑问就是如何在这么长的时间内集结70万男女并让他们工作。这看似合理吗？那些干粗活的人是谁？在直接回答这些问题之前，考虑文中后面的例子更加有利于回答这个问题，因为后文提到，劳工的数量和工作时间都有详细的历史记录。上面提到的汉代第二个皇帝汉惠帝建造了一个新的城市，四周筑有城墙，他的父亲曾在咸阳偏东南向规划修建，称为长安。[3] 根据汉代文献，在公元前192年早春，即秦始皇葬后不到20年，皇帝下令征召146 000名劳役建造城墙，一个月之内完工。这些工人有男有女，并且皇上命令在都城250公里范围内的所有城市、乡镇和村庄征集。[4] 这只是为期一个月的紧张劳动。然后停工几个月，之后的工人数量减少，是20 000名囚犯；两年后，即公元前190年农历二月十三日至三月十四日期间，又召集了145 000名临时工作人员。[5] 正如研究历史的现代学者所解释的那样，这大概是因为在夏季的几个月里，农民需要收种庄稼，不可能把这么多的农民从他们的家里带走。然而，在如此短的时间内动员如此大量的工人，显示出控制、后勤保障和组织的力量，超越了今人的想象。显然，在 7 个月的时间里，2 万人完成了 146 000 人大致一个月的工作量。此外，尽管刑徒人数更少，但是他们可能会被迫全年工作，无论是炎热的夏季还是寒冷的冬天。他们很容易被认出，因此也很好控制，因为"所有的（刑徒）城墙施工人员的头发和胡须都被剃光了"。[6] 另一个例子来自司马迁关于秦始皇的继承人如何在秦始皇死后的一年中召集了 5 万名弩兵来保卫咸阳的记载。对他和对我们来说，这都是显而易见的，即使是在一个组织严密、供应充足的都城，如此庞大的队伍也需要额外的补给。除了士兵，历史学家还提到了喂养"狗、马、鸟和其他四条腿的动物"的需要，其中一些动物可能用来食用。这个问题用惯常的皇帝逻辑来解决："下调郡县转输菽粟刍藁，皆令自赍粮食，咸阳三百里内不得食其谷。"[7] 这样的措施不能让新皇帝赢得人民对他的好感，但绝对的权力可以使他们执行他的旨意。

考虑到这些近乎现代的例子，多年来人们估计的 70 万名劳役并不是幻想或不可能。其中可能还包括很大比例的女性，她们的主要任务包括拾柴火生火做饭。她们也是纺织和漆器工厂的主要劳动力，纺织品制造成为妇女工作的代名词。这一工作包括从采摘桑叶、纺纱、编织和染色到最终缝制的每个阶段和类型的生产。[8] 秦律规定，一名男性工匠的工作量通常相当于两个女性或五个女孩的工作量，但在纺织工业中，尤其是刺绣的比例下降到 1∶1。当司马迁告知我们有 3 万户家庭搬到骊山的陵墓工作时，如果妇女和儿女也在那里工作，可能意味着总数超过10万人。在工地附近建造的丽邑新城足够大，可以分别设置像戏和焦那样的分区。[9] 它的确切位置和大小尚不清楚，但它位于或靠近渭水北部（确切地说西北）的陵墓区。

有效的户籍制度的存在促进了大量人口的强迫迁移。每个家庭都列有丈夫的姓名、妻子的姓名、成年儿女的姓名、未成年儿女的姓名以及其他家庭成员或仆人的姓名。这是秦时期的一个例子，由著名汉学家罗宾·D.S.叶山根据在竹简上发现的文字翻译：

第一行：南隔户人前不更蟹张；

第二行：妻曰嗛；

第三行：子小上造；

第四行：子小女子鉈；

第五行：臣曰聚……

这就是在湖南省里耶古镇发现的竹简上记载的某个家族信息。[10] 这样的文件评估他们一家人应缴纳的税收、勒令他们搬家，或者派出一个代表从事上文提到的筑墙等临时任务。当时还有一个同样发达的学徒制度。最近发现的秦律提到了国有工厂和工坊的审查程序，其中只有前30%的申请人被接受，并解释说这些男女在成为熟手之前有两年的学徒期。有一位工匠师傅负责他们的实习和培训。在此期间，预计他们的产量将会是经验丰富的工匠的一半。实习期结束时，他们的产量应该能够达到工匠的正常产量。[11] 换句话说，皇家行政系统的目标是为大型建筑项目提供所需的工人。获得劳动力没有任何偶然性或有任何问题。

前面提到的写有法律和法规的竹简也清楚地表明,在和平时期,建筑工作是刑徒和应征入伍的士兵的主要任务。征召的士兵必须达到 15 岁。在新帝国初期,不可能有大规模战争,因为,正如我们将要看到的那样,除了秦朝的不容置疑的实力,成千上万件缴获的青铜武器和箭头已经熔化了。没有真正的威胁,也就没有新的军事行动,那些抵御北方游牧民族的行动除外,这意味着有大量的可用劳动力。需要做的只是改变施工的重点和组织形式。事实上,有一名高级官员是工程负责人,负责管理应征入伍的士兵和从事建筑活动的刑徒,因此,协调和保证他们施工质量的整个工作都受到了严格的监管。何四维的著作引文部分也说明这一点:一个夯土墙要确保至少使用一年,如果墙体出现坍塌或者破坏,不仅是应征士兵需要重建,工程的总负责人和具体的主要负责人也会承担罪责。[12]

根据何四维对刑罚制度的研究,将被判处苦役的男性刑徒分为五大类:首先是处罚最重的筑墙工,其次是工鬼薪,接着是奴隶,然后是看守强盗的守卫,最后是巡夜人。[13]如我们上文所指出的那样,修筑城墙的刑徒很容易被认出来,因为他们的头发和胡须都被剃掉了,而且囚犯的称呼总是好像他们本名(比如,X)的附属物,例如"工鬼薪 X"[14]。只有刑徒制造武器时才允许他们使用本名,以有效地控制质量。这些刑徒都有可能成为工人和工匠,因为在服刑时已经明令禁止他们隐瞒自己的技能。

总而言之,工匠共基本分为七等,安东尼·巴比里·洛称之为"强制的连续统一体",显然是按降序排列的,依次为:个体工匠、雇佣工匠、契约工匠、学徒工匠、征召工匠、刑徒工匠和奴隶工匠。[15]在这个金字塔的顶端——个体经营者——收入丰厚,受到广泛认可,他们享有一定的自由选择权,他们可以为他们的工程增加些个人特色;底层的是那些根本没有权利的刑徒和奴隶,不能选择何时和如何工作,他们因为最轻微的违法行为而受到严厉的惩罚,也被认为是可以牺牲的——比如那些陵墓旁的集体坟墓中的工人。

因此,70万这个数字看起来更加合理,特别是考虑到汉惠帝600里半径范围内的工人数量更多,因为根据安东尼·巴比里·洛的说法,大多数短暂的秦朝时期使用的囚犯都是来自河北、河南、山东和江苏。[16]但这仅仅是个开始。最近基于陵墓工人食用的食品的科学分析表明,许多囚犯来自南方,特别是湖北楚国和湖南、安徽部分地区。简单地说,虽然陕西的周朝遗址有证据表明当时人们以小米为基本食物,但这项基于作者所说的从囚犯的坟墓中获得的"肋骨和长骨碎片"的生物考古学分析表明他们主要的食物为水稻。[17]换句话说,他们是南方人。把这七个省加起来,再加上陕西,可能还有甘肃、四川和山西,秦朝政府可以获得巨大的劳动力资源。

但是这些工人做了什么呢?他们又是如何被组织的呢?

我们对经验丰富和高效的隶徒、工匠、工官知之甚少,尽管我们能够想象到他们经验丰富、效率奇高,尤其是在早期阶段的吕不韦和后来的李斯的严格监管之下。两人都被任命为督建官员,最终是秦始皇亲自督建。其中,一个最有趣的方面是使用与中国古代木制建筑中使用的模块化系统平行的模块化系统,因为只有组织良好的工厂才能在这两种情况下生产出如此数量庞大的"组件"。工匠用大量的当地黏土制成结实的兵马俑坯，之后又制成了兵马俑的基座和脚。躯干通常是用湿黏土卷制而成，然后加入其他部件：手臂、手、腿、头到完成的躯干上；接下来再将个人特征，如头发和耳朵，加到头上。使用木质模具，正如木质模具可以用于制造管道、排水沟和瓦砾一样。分别制作出手臂、手和头部，然后使用黏土浆将其连接到躯干上*。手和手指在模具中成形，然后再被折弯到所需位置，之后再用火烧制。头部初胎双模制成，由从下巴到颈部向上和向后延伸的接缝连接，尽管有时仅在模具中制作面部，而头后部用黏土徒手撑压加工并随后将两部分黏合到一起。

现有技能以多种方式进行了调整，例如，利用建造皇家建筑内排水沟和管道的工匠的专业知识制造空心臂和空心腿。每个俑的面孔和表情也是想象而成。以工坊提前制作、数量有限的八个脸型为基础，就像化妆师使用化妆品和填充物一样，再应用黏土来区分面部表情和其他细节。在这个阶段，还采用了不同的发髻样式来区分想象中的人物形象。

令人费解的是这些庞然大物究竟是如何烧制的。新石器时代的半坡遗址已经存在窑炉，已经有几千年。但在其中烧制的物体是相对较小的盆钵、罐子和其他家用物品。2006年，在雍城遗址发现了五个窑炉，以及在其中烧制的砖块和瓦砾，因此可以推测这个工艺为秦工匠所熟知。然而，需要更大的窑来烧制这些尺寸巨大的人俑，更不用说马俑了。据推测，为了便于运输，这些窑炉已经距离最终目的地很近，但到目前为止还没有发现。这种必须接近俑坑的想法

---

* 编者注：此处为作者理解，经核，不符合实际情况。

来自科学分析。基于大约100个样本，用于制造武士的黏土源中子活化分析得出结论，泥土可能位于陵墓周围最近的区域。[18]

伦敦大学学院考古研究所和秦始皇帝陵博物院合作研究团队对武器的分析也支持这是模块化生产的想法。正如我们所看到的，发现的箭头数量最多，但也有弩机、剑、长矛、戟、钩和其他武器。其中一些兵器状态良好，仍然可以在战斗中使用。仔细研究并比较了大量的箭头，然后考虑提出两种假设。人们认为，如果它们是在生产线上制造的，每个人或团队生产一个单一的组件，那么整个场地的不同箭头堆中都会发现相同的金属成分；另一方面，如果采用平行工作的团队进行生产，那么交付给遗址各个部分的各个批次的武器之间会有差异。最终结果显示，"生产是在多技能的工坊中组织进行的，在集中监督下工作，有明确的模型、模具和质量控制程序，确保了极高的效率和标准化"[19]。这意味着一个精心策划、组织良好的生产系统，在不同的地点均有车间，在需要的时候提供一批质量容易控制的武器。在此基础上，我们可以推测，兵马俑和他们所有的装备，如盔甲和头盔，都是以类似的方式制造而成的。

然而，还有另一种有趣的可能性：许多武器并不是专门为武装兵马俑而特制的。基于在一些较长的武器上刻下的年号的分析和年代测定结果，可以了解："戟和戈是公元前244年到公元前237年之间制成，而长矛则是公元前232年到公元前228年之间制成。"[20]这是皇帝在公元前210年去世前的一段时间，几乎是他在公元前246年成为秦王的时候。从秦始皇早逝的角度讲，这一假设非常能够讲得通。如果当时军队还没有足够的武器进行全副武装，最简单的办法就是从皇家军械库获取。因此，这些军械库必须是巨大且组织良好的。

然而，即使有如此多的劳动力，工程范围如此之大仍然令人惊讶。2007年，卢卡斯·尼克尔计算了修建70 000立方米内四个主要兵马俑坑移出的土地体积，并将其转换为有助于我们理解的5500辆货车的载荷，[21]虽然我们应该知道，其中一半多的土可能已经回填。然后有分布在全省各地的工坊运送到现场的砖块、木梁和柱子，因为处理好的木梁比整棵树或树干更容易携带。还有一个问题，就是十万劳动力的吃饭问题，在工程"旺季"期间或者在监工认为需要加速施工的时候，这个数字可能会更多，例如，在秦始皇死后数星期内。只有现代的物流系统才能够与当时秦朝的物流系统匹配，因为这些操作远远超过了古埃及和古罗马的运输规模。

事实上，最现代化的一个方面是对工程质量的严格监控。工匠们为皇家工坊所做的所有工作都是由政府安排的，所有工件都是按照严格的参数制作而成的，工具的重量和尺寸都经过仔细监督，以确保符合官方标准。如果不符合标准，将被处以罚款。对于这些古老的工头和监工来说，很明显，很多工匠共同制造完成的俑无法与单一工匠制成的俑达到相同的品质，因为单独的工匠会从整体上理解、制作一个作品。用安东尼·巴比里·洛的话说，官僚的责任制度被细化到"几乎无法想象的程度"，不断审查车间和工厂的生产程序："法律规定，重量和尺寸由巡检员定期检查，原材料和成品的质量和标准尺寸都要经过认真检验。"[22] 游人甚至导游似乎都认为，工匠们将他们的名字刻在陶砖或陶俑上是因为这是他们的骄傲。但是，事实上，他们被法律强制签名，因为他们要对自己工作的质量和耐久性负责。工匠工作组的主管按照要求记录工人的姓名、工组的名称和工件的制造年份。[23] 法律规定，在完工后一年内发现质量问题要对相关人员施以鞭刑或罚款作为处罚。

德国汉学家雷德侯教授在 1998 年发表的一篇里程碑式的文章中，对生产过程进行了详细的研究。他解释说，站立式兵马俑的重量在 150 公斤到 200 公斤之间，通常由七个主要部分组成："基座、脚、衣服下面的双腿、躯干、手臂、手和头。"[24] 每一部分都是单独制作的，然后组装在一起，就像今天在实验室里重新组装的碎片一样。这些基座是用模具制作的，可能是木制的，它的优点是标准化生产工艺，可以由任何熟练制造屋顶或地砖的工人使用。用手揉捏黏土，之后像是压榨葡萄一样用脚踩踏黏土，就像在临潼北部耀州市的传统窑炉中所采用的工艺一样。被切割的石板被卷起来形成大的管子，可以用于制作躯干和较小的肢体；其他的身体部位是用之前烧制的黏土制成。最后是更加专业的修整、粉饰。

手部能够体现出一个人的个性特征，是单独制作而成。如上所述，手指可以用笔直或者弯曲的手指捏制而成，既可以预先制成，也可以装在手掌上或整体模制。这对于武士和御手积极进攻的位置来说至关重要，例如，他们可以手持武器或缰绳，弓箭手还可以拉伸手指。同样，手的这些部位也是标准化制成的，甚至可以在场外生产，最后再添加到已经存在的手臂上。这个工艺会起到更多的保护作用，因为手通常是雕像中最容易折断的部位。这些陶俑非常易碎，因为兵马俑的厚度从 1 厘米到 5 厘米不等，这是由于沉重的屋顶倒塌造成的破坏。

但是，想象中的兵马俑个体真正最明显的特征是头部的精刻细化，比如说武士楚那样的辫子和顶髻。一旦在模具中形成了头骨形状，就可以增加耳朵、鼻子、胡子和头发等特征，以及诸如眉毛和睫毛等重要的绘画细节，例如第10章所述近期发现的兵马俑。

雷德侯得出结论，模具的使用是形成兵马俑个体之间差异的关键。"只有通过设计一套模具，兵马俑制造者才能把生产合理化，使他们能够满足皇帝的期望——创造一支神奇的军队，永远保护他的坟墓。"[25]这也更好地解释了大规模劳动力的快速形成，因为对于能够制造排水管道、陶器或地砖的工匠来说，大规模生产兵马俑简直易如反掌。但是这种生产需要的窑炉比普通的窑炉要大得多。正如一位著名的中国艺术史学家所说："以极少的瑕疵成功地烧制这些陶器部件，窑炉的潜在尺寸、对黏土和燃料的超高要求，都说明了公元前3世纪末期陶瓷业极高的生产效率和成熟的生产工艺。"[26]

制作兵俑的最后一步是绘画。所有的人物都是先用深褐色的漆涂色的，称为漆器。这种漆树树皮中的浅棕色树液，原产于中国和印度。这种除了其他物质之外，还含有重要成分漆酚的汁液经过过滤，然后加热，冷却后，用刷子将其刷到陶上，然后使其硬化。

保存全彩色兵马俑的主要问题之一就是漆需要一个非常稳定的湿度。从坑中移出后几分钟内它就会变干，向上收缩并卷曲，上面的颜色破裂并且呈片状剥落。一旦相对湿度降至84%以下，就会发生这种情况——在该地区干燥的夏季气候下非常容易发生这种情况。也许是因为这个原因，尽管漆用作金属上的保护涂层已有几个世纪的历史，但它并没有用作黏土的保护涂层。[27]

为了克服这些困难，用所谓的电子束聚合进行了实验。用外行人能够理解的话来说，是用含有甲基丙烯酸羟乙酯（HEMA）的特殊水溶性溶液处理它们来固化漆样品，因为该溶液能够渗透到釉中的孔中。然后它们通过粒子加速器中的电子进行聚合或轰击，将甲基丙烯酸羟乙酯转化为聚合物，像胶一样将其涂层黏合在一起。该方法的另一个优点是，电子束辐射可以清理微生物和霉菌。结果是"漆结合在陶俑上，碎片干燥后，就形成了色彩丰富而自然的表面"[28]。在第一次实验三年后，原始的漆仍然是紧紧地附着在完全干燥的赤土陶器上。正如我们将在第11章中看到的那样，现在移动新发掘出的彩色兵马俑比在刚发现时要复杂得多。

在这个漆坯上，秦代工匠给兵俑涂上一层层的水溶性颜料，工艺复杂，令人惊讶。在漆面上涂上几层颜色绘成手和脸的肉色，首先是一层非常薄的白色，然后是一层较厚的粉红色；再用涂上头发和眼睛所需的深棕色漆。在一层薄薄的橙色层上发现了一些粉色碎片，其中至少有一种是用细碎的朱砂制成的红白混合物。[29] 因此，这些面孔之前应该会比现在看起来更加生动。

对兵马俑的一个有趣的见解是服装的颜色。因为当我们现代的游客注视着1号坑里一排排的兵马俑时，我们自然会想到他们穿着与众不同的制服，就像英国的士兵或者在一些盛大的阅兵仪式上中国的精锐士兵一样。军事上的优雅和华丽由色彩鲜艳的制服和配饰凸显而出。无论是在现实生活的展示中，还是在有关中世纪盛会和历史战役题材的电影中，二者都有紧密的联系。然而，似乎秦始皇的军队没有给士兵发放制服。有证据表明，他们的服装颜色各异，每个人的衣着颜色都不一样，这可能取决于他们有什么以及他们有多少钱用于购买适合旅行和战争的衣服。军队给士兵提供武器和盔甲，但也期望他们穿自己的衣服——所以所使用的颜色和材料反映了当时人们的品位和时尚，通常包括明亮的原色，但也有许多的色调和色差。这可以从在兵马俑身上发现的各种红色、蓝色、绿色、黄色和白色的小块中看到。裤子和束腰外衣也常常是不同的颜色，还有其他的颜色用于衣领和类似的小衣料。发掘的这几个兵俑衣着色彩几乎完好无损，此外还有其他一些让人好奇的线索都证实了这一点。举个例子，上面提到的云梦县出土的竹简内容是一名士兵让他母亲寻找"廉价的丝绸或棉衣，可以用来缝制衬衫和外衣"[30]。所以我们可以想象他们衣服上一些奇怪的颜色组合，甚至是补丁，士兵们炫耀他们的母亲在当地市场上购买的材料。更值得注意的是，当时并没有用不同颜色的衣服来区分步兵和骑兵，也不能区分等级低的军官和重要的将军，尽管在服装的风格上有一些不同。[31]

和人造的汉紫或者中国紫一样，有机颜料如朱砂、蓝色的蓝铜矿和绿色的孔雀石等，被广泛使用。通过偏振光显微镜（PLM）、X射线衍射（XRD）和X射线荧光（XRF），确定了兵马俑身上的颜料。它们被用在厚度为0.01毫米到0.8毫米的层面上，而残存的笔画通常表明画家一笔就涂染到位时所表现出的自信。通常用它们来表示纹理，或者描绘衣服的线条，也可以用来表示眉毛和头发等部位的复杂特征。[32]

设想一下，秦始皇在葬礼结束之后，来到地下兵团，走下入口坡道，沿着走廊前行而不是在阳光下从通道向下看。火把上闪烁的火焰映衬出基座上面色粉白的庄严士兵，他们身着款式各异、颜色鲜艳的衣服，给人留下深刻的印象。同时，这狭窄的走廊里的景象也令人十分不安，因为他们的主管或质检员会时常从他们身边经过。

第8章

兵马俑存在的意义？

奇怪的是，这个问题的答案还不完全清楚。有几处矛盾和异常的状况有待解决和解释。主要的问题可以总结为以下几点：为什么1号坑里的军官没有携带武器？为什么许多马是真的马，而所有的人物都是用泥土做的？武士们是一般类型的人还是个人肖像？为什么有必要塑造出想象中的个人形象？士兵们实际上真的是士兵吗？为什么要制成实际上不可能穿在身上的石头盔甲？在这本书中，我们也可能会问，最近的发现能否有助于更好地理解兵马俑存在的意义和作用。

第一个问题是关于没有武器的问题，这个问题的答案表明，有几处矛盾可能是要通过考察秦国的军事实践来解释的。最大可能性的答案令人非常惊讶，它说明公元前3世纪的军队与今天的军队完全不同的思维模式是如何误导今天的我们的。在这个领域中，成功总是很难量化的，而勇气是无形的，往往取决于观察者的视角。秦国对数量和尺寸的痴迷促使他们设计出一种评估军功的方法，为晋升提供了一个客观的依据：计算在一场战役中，士兵在军官的指挥下直接砍下的敌军头颅数量。普通士兵也以类似的方式得到奖励——通过向长官出示被砍下的敌军头颅作为证据来获得晋升。由于这位军官的晋升在一定程度上取决于他所带的军队所杀的敌人数量，他自己被禁止亲自砍杀敌军，大概是为了避免作弊。正如罗宾·D.S.叶山在大英博物馆2007年的兵马俑展览之后，在他的书中解释道："因为他们的责任是管理指挥军队，他们不应该亲自动手斩杀敌军，这也解释了为什么秦始皇兵马俑中的军官俑没有携带武器。"[1]和往常一样，仔细阅读当代的文献就可以解释这个非常明显的异常问题。

第二个问题是关于黏土人物和真马的对比。这个问题也可以在古代令今人费解的思维方式中找到答案。正如我们所见，当时一个由来已久的传统就是牺牲皇帝的嫔妃和大臣，让他们随皇帝进入墓穴陪葬，秦朝的这个传统在雍城时就已经存在了。牺牲的人员数量随等级而变，公元前678年秦武公的陪葬人数是66人，到公元前537年，秦景公的陪葬人员数量增加到186人。除了大批的人殉葬，还有大量的马匹陪葬，目前已发现秦景公大约有200匹马陪葬，其余的尚待发掘。同时代跟他同样谥号的敌国齐国国君齐景公的陪葬人数更加巨大。齐国都城为临淄，今淄博，在山东东部地区。这两位国君从未相见，但是齐景公在公元前539年，即秦景公去世的两年前，派使者出访秦景公，之后又亲自拜见秦景公的儿子。[2]在齐景公墓穴周围的陪葬坑里出土了250具马的骸骷，但是人们认为陪葬的马匹总数应该大约为600匹。尽管这个数字令现代读者感到震惊，但是司马迁告诉我们，齐景公喜欢收集马匹和狗，并且喜欢向别人展示。[3]对他来说，这些珍贵的动物应该和他一起埋葬，在死后世界被赞美和骑乘，这是再正常不过的。

然而，似乎越来越多的人意识到，这种做法是对人力（和好马）

的过度浪费，因为雕刻或塑造的人类形象也可以达到同样的目的。研究中国宗教的荷兰学者高延指出有些含糊不清的地方："必须注意，'殉'这个字在古籍中表示和死人一同埋葬的受害者，在《书经》（经典古籍《尚书》）中也含有'欲望、寻求'的意思。"他问道，这仅仅是一个词源学上的意外，还是"它证实了这样一种信念：在古代中国，与死者一起埋葬是一种恩惠"[4]？这给这件事带来了意想不到的影响，这可能并不像我们想象的那么可怕。他们对死后世界充满信心，认为只要对君主忠诚，就可以保证他们的地位和财富。这样看来，不随皇帝陪葬就显得非常荒谬。仅为了多活一小段时间而放弃永生？这样的风险太大，太不值得。

尽管如此，公元前384年，秦献公禁止了让朝廷官员和工匠给君主陪葬的牺牲仪式。这里的秦献公不是公元前8世纪定都雍城的秦宪公。秦献公这样做，不是因为其仁慈，而是因为他意识到，这种做法非常浪费管理人才和忠诚的大臣。很多学者支持取消殉葬制度，尽管事实上秦国的人殉数量已经"大大低于"周朝文化圈内的其他各国的平均水平。

举例说明，《礼记》中的评论部分批判了这种做法，即：

孔子曰：之死而致死之，不仁而不可为也；之死而致生之，不知而不可为也。是故，竹不成用，瓦不成味，木不成斫，琴瑟张而不平，竽笙备而不和，有钟磬而无簨虡，其曰明器，神明之也。[5]

孔子生于公元前551年，卒于公元前479年，生活在秦景公和齐景公的年代。但是他的祖国"鲁小弱"[6]，都城为曲阜，当时与齐国南部接壤。尽管齐景公一开始非常欢迎孔圣人来齐，但是他非常反对孔子极力推行的改革，后来甚至入侵鲁国。和秦景公一样，他也是一位传统的保守派。孔子从未去过秦国，即使在后来游历中国北方时也不曾访秦。

然而，汪悦进说，"死人即神明"这一观念是公元前3世纪时期思想的主要组成部分，将有助于我们理解秦始皇修建墓室的想法和安排：

公元前3世纪，人们对生死的认识局限于是否能够呼吸。人类的存在，是宇宙的组成部分。而宇宙，由无处不在的"气"组成。宇宙万物，根源都是"气"。"气"的集中就是生；"气"的消散就是死。死后，就是一种无定形的存在，是散乱、模糊的"气"团，漫无目的地飞来飞去。[7]

然而，它仍然指的是普通意义上的生命消亡。《诗经》有一首名为《黄鸟》的诗，悲惨而动人，也与孔子有关，可能影响人们对殉葬礼制的态度。这首诗是为了纪念公元前621年秦穆公的丧葬仪式而作。我们记得，当时有三位出身贵胄之家的高官可能根据殉葬礼制的要求受命给他陪葬。他们的名字是车奄息、车仲行和车针虎。法国诗人雅克·维隆（Jacques Villon）曾写过的一首著名诗歌里，暗藏着对他们死亡的哀悼。而《诗经·黄鸟》全文如下，它是记述秦国统治下人类牺牲故事的重要文献。詹姆斯·理雅各（James

Legge）曾经翻译过这首诗，三位高官的名字以拼音的形式出现于诗中：

交交黄鸟，止于棘。
谁从穆公？子车奄息。
维此奄息，百夫之特。
临其穴，惴惴其栗。
彼苍者天！歼我良人！
如可赎兮，人百其身。

交交黄鸟，止于桑。
谁从穆公？子车仲行。
维此仲行，百夫之防。
临其穴，惴惴其栗。
彼苍者天！歼我良人！
如可赎兮，人百其身。

交交黄鸟，止于楚。
谁从穆公？子车针虎。
维此针虎，百夫之御。
临其穴，惴惴其栗。
彼苍者天！歼我良人！
如可赎兮，人百其身。[8]

埃兹拉·庞德的译文距离现在更近,用词也更加优雅,他描写道,这三人都在"坟墓边缘"颤抖。[9]这首诗非常著名,言辞犀利,明确地批判了秦王朝。这也是李斯和秦始皇禁止此书流通的主要原因。对皇帝而言,这无异于玷污伟大祖先的名誉。

事实上,人们陪葬和殉葬的做法并没有按照公元前384年秦献公颁布的谕令完全禁止。至少公元前210年秦始皇驾崩时,他的遗嘱执行人和行政官员仍然为他安排了数百名嫔妃和数十名工匠给他陪葬。很多嫔妃至今仍然躺在没有挖好的墓穴里,供秦始皇在死后世界享乐;工匠陪葬,是因为他们知道墓地的秘密。

但是军队和其他陪葬坑中的人物都是用黏土烧制而成。所以我们需要提出两个问题:首先,作为真人替代品的陶土俑是如何形成的?其次,既然这些兵俑不是具体哪个真人的肖像,那么将这数千兵俑,尤其是1号坑内的兵俑制成不同的模样又有什么用呢?拉吉斯拉夫·柯思纳的一项著名的分析开始做出这样的假设:"这些人物是受人之托制造的真人替代品,目的是为了代替真人殉葬。出于各种道德和经济原因,实际上他们不能为主人殉葬。"[10]这通常被认为是最有可能的真实原因。事实上,正如柯思纳指出的那样,就像跪姿一样,发型、服装、盔甲以及腰带、靴子和衣领封口等配饰的细节表明这是故意制成的逼真替代品。它们的颜色、真实武器和战车的存在增强了这种效果。然而,与此同时,这种效果由于人物僵硬的形象和扭曲的比例而不复存在,柯思纳将其描述为"人工制造的牵线木偶",因为它们的身体是由身穿的长袍和盔甲而不是通过关节和肌肉等解剖学特征来确定的。

简而言之，我们认为，它们一点都不真实，尽管这是一位 21 世纪的欧洲人的看法，并不是秦始皇本人及制造兵马俑的工匠（艺术家？）的看法。因为很难想象，当时的中国人并没有看过瓦里亚、贝伦森、克拉克和伯杰创作的传统肖像作品，那么他们又是如何制造肖像作品的？这种传统肖像，常常让我们比较拉斐尔和伦勃朗的肖像作品。瑞典艺术史学家奥斯伍尔德·喜仁龙曾经写道，汉代的肖像画家并不是试图画得像，而是以一种象征性的方式来创作，为了使画作成为"或多或少想象中的艺术作品，其重要性取决于它们能够唤起某些人物、行动或事件的能力"[11]。换句话说，它们的重要性取决于现实的相似性。与此类似，公元 4 世纪的画家顾恺之明确表示，他的肖像作品主要在于表达意境而不是在于画得形象与否。[12] 这样的话可以用来分析武士楚的人物形象。

回到兵马俑上来，这里有两个问题需要回答：如果这些人物不是肖像，那他们又是什么呢？他们又代表什么呢？

如上文所示，喜仁龙和顾恺之的话告诉我们，这些肖像代表的是人物的种类而不是个体。我们也可以假设，两千多年前，帝国的宏伟计划中，个人的身份是无关紧要的。当我们谈论百万军队或者军事作战后数万人被砍头时，这些人不会被看成个体。他们只是士兵和首领。正如柯思纳所述："秦始皇陵兵马俑中的每一个人物的地位和重要性完全取决于他在整个军队中的角色。"[13] 角色才是唯一的标尺，其他一切都无情地从属于这一标尺：所有的细节、武器、发式、多加一块黏土而调整的表情，所有的这些都刻画了某一类人的性格特征，如弓箭手、御手或者将军。皇家军队在死后世界成功与否，取决于对个性想象的基础上对现世的想象和对军事角色的想象。以顾恺之的理念来看，1号坑里的兵马俑可以说特别完美地展示了秦国伟大的征服计划中数百万士兵的形象。兵马俑的数量也是极其庞大的，因此，仅认为其为肖像或者真实的历史人物似乎说不通。

在古代墓葬中，通常情况下根本没有提到殉葬者的个人身份。上面提到的车奄息、车仲行和车针虎的例子很少见，这取决于他们显赫的身份和家族的社会地位，同时，一位富有同情心的诗人能够记录他们的姓名。在从商朝到汉朝的坟墓中发现了无数的遗骸，都是无名的骨架，没有任何个人特质，甚至没有小饰品。他们的存在仅仅是为了在数量上显示他们的公侯、国君，或皇帝的权力和地位。秦始皇陵兵马俑在一定程度上看起来是真实的，但它们的功能性超越了对个体或个性的需要。它们应该与真实的人物相似，以维持这种想象，但它们的角色远比它们假定的个体身份更重要。陪葬的工匠和嫔妃的角色和功能也是最最重要的。他们就像兵马俑的原型，生前是真正的人。

从常识的角度讲，人们也很难相信秦始皇会非常在乎他军队中每个士兵的样貌特征。他只是需要他们听从他的指挥，达到他的目的和抱负，保证他的安全。他们的价值在于他们能够做什么，或者有什么用途。从这一角度来讲，柯思纳的结论之一就具有绝对的说服力：

他们的个性完全被他们的角色掩盖。在俑坑中，每个士兵都是整个军队的组成部分，因此，重要的是他们能为军队做什么，他们的作用是什么。这在兵马俑中体现为他们所站的位置、他们的姿势以及一些必要的属性特点。每个人物形象均有详细刻画。

但是，还有一个重要观点，并不是由柯思纳提出的，即秦始皇的军队是由几十年来未来的统一帝国的各地士兵组成，用现在的话来说，这是一支多民族作战部队。不同的面孔、表情和帽子风格将北方的中原人与东南部的楚国人、东北部的赵国人和燕国人、南部的四川巴蜀人以及甘肃以西的游牧民族团结在一起。在1号坑内，呈现在我们眼前的是统一的中华民族。没有必要仅仅因为这些兵马俑在秦始皇死后世界设定的角色而对他们根据真人精雕细琢。这一观点与喜仁龙的观点十分吻合。

我们仍然会下意识地认为他们是军队的士兵，作用是抗击来自东方的袭击，保护陵墓中的秦始皇能够得到永生。这是因为，秦国现世的敌人都来自东方，比如项羽和刘邦。"武士"这个词已经成为秦始皇陵兵马俑遗址和秦始皇帝陵博物院的代名词；导游或者畅销书已经不使用其他词来指代。但是，鉴于以上因素，其他有关人物角色的理论和建议似乎更有道理。

例如，位于西安的陕西师范大学副教授刘九生认为，"军队"实际上是一群仆人和保镖，而不是武士。在对这支军队进行了多年的研究之后，他开始相信陶俑的作用与之前普遍的推论是完全不同的，他从古代仪式的角度来看待这个问题。防御的概念暗含着存在潜在的敌人的意思，而在秦始皇期待他或者他的后代能够在他的监督下永远统治帝国。按照这个逻辑，他的后代应该没有敌人。因此，并没有在那里设置军队抵御真正敌人的袭击。事实上，军队的出现，并没有阻挡项羽和其他叛军的纵火和抢劫。兵马俑的角色是在地宫，在死后世界。根据这个观点，人们可能将其想象为仪式和典礼中的守卫或朝臣——就像一种高贵的硬纸板雕像。

刘九生提出几个关键问题：武士们并没有戴头盔，而是戴着他说的"却非冠"，秦后的经典史书《汉书》称，这是一种宫殿守卫佩戴的正式帽子；1号坑中的兵马俑被清楚地分为御手和步兵，每个人都有各自的指挥官和仪式程序中承担的任务；而在3号坑里的人物是守卫，没有参谋军官在场。他们都是廊官。[14]在这篇文章中，一排排的布局只是壮观的皇家仪式中守卫和朝臣的位置部署，比如，将秦始皇的棺椁安排到他最后的安息之地，或者是皇帝将参加的死后世界的仪式。刘九生认为，这些人都是社会地位高的人，比如朝廷大员、仆人——他们自己往往是贵族，就像成了维斯塔贞女的罗马贵族女孩——还有就是像宫廷侍卫一样的保镖。普通人永远不可能接近像秦始皇那样如此伟大的人物。

刘九生特别提到3号坑68个兵马俑中有30个拿着名叫殳的青铜武器。殳是一种短的礼制权杖，是柱状的，通常由仪仗队使用。春秋战国时期，弩、匕首、戟和长矛是步兵使用的主要武器，而殳则用于仪式目的。他说，根据史料记载，士兵们在皇宫里执行警卫任务，向客人打招呼并向他们告别。因此，在3号坑里的"武士"戴着却非冠，实际上和1号坑里的主力部队截然不同，在他看来，他们是履行仪仗队的职责。[15]他们面对面站着，就像在仪式上一样，而不是面对在东方可能的敌人；这些武器是发给一个将军或指挥官，授予其发号施令和执行处决的权力。现在已经复原并且在陕西历史博物馆展出公元7世纪的壁画，画面是仪仗队以相似的队形站立在一座坟墓入口坡道东边。坟墓的主人是唐高祖李渊的第六个儿子李贤（654或655—684），死后称为"章怀太子"。在这些陵墓周围略小的俑坑里，这些人物更明显的仪式作用似乎支持这一理论。

刘教授的这些假设，一般不被考古学家接受，但确实有其优点，因为从另一个角度考虑兵马俑有助于我们解决几个常见的问题和矛盾之处。首先，这个假设可以解释为什么这么多的高官没有佩带武器，这是因为他们不需要武器。其次，如果士兵配备头盔，他们的发型显然不会有如此大的变化，特别是有趣的装饰性顶髻，可能不复存在。仅从后一种观点来看，他们的装扮似乎更适合仪式场合而不是作战。很难想象我们的武士楚，在赵国狂风大作的平原上战斗时，摆弄他吹乱的头发。

与刘九生的假设相吻合的另一个重要观点是，无论这些人是谁，他们都不需要在死后世界活着。事实上，根据伟大的英国汉学家和研究这一时期历史著作的学者安格斯·格雷厄姆的观点，意识和知识——或者说意识——对古代中国人来说，历来没有对于西方基督徒那样重要。

这是由一个关于芈夫人，也就是宣太后的诙谐逸事引起的。在她临终的时候，她下令活埋她的情人给她陪葬，但最终还是被劝阻了，详情如下：

庸芮为魏子说太后曰："以死者为有知乎？"

太后曰："无知也。"

曰："若太后之神灵，明知死者之无知矣，何为空以生所爱葬于无知之死人哉！若死者有知，先王积怒之日久矣……"[16]

  这听起来很有说服力。事实上，很好的相似性就足够了。杰西卡·罗森说，中国人"似乎已经形成了一种复杂的思维定式，认为如果一个图像是令人信服的，也就是说，如果它有正确的特征，那么这些特征就赋予了图像所描述的事物或人物的力量"[17]。如果它们几乎是相同的，那么真实的事物和它的图像是没有区别的。

  毫不夸张地说，一位属地小王一路作战创建帝国，会对他的军事随行人员给予极大的重视。据许多战国时期的军事著作所述，先进军事战略都伴随着武器装备的技术进步。传统武器由于使用优质合金而得到改进。但最重要的创新是引入了弩。如果要成功地使用弩，就需要士兵强壮有力、训练有素，就像我们看到的兵马俑那样。马克·爱德华·陆威仪引用了一个当代的论断，那就是韩国使用弩和利剑的一名精英士兵可以以一当百。他还提到了魏国的精锐部队，秦军也有精锐部队，训练时身穿重甲，携带三天的辎重，每个弩都配有50个青铜箭头，背上背着沉重的戟，身体两侧佩剑。就像现代特种部队中的精锐部队一样，人们期望他们能够负重日行百里。[18]难道秦始皇不可能训练一支这种精锐部队吗？

  乍一看，另一个主要的不解之谜是在陵墓附近发现的石甲。由于它的重量，在现实生活中很难穿它作战，而且，如果被金属兵器击中，各个部件很容易破碎。然而，石甲的设计似乎更有可能像对抗真正的敌人甚至是盗墓人一样防御邪灵，因为石头是一种公认的防邪灵工具。詹姆斯·林以早先提到的湖北出土的竹简上发现的箴符为例:"鬼魂经常把人叫出他们的家,走向鬼魂居住的地方。不要理幽灵的恳求,向它扔一块白色的石头,它就会停止。"[19]因此,人们认为白石对此特别有效。林还强调,尸体的分解是由邪恶的灵魂引起的,而不是一个自然的过程。根据这种观点,陵墓旨在抵御邪灵,这需要借助大量玉石和石甲的特殊力量。主要坑中次要的礼制人物必须在仪式上显得好看,而不是用来抵御邪灵。这样一个强大的人对人间敌人的恐惧要少得多。

现在很明显,关于制造兵马俑的目的有几个非常有趣的理论、假设、争论和反驳。古代文献对于这个未知的"军队"没有多少相关介绍,现代文献也根本没有此类介绍。这表明,如果没有一些特殊的新发现,就没有明确的答案。神秘的光环将持续存在。但是,正如我们将在后面的章节中看到的那样,对秦始皇陵墓周围较小俑坑的全新诠释让人们对陵墓计划产生更加深入的理解,表明这些兵俑主要的礼制功能。

第 9 章

秦始皇陵墓里究竟所存何物？

这一章的标题预设了一个明显简单得多的问题——那个时代的列王和皇帝认为陵墓是做什么用的呢？这反过来又涉及其他问题，例如它应该是什么样子，它的功能是什么，它应该在哪里建造，但是，最重要的是，在它里面放置或建造什么。

所有这些问题的答案最终都源于这样一个事实：皇陵首先是一个家。来生需要一个存在之所，一个现实世界的复制品。与死者相关的特定物品随着朝代的更迭和时间的流逝而不断变化，但对死后世界的信仰，与世俗的存在非常相似，这意味着死者在另一个世界里需要他们最喜欢的物品，以及他们认为非常有价值的东西。近年来，在中国各地出土的将军和贵族的坟墓中可见一斑。

据观察，中国人"至少从公元前 3 世纪开始，可能更早的时候，就表现出愿意将图片、模型和物品放在坟墓里，从而复制人世间的生活环境"[1]。可能在 4 世纪下半叶创作而成的《庄子》一书中看到一个有趣的实例：当时，庄子拒绝在自己的墓里放置华服。他提出一个反向逻辑，论述了一个重要的或富有的人将会在他的坟墓里放置什么样的东西。"庄子将死，弟子欲厚葬之。庄子曰：'吾以天地为棺椁，以日月为连璧，星辰为珠玑，万物为赍送。吾葬具岂不备邪？何以加此！'"² 金银珠宝和送葬者（指的是政府官员和嫔妃）显然是最典型的陪葬品。设计者设计秦始皇陵这样一个重要的纪念碑，想必会参照古代皇帝的丧葬习俗，也为秦始皇之后的历代皇帝创造新的传统。从他成为帝王的那一刻起，这就是一项重中之重。事实上，《礼记》记载："君即位而为椑，岁一漆之，藏焉。"³ 这并不是说，秦王嬴政完全照做，而是说他年纪轻轻就充分意识到为漫长的死后世界做准备的礼制仪式的重要性。人们认为这些陵墓本身就是秦始皇的帝国和都城现状的永久复制品。根据《吕氏春秋》记载："其设阙庭、为宫室、造宾阼也若都邑。"⁴ 秦王嬴政年少时精神上的领路人吕不韦如是所记。

在当代看来，如此庞大的陵墓有如此多的装饰品和器具是很正常的。《吕氏春秋》进一步断言，国家越大，家庭越富裕，葬礼就越复杂（"国弥大，家弥富，葬弥厚"）：

> 含珠鳞施，夫玩好货宝，钟鼎壶滥，舆马衣被戈剑，不可胜其数。诸养生之具，无不从者。⁵

这几乎可以肯定是对皇帝陵墓内随葬品的描述，因为没有人比吕不韦这位秦始皇的仲父和曾经的丞相，更了解秦始皇陵墓内的情况。曾经在遗址发现的最早的兵器上发现吕不韦是修建陵墓的总监工。因此，我们可以猜测，他起草了最初的计划，通过他的训导和他的《吕氏春秋》，在他死后很长时间内都继续对后世产生影响。他明白，野心会随着政治力量和军事征服的增长而不断膨胀，所有这些都必须以某种方式体现在陵墓中。

但在评估秦始皇陵及其可能的葬品时，有一个问题是，他在某种意义上是秦朝唯一的皇帝，因此很有可能与他的祖先或后代没有直接的比较。几个城邦的列王的威望与一个强大的、"天下唯一"的统治者的声望不是一个量级的。但他实施的仪礼制度肯定是不断进化的，要优于伯益时期和雍城秦景公时期的仪礼制度。从周朝到秦朝，然后再从秦朝到汉朝，这种仪礼都具有很大的连续性，是人们普遍接受的。马丁·科恩指出，同样的仪礼制度和古籍方面的专家将在王朝更替后继续发挥作用。[6] 他们的知识和经验对于新统治者来说至关重要，就像现代公务员在政治变革中所拥有的知识和经验一样。这是有益处的，因为有关早期汉代墓葬的文献和考古学证据比早期王朝的相关证据更多。因此，让我们开始以汉墓为参照物，研究一个往往既没有假定也没有答案的问题：什么是帝王陵墓。

在最近的一篇文章中，中国著名的秦国和汉初墓葬专家焦南峰总结了秦始皇时期这类墓葬的主要组成部分。整个建筑都是在一个巨大的围墙内，规模相当于一座小城镇，在一个地下墓室上方的中间位置有一个大土丘将整个墓穴包围起来，里面有门道和一个门楼；在花园或墓区内的主墓周围分布着一个住宅宫、一座庙宇、皇帝的妻子和嫔妃的坟墓、后代（儿子和女儿）的坟墓，以及墓室外的储藏坑。此外，还有御前侍从的坟墓，为皇室官员和小妾居住的地方，还有一个为许多工人建造的陵墓，这些工人将在之后的几十年内的建造过程中居住于此，在必要的地方还修建了道路和桥梁。[7]

汉景帝（前188—前141）的陵墓就是一个很好的例子。他的陵墓在西安北部，是焦南峰亲自发掘，占地总面积为 20 平方公里。和秦始皇一样，汉景帝在世时就开始命人给自己修建墓地，八年之后去世。但是直到他的第二任皇后王娡去世并于公元前 126 年安葬在他的陵墓东面 450 米之外的第二个墓穴里，工程还没有完工。汉景帝修建陵墓的方法和长期方案与秦始皇的方法、方案很相似。公元前 153 年，35 岁的汉景帝开始为自己修建陵墓，和秦始皇开始修建陵墓的年纪相仿——秦始皇在 38 岁时开始命人给自己修建陵墓。他将弋阳这个地名改为阳陵，意为"阳墓"，次年春天又在渭水之上修建了一座桥以方便向工地输送工人和材料。据司马迁描述，他采用两种形式的劳力：首先，应邀搬至阳陵的家庭会收到一大笔现金奖励；其次，像他的前辈半个世纪前那样，大量使用刑徒修建墓地。[8]

这座巨大的建筑位于黄土高原上，位于渭水以北。它是在 20 世纪 90 年代被发掘出来的，总共发现了 5 万个用陶土制作的兵马俑，最初就涂着彩绘、穿着衣服。它们比临潼的兵俑人物要小，只有大约 60 厘米高，而且更大的不同是，它们只有身体是用陶土做的，而手臂是木制的，大部分已经腐烂。还有马、战车、武器和器具，总数有 3000 多件。2006 年开放的汉阳陵博物馆，是为了避免兵马俑的原始坑的一些问题而修建，采用高科技的解决方案来保持温度和湿度。大约有十个这样的坑，每个坑里都设有一个玻璃地板的观景台，这样游客就可以在上面行走并查看下面的俑坑情况。

本书认为，最有趣的是整个墓区的布局与汉朝都城长安（今西安）非常相似，都是城墙包围着皇宫、官署和墓穴。[9] 在主墓室周围有 81 个俑坑向外辐射延伸，代表着九卿的官署，规模根据它们的功能、重要性和与帝国之间的关系有所不同（参见图7）。因此，这在某种程度上是真实的情景，例如，食品和物资管理部门有一排排等待屠宰供皇家食用的猪，距离厨师及其厨具非常近。之下还有三个最重要的部门官署尚未发掘。在部门官署坑以外、城墙以内的区域还有两个巨大

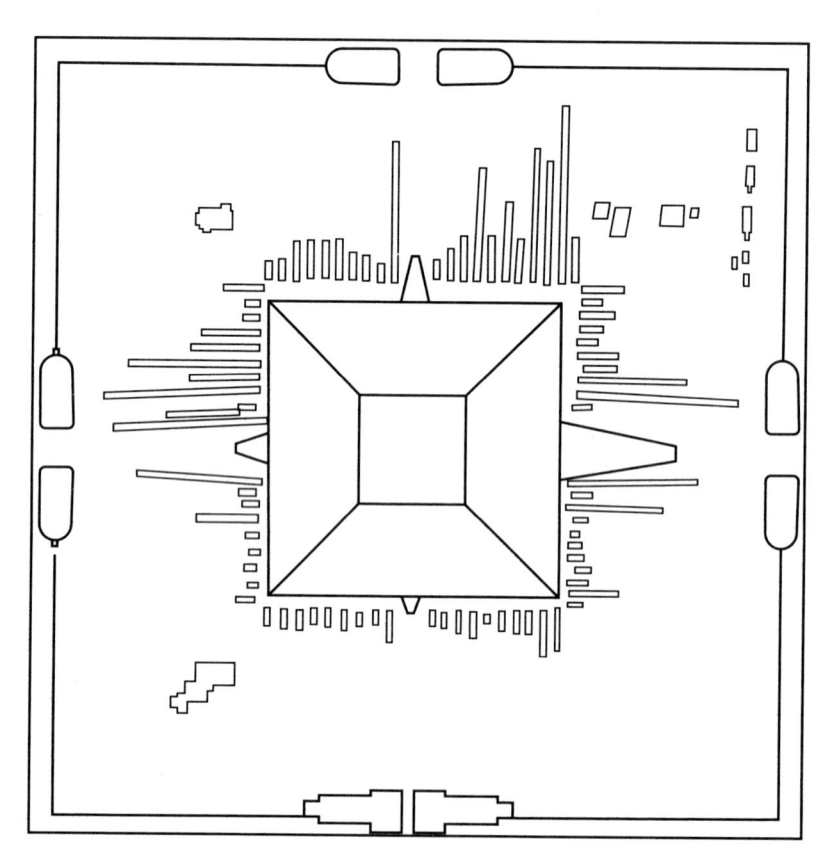

图7 汉景帝（前157—前141在位）在汉阳的陵墓平面图。平面图显示，陵墓周围是官署的俑坑，从坟冢中心向外辐射。这个建筑理念大部分是来源于秦始皇陵墓，在西安正北向修建

的士兵坑，显示出汉军的布阵结构：北部军队在西北部有24个坑，南部军队在东南部有24个坑，分别代表南军和北军。[10]

焦教授认为，这座陵墓的修建概念和计划与秦始皇陵的相似度约为70%[11]。因此，它让我们对早期典型墓地的功能有了一个很好的了解。正如他在文章中强调的那样，这是一种理想化的象征性表征，而不是试图模仿现实。[12] 更笼统地说，段清波认为，整个墓区，靠近已发现的皇帝和他的军队以及他们的马俑和马厩的墓穴之外，还发掘了200多个墓穴，都是帝国政府的不同办公区域。更重要的是，它们代表了秦始皇为未来帝国设计的一个全新而复杂的政治体系，但是这个计划永远不会实现了。

但是，据我们所知，秦始皇陵也有一些具体的独特之处，特别是使用水银来代表河流。皇帝更进一步地维护他在史书和宇宙的中心地位。当他建造并命名这些宫殿时，他把宫殿映射到星星上，当时，人们认为秦始皇用星星来代表至高无上的神和他的官员的住所。他将渭水以南的一座宫殿命名为"极庙"。正如科恩所指出的，它"代表天极，与他在地球上的地位相对应。渭水则被人们视作银河，其他的建筑和宫殿就等同于星体"[13]。如果他在咸阳的首都和周围的建筑可以被设想为与之平行的星星——灵魂之所和行政办公室——那么在物质世界里，秦始皇的力量也会复制灵魂的力量。在这一相同的背景下，皇帝也必须把他死后世界的宫殿看作是他未来力量的寄居之所，同样与宇宙保持一致。

但是墓室里面是什么样的呢？

在这里，早期的秦景公墓让我们有了一个深刻的见解，因为在博物馆附近建造了尺寸与实物一样的模型，其室内陈设和物品也一起展示出来，这些都是基于真实的结构、一些实际的发现，以及其他坟墓的相关知识建造而成。游客们通过台阶和走廊进入"坟墓"，这条走廊就和人们日常生活中的走廊一样。人们已经注意到，人们越来越倾向"认为陵墓是'微型世界'，内有典型的普通家具，例如炊器、容器和小型雕塑，因此人们将陵墓视为死者的居所"[14]。这是周朝殡葬思想的进化特点之一，到秦朝统治时期变为死后世界的一种新形式，为秦始皇的陵墓设计做出准备。我们首先来看秦景公的墓穴，它有四个房间与走廊相连。第一个是接待室，秦景公死后世界可以在那里会见并招待他的客人。在左边，挂在木框上的是一些玉磬，这是皇帝最喜欢的乐器。和未来的秦始皇一样，秦景公要么自己演奏，要么是那些"住在附近"的乐师们演奏。有一些大型的青铜器皿，用来存放或准备食物，还有空间供客人坐下来交谈。

虽然我们对这些器皿很陌生，但每一种礼仪器皿都有一个特定的功能——就像我们今天盛放特殊食材的锅碗瓢盆，从一个铜玉米锅到一个像芦笋煮锅一样考究的器皿，都可能会让未来的考古学家感到困惑。任何一件物品都不是随意而为，所有的东西都是用最昂贵的材料制成，以示对死者的敬意。这个坟墓，和未来秦始皇的陵墓一样，像一个真正的剧院，一场精心设计的展示，以表生者对死者的虔诚和对祖先的崇拜，因为人们认为死者对现实的生活仍然会产生巨大影响，"它们存在的意义是以具体的形式模仿仪式宴会和家族祭祀活动中器皿的摆放位置"[15]。陵墓越大越好，但表面看来强大的军事或政治力量背后是蕴含其中的强大灵性。

彩绘的木屏风上画着鸟的形象，感觉真实，反映了秦景公对大自然、对天鹅的热爱。有音乐，有舞蹈，还有鸟。在屏风后面是棺室，这里挂着一个丝绸顶棚，就像中世纪的织锦华盖一样用作祭坛的顶棚。这是秦景公的永久住所。

在棺椁室另一边的房间是秦景公的卧室或起居室。这是一个私人空间，在那里他可以独自消磨时间，也可以和他的一个嫔妃一起度过。这三个房间是按顺序排列的，但从某种意义上说，最有趣的房间是较小的第四个房间。它通向卧室，与其他房间不在同一轴线上。由一个小小的门口进入个人博物馆或收藏室，其中珠宝、精美陶瓷和黄金物品放置在展示柜中，以便秦景公可以自己走进去欣赏他最喜欢的作品。用现在的话来说，这是一个私人密室，只能从秦景公的卧室进入。商代有一个先例，因为在上面提到的王后妇好安葬在都城安阳的墓中，有一些古代的玉器，她认为是古董，所以必须作为个人收藏品以备死后世界之用。秦景公的墓室共有四个房间，整体看来，大小相当于一个现代公寓，虽然没有真正的皇宫那么大，但是至少足够使用；可以说，这是皇帝生前最私密的生活空间（王公皇帝的个人生活之所通常出奇地小，比如北京的紫禁城）。正如荀子所述："其貌以生设饰死者也，殆非直留死者以安生也，是致隆思慕之义也。"[16] 祭祖是周朝时期人们生活的重要组成部分，具有宗教和社会双重作用。对于祭祖的作用，马丁·科恩做出如下论述：

祭祖时，祖先可以和生者心灵相通，接受子孙的供奉，保佑子孙今后的生活。生者与祖先没有分离，逝者也没有离去。人们认为灵魂是"上天"的，但是灵魂也会定期降临凡间接收供品，成为王朝生活和权力的力量之源。[17]

正如我们所看到的，秦始皇对雍城的历史和情感的依恋非常强烈，他在巡游途中举行的仪式就是演变于古代周朝在雍城常常举行的仪式。[18]

可以从先前秦始皇为他的祖母建造的坟墓中收集到更多信息。当2004年春天，建筑施工机械开始在西安财经大学购买的一块地上动工时，再次出现新的意外发现。这块地位于城市的西南部，面向秦岭。法律规定，出现异常现象需要考古钻孔勘探，现在必须在这些建筑工地进行此类测试，深处的土地样本表明，地下有类似墓穴的结构、走廊和其他建筑物。他们认为，这可能是一个西周时期的葬坑。所以陕西省考古研究院商周研究室主任张天恩被紧急召见。在三到四天的时间内，一个考古队很快就组织好了。之后就开始了一个历时三年半的发掘工作。该工作于2007年10月结束，但结果尚未完全公布。[19]

很快就出现了争议，张教授及其团队的论证过程让我们更加清楚地了解所采用的方法。人们一致认为这是一个非常巨大的墓葬群，陵墓周围的围墙550米×310米，有四个入口斜坡，（东南西北向）全长共计135米，这说明这是一个皇族的陵墓，因为公侯和列王的陵墓入口只允许有两个斜坡，如秦景公在雍城的陵墓，按照秦初的礼制，这两个斜坡只能在东西两侧。负责考古发掘的研究员已经熟知周朝的皇陵遗址，但是这个墓有些让人疑惑，它的特别之处是陵墓区在中央墓穴周围，这是秦朝墓穴的特征。但是战国时期的陶器碎片显示，这个墓穴的时期应该是战国末期到汉朝初期。

但是开始发掘时，挖出了秦朝样式的陶器，上面留下的确实是周朝最后一个皇帝即周赧王的统治标志。周赧王公元前314年至公元前256年在位，统治周朝59年。张教授认为，这些陶器可能是秦朝取得霸权之后和其他战国国家作战的战利品。那么，谁的地位如此重要，重要到可以享受皇室墓葬之礼下葬，他的墓穴里还放置着秦国对外作战的战利品呢？唯一的另一个有四个斜坡的陵墓是秦始皇本人和他的儿子秦二世的陵墓。就这件事，司马迁给出了答案。据《史记》记载，这是因为公元前240年农历五月十六日夏太后去世。[20] 夏太后是秦庄襄王的生母，称为夏太后或者夏姬，也就是地位仅次于王后的夫人，是秦孝文王的第二位妻子，秦孝文王十年前已经去世。和前朝的宣太后一样，她也是权倾朝野，对秦朝朝政尤其是对她的孙子秦始皇产生巨大影响。因此，这座陵墓的规模也就合乎情理。此外，陵墓内还发现了两乘六马马车，这也同样是只有皇室才能够享有的特权，进一步证明一定是这个级别的人才能够在此安葬。墓园四周围墙环绕，里面的墓穴长140米、宽113米、深15米，单单墓室就占地约100平方米，呈传统的"亚"形。陵墓区有13个乱葬坑，还有几座大型建筑物的遗迹。虽然坟墓遭到盗掘，但考古学家还是发现了1000多件物品，包括棺椁钉、青铜器、银器和金饰；室内有银色铜带钩、银色手柄和铁刀、珍珠和玉器。有一个有马和其他动物的走廊，在东边的一个坑里有两个木质六马马车，考古学家称之为"天子驾六"，其中一个长1.75米、宽1.55米，并带有车子制成时涂色的痕迹。与车厢一起发现的玉制品、青铜器和银器的质量，以及规格非常高的珍珠、玻璃器皿和漆器表明，墓室的主人享有极高的皇室地位。此外还有雕刻的花盆，以及记载有关宫殿、政府机关、日历、地名和工匠名称的文本碎片。[21]

发现的这些奇珍异宝和陵墓的庞大规模使考古学家确信，陵墓的主人确实是秦始皇的亲祖母。当秦孝文王的第一任妻子与她的丈夫被埋葬在咸阳的时候，夏太后选择了将她自己葬在渭水以南的地方，这样她向东就可以看到她儿子的坟墓，向西就可以看到她丈夫的坟墓。

孝文王曰华阳太后，与孝文王会葬寿陵。夏太后子庄襄王葬芷阳，故夏太后独别葬杜东，曰："东望吾子，西望吾夫。"[22]

它在一座小山上，俯瞰着渭水的一条小支流。在山谷的对面，可以看到秦岭雄伟的天然屏障。同样，秦王嬴政对家族的忠诚感情让他亲自监督他祖母的陵墓修建工程。

因此，人们相信这座陵墓是在公元前240年，即秦始皇统治的第七年，在年轻的秦王嬴政的亲自指挥下开始的。不幸的是，珍贵的物件没有多少留存于世，因为墓室被有组织地洗劫一空。用楠木建造棺椁和其他建筑物来加固以防止强盗盗窃，手法原理类似矿道。正如我们所见，尽管遭受了如此巨大的破坏，幸存的物品数量和质量也提供了足够的线索。此外，陵墓本身还让人们看到有趣的方面。斜坡道的数量和整个陵墓面积的大小表明，年轻的秦王嬴政认为这种规格比较适合皇族女性，甚至可能暗示他当时也在考虑他自己的、已经在建造中的陵墓尺寸。之后，公元前 221 年，他成为秦始皇。我们知道，当他称帝时，就立即开始扩大在骊山的在建工程规模。但是，太后的坟墓让他对已建工程产生新的想法。另一方面，若干年后，汉景帝的陵墓比秦早期修建的秦始皇陵墓规模增加了 30%（据焦南峰估计）。

现在，发掘这座坟墓产生的泥土已经回填，这里现在看起来只是杂乱的小灌木丛，与主图书馆以西 100 米处、不断增加的大学景观带格格不入。后面，遗址右侧的位置，是 2017 年年初新建的一幢教学楼，墓穴遗址上还有大型起重机穿梭作业的身影。这处遗址，没有任何标记。

现在让我们考虑一下关于秦始皇陵的已知情况。正如我们所看到的，它的结构肯定比夏太后的大得多。考古调查结果和现代科学分析的结合已经能够确定地下结构的位置和形状。因此，我们可以相当肯定地说，宫殿主要区域的规划是长方形的，地下宫殿的横截面形状就像一个倒截的金字塔。研究还表明，在墓丘下面有一个多层的土壤结构（参见图 8）。正如前文所述，这意味着雍城的秦景公陵墓确实可能是一个模型，或者至少秦始皇的陵墓是以传统的周秦风格设计的。一个重要的区别是，此处地下墓穴高 4 米，北南轴线和东西轴线的长度分别为 460 米和 390 米。就像在雍城一样，陵墓朝东、东西向都有通道，这种将国家机构安排在皇帝陵墓周围的理念对汉景帝陵墓的修建具有极强的启发性。

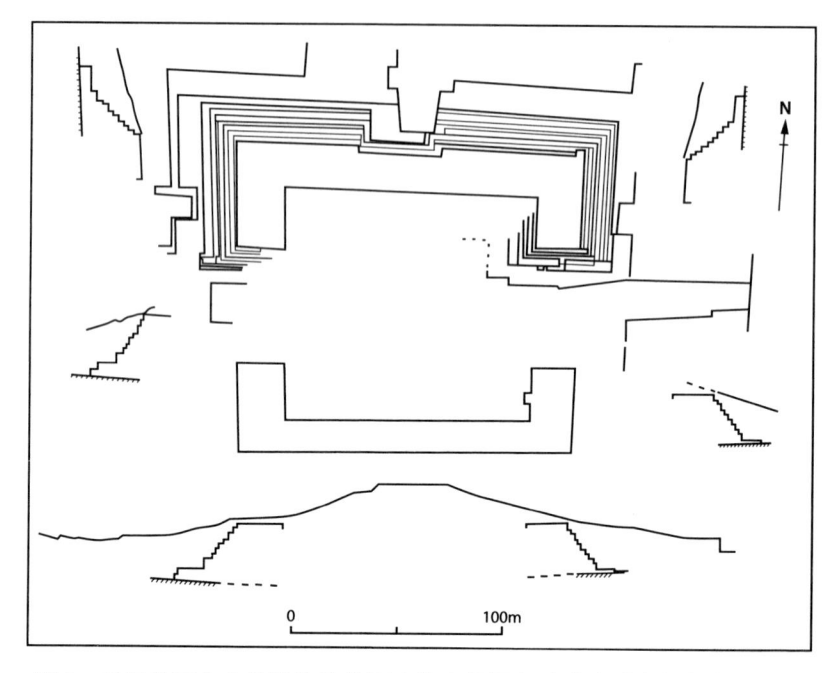

图 8　显示地下金字塔结构的草图（作者根据段清波在《秦始皇帝陵园考古研究》中右侧的原始平面图详细阐述，2011）

　　这个墓室位于原地面 30 米到 40 米以下的地方，东西长 80 米和南北长 50 米，大约高 15 米。值得注意的是，它的设计是防水的，再一次证明了工程师和建筑师高超的专业知识。2000 年时，考古学家们发现了一个复杂的排水系统，它由一个 U 形的通道组成，东边长 778 米，西边长 186 米。这样修建是为了阻止水流入坟墓深处。修建时，它被填满了夯土，建成一个大坝，建成后阻止地下水的渗入。利用表面核磁共振来测量地下水流的试验表明，即使在今天，地下宫殿也没有水。2000 年已经过去，墓室似乎没有被水浸泡，排水系统功能充分发挥作用。[23]

从技术和工程的角度来看，这很有趣，但这不仅仅是保持墓穴干燥的简单问题。这是对中国古代生活和死后世界至关重要的祭祀仪式的关键要素。在死亡的那一刻，死者的身体从此回归尘土，这就是为什么中国古代的公侯和列王被埋在如此深的坑中的一个原因——更接近土地。土地有水，已故的人才会最终得以重生。这一点尤其重要，因为根据《黄帝内经》[24]的观点，生命之源"是由圣水决定的，是天意，东北流向，即，水"[25]。然而，坟墓所在的坑不应该到达地下水位以下，因为这样做会让一个强大的皇帝显得非常狂妄自大。坟墓应该尽可能深地让死者接近土地——死者的土地——但是过度地暴露土地将是一种亵渎。这就是为什么马塞尔·格拉内解释说，秦始皇让工人只挖到了接近水位的地方。[26]似乎要证实格拉内的解释，吕不韦也强调，埋葬不可能过深，因为它"可能会挖到地下泉眼"。他明确指出，应该不惜一切代价避免泉水淹没坟墓。[27]

现在，修建这样一个复杂的排水系统的原因显而易见，是为了确保陵墓足够深，但又不会深到靠近地下水。同样值得注意的是，秦始皇为他祖母的坟墓修建了一个类似的排水系统，甚至可能从这个工程中受益，以完善他自己坟墓的排水系统。[28]这是绝对必要的，也是陵墓和帝国理念的整体概念。基于宇宙和季节的构成，古代的五行体系（木、火、土、金、水）将水与数字 6 和黑色联系起来，这些都在帝国中占据了新的重要地位。黑色成为服装、旗帜和各项标准的官方颜色；官方的帽子有六羽，计算距离的步数为六步，一辆马车由六匹马牵引着。司马迁称，皇帝甚至把黄河的名字改成了"德水"，以表明水的时代已经开始了。[29]

正如格拉内的短诗总结的那样，秦始皇陵同时"是逝者的安息之所，也是生命的所在地"[30]。美国学者侯格睿进一步强调发掘坟墓这一浩大工程的严肃性质：

就其象征意义而言，秦始皇陵就像是一座精致的地下微型高尔夫球场，只有疯子才会想要统治这样的地下世界。但是，这又是全中国的礼制象征，原型和模型在宇宙中是统一对应的，整个陵墓就像一个精神上的装置在运转。控制了模型，就是控制了一切。[31]

陵墓的另一个积极方面是，它巨大的规模意味着它不会出现中国古墓中常见的一些问题。吕不韦的实用主义著作《吕氏春秋》也解释了为何对伪装和隐藏陵墓如此痴迷："自古及今（公元前240年左右），未有不亡之国也；无不亡之国者，是无不扣之墓也。"《吕氏春秋》甚至预料到了司马迁描述的通过植树来掩盖陵墓的故事："世之为丘垄也，其高大若山，其树之若林。"[32]

另一个重要的方面是，修建这样一个庞大而复杂的陵墓的初衷是为了保证皇帝对人间的影响力将会一直持续下去，因为他的精神将继续在他的新居所存在着。这是他生命和成功的顶点，他希望他的陵墓要像他的帝国一样，依照宇宙运行的模式而建，流传千年而不消亡。根据侯格睿教授的说法，"这有两层意思，首先一种机械模式，它包括循环水银的机械装置（代表帝国的水域），但它也为秦始皇工作。因为他的志向不会满足于在地下密室里统治一个玩具中国，这个模型的目的是为了影响并代表外部世界"[33]。很明显，一个敌人或未来的对手摧毁坟墓会破坏这种力量和影响,使陵墓毫无用处。

在这种情况下,无论是古代还是现代的盗墓者都无法给陵墓造成太大的伤害。有证据表明这种盗墓活动只在很小的范围内,而且不是在坟墓的实际地点。科学家们已经利用了一种低浓度的氡气检测,他们认为主要结构的裂缝并没有"延伸到墓室的上方,而且墓室的主体还没有倒塌"[34]。有人认为,陵墓周围大量的水银能够证明,司马迁所说的代表宇宙的宫殿完好无损。然而,与此同时,"在陪葬坑内发现了散落的灰烬、燃烧的泥土、破碎的砖块和地砖碎片。这表明,在秦朝末年,陵墓周围所有的地上建筑都被烧毁了"[35]。

事情远远没有结束。

三、最新发现

第10章

最新发现和研究

从最初发现1号坑仅过了30年，2009年夏到2011年，开始了最北端的两个过洞的最新发掘。走廊占地200平方米，长度占总长的一半（也就是右侧游人入口）。没有被覆盖的地方是敞开的，这样在俑坑周围的通道就看得到。

这两处走廊里一共发掘出107个兵马俑、8个马俑，还有2辆四马战车、兵马俑踏板、武器还有马和战车的配件。这说明走廊里还有很多没有发现的物件。首批新的兵马俑于2010年5月发掘出土。其中最令人兴奋的发现是一名军官，他身上的彩绘，几乎完好无损，他的头部就是采用了前文提到的彩绘方法，即在漆底上涂上不同的涂层（先涂一层白色，之后在白色上涂上更厚的粉色）形成肤色。

大多数新俑的身高都在175厘米到185厘米之间，阔肩、宽额、大脚，这样的身材显示这些俑是年轻人。头部高约28厘米，面部高19.5厘米、宽20.5厘米，连接到躯干上，之后进行烧制。油漆的质量非常高，眉毛上方如上所述为白色、棕色，还有一点红色，还有一个非常精细涂漆的黑色睫毛，仅有0.02厘米宽，使用一柄毛刷涂抹。嘴唇的厚度和肤色的变化能够区分他们，因为他们因服装的主要颜色的变化而变化：朱砂红、粉红色、绿色、灰绿色、翠绿色、丁香紫和天蓝色；主要为红色和绿色。[1] 有趣的是，有些作品在风格上非常相似，似乎出自同一位工匠之手。修复之后的人物甚至比出土时保护不利的人物更加真实，而且对于未来的发掘来说，它是个好兆头。

但是，既然已经做了那么多的发掘工作，发掘出来那么多的物件，那么更广泛的历史研究和文学研究对于了解这些文物至关重要。近年来，一个全新的领域已经显现，甚至连传统的考古学家也不得不重新考虑他们早先的结论。

关于兵马俑，最让人们深思的问题之一是：创作这些栩栩如生的人物的知识和灵感源于哪里？因为中国没有雕塑传统，只有在早期墓葬中发现的几厘米高的微型雕像，当然还有浮雕青铜器，但和这些人俑几乎没有关系。因为正如谢阁兰在他早期对古代雕塑的研究中所写的那样，欧洲了解到的，中国最古老的已知雕像来自汉朝。[2] 那么为秦始皇创作这些人物的灵感是什么呢？怎么可能突然增加兵马俑的尺寸，从其他俑坑中 10 厘米到 20 厘米之间的高度，增加到 1 号坑中近 2 米的高度？段清波教授从技术角度提出疑问，是否有可能从小型物体的低温烧制变为 950～1000 摄氏度烧制成真人大小？[3] 专业知识从何而来？

近年来比较流行的理论引起人们的广泛关注，认为这可能与希腊雕塑有关并受其影响。卢卡斯·尼克尔 2013 年发表了一篇学术文章，文中给予了该理论最强烈的支持，他的观点也经常被他人引用。他认为制造这些全新的、技艺纯熟的兵马俑一定受到外部影响："这些兵马俑形象真实，规模庞大，不符合当地的传统，这就要求我们考虑创造这些兵马俑是受到外部因素的推动。"[4] 尼克尔教授在希腊雕塑中找到了一种可能的推动因素。初看起来，这似乎有些牵强，但在中国与近邻国家的贸易或战争中，希腊文化影响重大。事实上，我很清楚地记得，在1978年访问喀布尔的阿富汗国家博物馆时，我对希腊硬币和希腊的佛教雕塑深感震撼。亚历山大大帝不仅去过阿富汗，后来又去了巴克特里亚部分地区，而且还在巴尔赫击败了奥克阿特之后，娶了他的女儿——一个名叫罗克珊的公主为妻。现在，它在这个国家的北部，只剩下残垣断壁。据说，他对罗克珊一见钟情，他的追随者将她描述为除了波斯国王大流士三世的年轻妻子之外，"亚洲最可爱的女人"[5]。中国和希腊文化之间的第一次真正的接触可能始自希腊-巴克特里亚王国。这个王国成立于公元前250年左右，由巴克特里亚国王狄奥多特一世创建，并且在之后的20年中在新疆和甘肃等地与中国广泛交流。所经之路，就是通往塔里木盆地南部的丝绸之路。

亚历山大对中亚的影响是巨大的，即使在他死后，他的远征军士兵仍然留在他在巴克特里亚和其他东部国家建立的新殖民地上。在这些殖民地的文化中，希腊元素是永远存在的，不可避免的是，通婚，比如亚历山大本人，通过今天被称为"软实力"的方式传播了希腊的影响。这些希腊-巴克特里亚人是秦始皇时代巴克特里亚和索格底亚那的主要文化和军事力量。因此，重要的是要了解他们之间有过多少接触。亚历山大本人也曾带过他的个人雕塑家利西波斯参加其他的探险，当然还有来自巴克特里亚的希腊艺术家在印度工作，可能影响了当地的工匠。[6] 但是没有直接的证据表明中国的情况。

根据与亚历山大一起战斗的阿波罗多罗斯将军的说法，巴克特里亚"将他们的帝国延伸到了赛里斯和弗利尼"[7]，"赛里斯"这个词最初指代中国，"弗利尼"最有可能指代现在的新疆。在相反的方向，在欧西德莫斯国王统治时期（他大约公元前230年到公元前200年在位，与秦始皇同时期），钱币由中国引入巴克特里亚。巴克特里亚的一位历史学家写道："从喀布尔到巴克特里亚的大篷车经常出现，其他人无疑从东北部的远处赛里斯（中国）抵达，因为当时新兴的国际大都会希腊的豪华城镇对样式新颖的丝绸的需求量很大。"[8]这是在汉朝当局派特使张骞出使西域并开辟丝绸之路之前的情况。相反，希腊巴克特里亚文化产生的影响是巨大而持久的，远远超过短暂的军事行动。特别是一个城市，由法国考古学家在20世纪60年代发掘出来。在其发现后不久，南希·哈奇·杜普里及其同事将其写入喀布尔博物馆的《图解指南》，并称其为"亚洲最东部真正的希腊城市"[9]。

亚历山大在亚洲建立的所有城市似乎都有真正的希腊元素。阿里安举例证明他的研究方法：

> 亚历山大本人目前花了20天的时间建造他提议建造的城墙，并安排在那里安置希腊雇佣兵、自愿共享定居点的邻近部落成员，以及营地的一些马其顿人，这些人已经不再服役。然后，他举行牺牲仪式祭祀平日供奉的神灵，举行骑马和运动比赛……[10]

这个特殊的城市被称为阿伊哈努姆，来自附近一个村庄的名字，位于汗阿巴德以东的科克查河和奥克苏斯河的汇合处，位于该国东北部的兴都库什山脉后面。这座典型的希腊建筑大约修建于公元前300年，包括一个上城，里面有城堡、寺庙和剧院，以及一个下城，里面有希腊风格的宫殿、围廊庭院、马赛克地板和体育馆，类似于希腊的学校。

尼克尔以这座城市以及在那里发现的两个雕塑为例。但我相信，在1974年的《图解指南》中找到的躯干支撑了他的论点，因为它与一些兵马俑更相似。在评论另一个遗址时，杜普里等人提到了一种独特的希腊-巴克特里亚艺术。这种艺术从3世纪开始蓬勃发展，将希腊风格与巴克特里亚人特有的信仰和文化融合在一起。[11]

阿伊哈努姆位于帕米尔山脉以南，向东延伸至中国，北至塔吉克斯坦，在那里发现了其他希腊雕塑，而北部则是张骞于公元前138年到访过的费尔干纳山谷。作为后来发源于西安的北方丝绸之路的一部分，很可能其他旅行者和部落在古代将巴克特里亚与中国建立联系，并且秦国从他们的游牧邻居如大月氏那里听说过巴克特里亚，后来大月氏征服了巴克特里亚。希腊与兵马俑的合理关联只是一种假设，没有真正的证据证明。确实，人们最近更加关注兵马俑的扣环、盔甲和衣服以及人体皮肤使用逼真色调等细节。但正如尼克尔本人承认的那样，许多兵马俑形象不完美和比例失调，如胳膊短而僵硬、头颅超大。这也是对其观点的强力反驳。就成千上万的兵马俑而言，这似乎很难做到。

然而，在更具体的情况下，K9901坑中所谓的杂技演员俑似乎证明这个论证是合理的,在第 12 章会详细讨论。我们刚刚提到阿伊哈努姆的体育馆。这是一个典型的希腊机构,它满足人们对教育、对知识的追求,为战争做好物质准备,在希腊生活中扮演了重要的角色。雅典最伟大的体育课在柏拉图创立的柏拉图学园,以及苏格拉底和亚里士多德授课的雅典学园。此外,后者还是亚历山大大帝的导师。竞技体育和游戏是这一概念的核心,产生了类似于现代职业运动员的理念。摔跤不仅是"摔跤本身"。正如卢卡斯·克里斯托普洛斯所说,除此之外,"关节锁、拳打、踢、用手掌或手指打也被纳入近身战运动,即由希腊人发明的拳击、摔跤和古希腊式搏击"[12],既包括拳击又包括摔跤,字面上的意思是"完全控制"。这怎么可能不吸引像秦王嬴政这样机敏、聪慧、像武士一样英勇的君王呢?

甘肃是秦国的发源地,是连接了东部的商周帝国与西部的"野蛮人"或游牧部落之间的真正的十字路口。由于发迹于这一地区,秦国人通常被认为是一个野蛮的部落。司马迁写道,在一开始,"秦始小国僻远,诸夏宾之,比于戎翟"[13]。事实上,秦国统治天下之前,甘肃一直由强大、善于骑射的民族义渠戎统治。大月氏最终被匈奴驱逐出现在的中国境内,在现在的希腊-巴克特里亚地区建立政权,已经部分希腊化。

2006 年至 2008 年间,在甘肃渭河以北的马家塬墓地发掘出的文物可追溯到战国末期,可以说明这些文化是如何相互作用的。[14] 这些发现的文物令人不安:战车上装饰着典型的欧亚大草原上的金、银、玻璃珠,但漆面又像运用了周朝的涂漆工艺;个人装饰品用镶金和花丝，而不是中亚塞西亚部落特有的玉制成；老虎背上的狮鹫和鸟头的装饰图案来自西伯利亚和蒙古的巴泽雷克文化；来自波斯阿契美尼德王朝的"眼珠"；只有在中国使用的中国紫，以及中原地区秦国的青铜花瓶、鼎和灰陶壶。[15] 小金饰与雍城秦景公墓中的金饰相似。埋葬在马家园的是西戎人、秦初人，还是他们的敌人——犬戎人，没有人可以给出肯定答案。

另一个例子是有关塞西亚式锯齿状鬃毛，在陵墓中的一些最重要的马的脊背上伸出一个方形的簇。在对唐太宗陵墓的研究中，周秀琴考虑将锯齿状鬃毛引入中国艺术中，并且认为它们在3世纪时秦始皇陵中短暂出现过，因为两驾御车的八匹青铜马上有簇绒鬃毛。"所有八辆战车上都装饰着一个方形的簇绒，与塞西亚金色和青铜斑块相同。"[16]

甘肃是一个真正的文化熔炉，是秦国最初崛起的地方。毫无疑问，这是受到强大的跨文化或者亚历山大来此时带来的知识和他的伟人功绩的影响。

正如我们所知，匈奴几个世纪以来一直对秦国构成威胁。匈奴位于今天的内蒙古，但扩张到中国北方的大部分地区，并延伸到现在的哈萨克斯坦和吉尔吉斯斯坦西部。秦朝灭亡几十年后，著名的汉朝特使张骞被匈奴捕获并被挟持为人质十年，然后才继续他西行之旅。正是匈奴将大月氏部落驱逐出中国西部的传统土地，来到巴克特里亚。

秦国一直与"西部军队"[17]保持联系。这个军队就是西戎，也称"骊戎"或者"黑马军"。"骊"字的本义为"黑色的马"，游牧民族部落一般都骑着来自中亚地区的高大黑马。西周最后一位皇帝周幽王（前781—前771在位）就是在骊山（或叫"黑马山"）脚下被黑马军处死的。骊戎便在此定居，这也是秦始皇修建陵墓的地方。[18] 一个世纪之后，我们发现，骊戎领主抱怨宋国国君宋襄公召开会议并没有邀请他参会，这也侧面反映出他们与秦国的联系由来已久：*

从那时到现在，我们参加了秦国的所有远征。一个接一个的远征中，我们在秦国的带领下，听从秦国的领导，从来不敢与他们分开。现在，秦国的军官们确实犯了一些错误，把国家和你分开，此时你却试图把责任推给我们。我们的饮料、我们的食物、我们的衣服都不如你们国家的奢华；我们不与秦国交换丝绸或引进他们其他物品；他们的语言和我们的语言不通，也不允许我们和他们之间的交流——我们能做什么坏事呢？[19]

这些人就是我们所说的"沟通的媒介"，他们建立了最早的文化交流走廊。在秦国统一中国之前的一百年间，马其顿人、希腊人、波斯人、塞西亚人、帕提亚人、索格底亚那人以及月氏和骊戎等东部游牧民族源源不断地涌入中亚，进行了种种战争与交流。如果司马迁所述无误，那么秦国的风俗传统应该是与骊戎很相近。正如我们所见，获得权力的基础，首先是有一个强大的马上民族祖先。

另一个相关的证据与传说中的12个巨大的青铜雕像有关，让我

---

* 编者注：仅为作者观点。

们再次回到秦国的发源地甘肃省。像往常一样，这个故事始于司马迁的记载，司马迁简短而神秘地记录道，帝国境内收缴的所有败军的武器被收集并带到咸阳，在那里它们熔化成钟架和"十二金人"，安放在宫殿的庭院中。[20] 这些金人成为秦国历史上最奇怪的故事之一，这个故事经常被忽视。因为它们实际上是青铜雕像，根据不同的来源，每个雕像高度在 10 米到 16 米之间，每个重达 30 吨。它们被放置在皇宫的入口处，必定会令人印象深刻，尤其是这些巨人还立在 4 米到 6 米高的基座上。显然，这就是秦国的实力，或者像尼克尔所说的那样："这是我们发现的中国历史上首次记录具有明显政治功能的公共雕塑。"[21] 的确，虽然许多其他的秦朝的建筑被汉朝摧毁或忽视，但这些雕像在西安的阿房宫以同样的方式使用，并保存了 400 年。和被熔化用来制作雕像的武器一样，后来这些东西都遭遇了同样的命运。

尼克尔和克里斯托普洛斯在详细的学术文章中提出了一个非常有趣的问题，即创造这些巨型人像的想法来自哪里？谁具备如此高超的铸造技术？如果，正如他们所设想的那样，与希腊传统雕塑有直接的联系，那么这是否也影响了兵马俑的制作？

这 12 尊雕像是临洮（今甘肃省定西市岷县）的巨型人像的复制品，位于新帝国西部的甘肃，并且被称为狄夷（即外国人）。它们代表了中国艺术中前所未有的东西，它们所处的位置表明建造它们的不知名艺术家至少来自中国西部。克里斯托普洛斯进一步说明："雕刻和竖立代表'狄夷'的 12 个高十米的青铜雕像和黄金雕像需要一种艺术和技术。这种艺术和技术不可能简单地由希腊化的塞西亚人在马上运输而来。除了当时希腊雕塑家用金和象牙铸造而成的12个'蛮夷'雕像，我想不到其他的方式。"[22] 他进一步说，帝国西部的长城是为了制止这些狄夷的进攻而建造的。实际上，他们是塞西亚骑兵，可能是由一位希腊－巴克特里亚国王领导或派遣的。

有趣的是，马丁·科恩认为石雕和碑刻是从周朝西部地区传入的。他说："没有任何确凿的证据，我们不能假设碑刻是由西方文化传入秦国的，尽管这能解释周朝时期东部地区没有秦帝国前的石碑。"[23] 这是这位严谨的学者在我们撰写此书前几年发表的独到见解。

两份证据可以解释这些雕像的由来，由上述作者逐一给出。由于数字12在中国文化中没有什么特殊含义，克里斯托普洛斯想："巴克特里亚的希腊人崇拜12位奥林匹斯之神，"并补充说，"在甘肃省，出土了一个希腊化的鎏金盘，代表12位神与狄奥尼索斯（或亚历山大－狄奥尼索斯）坐在一只被葡萄包围的豹子上，后背刻有巴克特里亚铭文）。"[24] 兰州甘肃省博物馆的标签上面标明的日期较晚，但背面的巴克特里亚文字是支持这一假设的有力论据。这个镀金的银盘（不是纯金）直径为31厘米，发现于传统秦国以北的靖远北滩和马家塬。

受到克里斯托普洛斯的启发，尼克尔引用了后来出生在西西里岛的古希腊历史学家狄奥多罗斯的论断。狄奥多罗斯详述了亚历山大大帝建造了12个大祭坛来标记他军事行动的东部边界。这12个祭坛代表奥林匹斯山上的12个希腊主神，山上还有巨大的棚屋和床铺。用狄奥多罗斯的话说，这一想法的目的是"建造一个巨大的营房，给本土人留下高高的人类足迹，显示出巨人的力量"[25]。阿里安说，发生在亚历山大身上的事情也可能发生在秦始皇身上：

　　然后他把军队分成了12支分队，并命令为每个分队建造一个祭坛，和最大的塔楼一样高，比塔楼更宽，供奉祭品以感谢众神带给他们胜利，并作为他本人功绩的纪念。当祭坛准备好时，他按照习俗在那里举行献祭仪式，并且举行了田径和骑兵训练比赛。[26]

　　从我们所了解的秦始皇的军事活动、建筑活动和他的碑铭来看，如果他能够知晓，这两种观点都将引起他极大的想象力。12个巨大的青铜雕像的吸引力将是他无法抗拒的。虽然大多数记录表明雕像被安置在咸阳的皇宫外，但是中国艺术史学者巫鸿认为它们"被安置在通往皇宫的驰道上"，象征着今后没必要进行战争，也因此将兵器熔化制成青铜雕像。他认为这12个人是"六对人物，可以想象，他们代表了六个战败国"[27]。从这个角度上来说，他们预示健壮的石头雕像在西安的昭陵北面唐太宗的"神道"上。那里朝贡国家的使臣雕像代表了唐代当时的地位。此外还有时代更晚一些的明十三陵，在北京附近，里面有奇异的动物，如大象，隐喻明朝统治的范围。

　　对于夸张的雕塑尺寸，段清波提出的一个合理的解释是："秦人看到来自不同种族的人，太惊讶了，他们夸大了这种新鲜事，而这些奇怪的西方人的身高在这种口口相传中也增加了。"[28] 尽管在他们的身高上存在差异，但这些雕像的存在是毋庸置疑的，因为段清波和其他学者引用了后来与之相关的几个例子。特别是，十二金人中的十个在东汉末期被大将董卓熔化。他在公元190年焚烧都城洛阳后，迫使汉代最后一位皇帝和他的朝臣返回西安。没有人知道另外两个金人发生了什么，但它们可能用于铸币的金属价值让未来的皇帝或武装叛军纷纷效仿，并将其熔化。

耶鲁艺术史学家理查德·M.巴恩哈特写道："中国在公元前3世纪首次制成模拟真人大小的雕像立即以文化和艺术的形式将中国与西方世界的希腊和波斯联系在一起，只是我们对实际的联系过程一无所知。"[29] 然而，他们的存在似乎与塞西亚人有关。在秦始皇生活的年代，他们从现在中国的敦煌（传统上通往西方的大门），一直延伸到中亚河中地区。在最东端的地方，他们是秦国在甘肃的邻居，通过他们，秦国的人们可以看到波斯人和希腊人，并且欣赏他们的艺术。

公元前329年至公元前327年的两年间，亚历山大一直处于对巴克特里亚和索格底亚那的征服之中。这些年间，秦惠文王（前337—前311在位）也致力于推行对外扩张政策，征服了四川，之后商鞅建立了法律和行政基础，加速了秦国对邻国的最终统治（前356—前338）。亚历山大贡献巴克特里亚和索格底亚那的消息非常有可能通过中间的游牧部落传到甘肃，最后传到秦国在中国西部地区的前哨。他的战绩和传说太过壮观，在沙漠商队和沿途的城镇中不可能没有人议论过，这条商队之路后来成为丝绸之路。人们认为，在公元前220年左右，希腊文化的影响力在亚历山大死后依然继续，这是迄今为止已知的与秦国建立最早直接联系的文明。据斯特拉博记载，巴克特里亚人这时把他们的帝国扩张到中国。就像亚历山大的消息将会向东方渗透一样，公元前221年发生的这一重大事件的相关新闻也会从秦始皇的新帝国向西部的巴克特里亚渗透。当时，阿伊哈努姆正处于全盛时期，这将是迄今为止在新疆和甘肃发现的最有可能的希腊文物。

巴恩哈特在 3 世纪的不朽建筑中寻找西方影响的证据。正如他所写的那样，他说他从未见过任何可行的解释能够说明在中国使用金字塔形状的想法来自何处，无论是在卢浮宫还是在中国，任何金字塔最终都源于埃及文化："这一时期的中国历史表明，古代中国对埃及一无所知，但秦始皇坟墓上的金字塔告诉我们古代中国对埃及还是有所了解的。"[30]

事实上，它并不是中国第一个金字塔式的建筑，其他的建筑则稍早一些，例如，位于河北西北的中山王墓，它的历史可以追溯到一个世纪以前。但这些建筑也只是在著名的哈利卡尔那索斯陵墓之后几年建造的。那里现在是土耳其城市博德鲁姆，在 4 世纪被认为是世界七大奇迹之一。公元前 377 年到公元前 353 年在位的摩索拉斯王（"陵墓 [mausoleum]"这个词来源于他的名字），既是波斯阿契美尼德王族的统治者，也是希腊艺术的崇拜者。巴恩哈特教授指出，一直以来，地中海、爱琴海和伊朗文化如金字塔、逼真的武装士兵石雕和野生动物石雕出现在同一时期的中国墓地建筑中，如霍去病和秦始皇的陵墓。[31] 后者的基本设计图案是阶梯金字塔。但这只是巧合吗？很有可能！但是让我们想象一下，秦始皇这样的年轻人去秦国甘肃领地比如临洮听一个旅行者讲述有关世界第七奇迹的故事，一定会感到印象深刻。如此夸赞的讲述一定会激发秦始皇的好奇心，并促使他尽其所能地获取更多的信息——就像他了解亚历山大之后所做的那样。

如今，秦始皇陵有时被称为"世界第八大奇迹"，但是这第八大奇迹的年表常常被忽视。不过，如此大的规模，确实足以令当地人自豪。正如巴恩哈特再次指出的那样，这座陵墓是始于公元前2580年开始兴起的吉萨大金字塔风格的众多陵墓中的最后一个，它紧接着最东端的、在哈利卡尔那索斯的陵墓（建于公元前350年），二者仅仅相隔一个多世纪。虽然没有确凿的证据证明，但非常有可能出现的情况是，后者的相关信息、草图或大概轮廓作为篝火旁的八卦由希腊或者希腊－巴克特里亚的艺术家传入附近的秦国敦煌地区。

确实有一些互动交流的证据，比如说上文提到的甘肃地区的金碗和中国包山楚墓里漆盒上的第一个已知图示。图示的制造时代应该是亚历山大大帝到达巴克特里亚十年之后（当时西伯利亚的塞西亚墓穴里发现了楚国的丝绸和青铜镜）。[32] 对于亚历山大和数千名朝廷官员而言，随行的士兵和艺术家才最有可能产生直接的影响：在他们东行的路上，他们亲眼看到埃及的金字塔、哈利卡尔那索斯的陵墓和另一个世界七大奇迹之一的古巴比伦空中花园；他们也参观了波斯波利斯的历代阿契美尼德王陵墓。这些信息应该已经传入秦国，被一个希望超越所有这些的人——秦始皇——知道。

研究人员已经尝试用DNA取证证明希腊和临潼之间的直接联系，但没有找到确凿的证据。2003年春天，在距离包含兵马俑坑500米处发现了一个乱葬坑，里面共有121具男尸，年龄从15岁到40岁不等，身材魁梧、骨骼健壮，表明他们可能是陵墓施工现场的劳工。发现了三个明显不同的头骨，高颧骨和深眼窝。从这些头骨中取出 DNA 样本。[33] 在美国考古学会出版的期刊《考古学》进行的一次访谈中，来自宾夕法尼亚大学的汉学家梅维恒做出以下结论：

在 121 具破碎的骨骼中，有 15 具被测试过。但到目前为止，只有一具似乎有欧亚西部的遗传特征。据说他的基因特征说明他属于 T 型遗传同类群，这无疑是属于西方的单倍体。具体来说，中国遗传学家认为，这将他与生活在帕米尔西部的人们联系在一起，可能是印度和巴基斯坦的帕西人（波斯人）、土库曼斯坦的库尔德人，或者伊朗的波斯人。[34]

问题在于，希腊雕塑家只是具有欧洲血统的欧洲人中很小的一部分。所有欧洲地区以及东到乌拉尔山脉和伊朗地区的人们都具有欧洲血统。为了使论文更有说服力，需要更加确凿的证据或者将来更多的考古发现。

我们无法知道这个人是否是艺术家，实际上他也似乎不太可能是艺术家。在一百多年前，巴克特里亚一位非常有影响力的希腊学者说，在一个新的国家，"每个欧洲人都是一个（忙于军务或政务的）战士或者长官"，而几乎没有时间分配给艺术、科学和文学。[35] 当然商业活动早于丝绸之路，它的主要"发现者"张骞抵达巴克特里亚时，看到人们已经使用来自四川的布料似乎感到惊讶。[36] 和之后的几个世纪一样，当时居住在波斯和中国之间地区的游牧民族和半游牧民族交易频繁，但鲜有证据表明他们之间的文化互动。有许多考古学和语言学工作要做，但是具备这种资质的学者却很少。在另一个背景下，贝特霍尔德·劳费尔是一位20世纪在德国接受训练的东方学家，他掌握所有相关语言（包括汉语、波斯语、梵语、蒙古语和藏语）。他写道，古代波斯人是西方和东方之间沟通交流的伟大桥梁，他们将希腊的思想传递到中亚和东亚，并将中国珍贵的植物和商品带到地中海地区。[37] 除了古索格底亚那等主要的中亚商业语言之外，现在有多少人能够掌握所有这些语言呢？

巴恩哈特、尼克尔和克里斯托普洛斯的想法令人兴奋，具有很高的价值，并将激励其他人进行未来的研究。亚历山大大帝和秦始皇之间确实存在着某种联系。初看起来，他们相距甚远、毫不相干，但是，从某种程度来说，希腊或者希腊-巴克特里亚还是有可能对秦始皇产生影响的。尼克尔总结道：

> 西戎、匈奴或月氏（亦称"月支"）等游牧民族与巴克特里亚、索格底亚那和秦代中国接壤。可想而知，它们有可能将希腊雕像的有关信息带到东方，这是构成中国秦代雕塑的主要因素。另一种可能是，穿越帕米尔的中国商人将有关希腊艺术的知识带回国内。[38]

更甚者，英国广播公司（BBC）2016年年底拍摄的一部纪录片[39]认为，一位希腊雕塑家当时就在临潼制造塑像。这种说法有些夸张，可能性不大。

对于西方影响最强有力的可见证据是K9901号坑的所谓杂技演员。因为这些人物形象明显不同于兵马俑的风格，对解剖学的运用特别熟练，这在当时的中国很难做到。无论制造者是谁，他们都十分了解人体的运行规律，如施加力量时臂上凸出的肌肉，举重时显示的侧腹肌和肋骨，以及背部凸出的椎骨。当然，这些不寻常的杂技演员和举重运动员的雕像很容易受到欧洲的影响。

第 11 章

研究、复原、保存新技术

近期，用科技手段研究秦始皇陵文物的工作，主要集中于以下四方面：武器的制造系统、冶金、陶俑人物颜色的使用与保护、湿度和大气污染物等保存问题。

一些最有趣的工作是研究弩的优点。由于弩的高效性，到了秦始皇时，弩几乎已成为战场上的首选武器，因而得到广泛应用。正如上文所述，据司马迁记载，秦始皇去世后，秦二世召集来自帝国各地的5万名材官保护咸阳。这需要大量的作坊来完成这项工作，因为弩是一种复杂的武器，不仅需要生产青铜箭头、箭柄和弩机，还需要竹子和羽毛来制成箭身，木头制成弩臂，麻绳、皮革、麻布制成箭袋——我们之前看到的每个箭袋通常都装有100支箭。秦二世时，弩为作战的主要武器，因此对质量和准确性的要求非常高。

弩的精度必须非常高，必须采用高质量材料制成，这点至关重要。弩扳机组件便于拆卸、清洗、快速重新组装。然后可以将其放入木弓的沟形矢道中立即使用。李约瑟引用了一个古老的资料来源，通过生动的中文来强调这一点："如果弩的瞄座和箭道自身的直线不平行，哪怕误差只有不超过米粒的大小，弩也不会起作用。"[1]实际上，兵马俑中发现的弩和任何现代武器一样精密，特别是弩扳机。

同样地，汉语用"天体圆如弹丸"（张衡《浑天仪注》）来形容地球非常圆，证明了人造弩的精准。[2]

但是为什么这些质量超高的兵器仅仅与秦始皇一起埋葬而没有应用于真正的战争呢？其中一个最令人惊讶的原因是，虽然人们对弩的质量和细节格外关注，弩也因此可以进行准确的飞行和有效的冲击穿透，但是人们制造大量的弩并非用于战斗。正如伦敦大学学院考古研究所和秦始皇帝陵博物院合作团队提出的观点，兵器制造者很可能有意识地选择在熔化坩埚中添加更多的锡以确保最佳性能，同时也是因为考虑到制造箭头所用时间更多，可能会产生更高的成本，以及不同的武器或武器部件需要制造特定合金，因此需要很多额外的工作量。[3] 这些武器是由极高等级的锡和青铜合金制成的，这些合金足够坚硬，可以在战场上产生致命的效果：它们不仅仅是用作坟墓的装饰品。

在其他方面，该团队发现，在制造弩机时，有一套管理机制，并且进一步表示："可以说，1号坑的生产组织是庞大秦国的缩影，让我们看到了秦朝缜密的政治和经济控制。"[4] 换句话说，秦始皇创造的巨大的官僚和军事机器无法或不愿意死后世界与现在生活有任何不同。完善、组织和控制整个国家是皇帝的重要责任，皇帝永远是皇帝，无论是活着还是死亡。

由于这个原因，活动的组织形式一直是 2011 年开始的伦敦大学学院考古研究所和秦始皇帝陵博物院合作项目第二阶段的重点内容。兵马俑上做了标记，在兵马俑和武器上做标记或雕刻，标识它们的制造者或者来源。项目组进行了研究，目的是进一步了解当时工匠组织和整个物流情况。在1号坑中出土的1000多名战士中，第一批有283个俑或者兵器上有一个或多个字符，标明个人姓名、地名和数字，在窑炉中烧制之前印上或刻上。在马身上也发现了三个标记。这些标记包括汉字"宫"，可能是指一个大的皇家工厂，而其他的专门提到了都城咸阳。研究人员认为，这出自两家作坊。[5]

青铜武器上的另一类类似标记表明，存在着一个大型独立的金属加工厂。这些标记为我们了解青铜武器的长期生产过程和规划提供了有趣的见解。戈和戟上的凿刻铭文也显示生产的年份，这七支戟的生产时间是在公元前244年到公元前237年之间，这表明，整个过程的总监工是秦王嬴政的仲父和丞相吕不韦。令人惊讶的是，最早的日期是公元前244年，即在这位年轻的秦王嬴政继位仅仅3年之后。之后的日期是公元前237年，就在吕不韦垮台和死亡之前2年。另一方面，在李斯担任丞相期间，16支长矛脊上的铭文都标明在公元前231年至公元前227年之间，这也是李斯担任丞相的6年。[6]虽然项目组持谨慎的态度，并表示许多武器后来可能从存放它们的帝国军火库（虽然人们认为箭头是专门为兵马俑遗址制作的）被带到该地，但我们也应该知道，它们被发现时的原始状态说明它们从未在战争中使用。大型战役和战斗是当时社会的正常形态，武器闲置几十年不用听起来不切实际。然而，无论这些兵器最初的起源是什么，这个纪录片关于日期的文献证据表明，1号坑中的武器经历了一个相当长的历史时期，从日期最早的戟到秦始皇的死亡有34年的时间。这本身就是组织上和物流上的壮举。

合作项目第一阶段的意外收获之一是，该项目原本旨在寻找1号坑军事布局模式，但结果是让人们更详细地了解如何运输和安置俑坑内的武器等后勤工作。因此，2011年至2016年是项目的第二阶段，但实际上仍在进行中，目的是寻找类似的兵马俑制作模式。目前最有趣的工作是对兵马俑的三维建模，以及对不同种类的黏土及其来源的研究，以进一步了解整个陵墓的后勤保障。

显然，当前的技术已经能够做到，用普通数码相机拍摄的叠放照片，经过合的软件在标准电脑上处理，最后制作成详细的3D图像。这与多幅图片全景拍摄过程类似。

研究小组甚至强调，下面讨论的战士耳朵是用标准的单反相机在普通光线时拍摄的，没有使用三脚架。这两个主要元素被称为"从运动"和"多视点"（简称"SFM"和"MVS"）。从单纯技术的角度来看，这并没有什么革命性的东西，因为有能力进行这种处理的软件，比如MeshLab，可以免费下载。在这种情况下，照片不是在一个平面上，而是可以从不同的角度拍摄，比如一个陶俑头，用来制作3D图像，甚至可以用3D打印机打印一份。最新的是使用类似的软件来建立一个武士或武士部件库——比如身体形状、耳朵或其他物理特征，以便研究它们的来源并进行详细的比较。耳朵的问题尤其有趣，因为法医和艺术历史学家已经把区分不同的耳朵作为识别身体或艺术家的关键因素。此外，"和制作其他人物的身体一样，兵马俑的耳朵是用同样的土——大量的白色黏土做成的，很可能是在他们制造的后期手工完成的。在不同的武士身上呈现出明显的差异"[7]。这些差异可能被用来识别群体、个体工匠，甚至是一种作坊风格，就像伯纳德·贝伦森这样的评论家在一个世纪前的一幅类似的作品中发现了艺术家的风格,从而从根本上改变了有关其出处的理论。然而,他们也可能用于辩论中,证明他们创造每个人物的初衷。

第二阶段的第二个研究领域是关于用于制造兵马俑的黏土。先进的技术,如微量元素和铅同位素的分析,使研究人员能够区分坑内各个部分发现的黏土,并与博物馆实验室研究的陵墓周围区域的黏土样本进行比较,确定制造组件的区域。换句话说,很快就可以确定兵马俑是在同一个区域,几个重要区域或者多个区域制造,就像金属分析能够识别特定批次一样。随着时间的推移,这可能让我们发现工坊或窑炉的遗迹也能让我们获取更多信息。

在色彩方面,现在新的发掘过程中需要更加谨慎,并采用一系列专业保护原则作为指导。这些包括真实性、最小干预、可再处理性(允许后来通过新材料和改进材料替换)、长期稳定性、保护材料的兼容性,以及在成本、简单性和环境友好性方面的可行性。

最近对颜色的科学研究,其中包括兵马俑的一件紫色下衣,表明秦人研制了独特的钡铜硅酸盐颜料,特别是两种颜色,被称为中国紫或汉紫、中国蓝或汉蓝。前者在春秋时期出现,后者在战国时期出现。采用偏光显微技术分析了从甘肃到陕西再到山东的22个样本。[8]这显示出一条轨迹,"正好遵循秦帝国从甘肃开始发展的路线"[9]。这些颜料在公元3世纪后消失,因此它们可能被认为是秦朝独有的颜色,用于陶制品涂色。

也许回顾最近研究的最佳方式是概述2010年7月出土的一个兵马俑人物的研究工作,最近的发掘于2009年至2011年进行。这是一个很好的例子,让我们对颜色以及更先进的技术有更详细的了解,使兵马俑能够比 20 世纪 70 年代和 20 世纪 80 年代更好地保存，更加注重和理解发掘时的当地环境和保护问题。[10] 实际上，根据他们的修复状态和仍然可以看到的颜色多少可以判定，每个兵马俑采用的技术和方法都各不相同。从这个意义上说，没有两个兵马俑是相似的。

发掘时，站立着的御手俑已经粉碎成 37 块，但是残迹还会显露出优质的颜色。首先就是用毛笔轻轻地蘸满去离子水防止漆底脱落来避免脱色。这可以在兵马俑的手臂、背部以及胸甲上进行，之后将上臂、胸部和背部上的涂料裹上用特殊去离子水化学溶液浸泡过的脱脂棉绒以进一步固化。最后，将身体部位包裹在多层普通厨房保鲜膜中。一个特别的问题是暴露的土壤仍然黏附在碎片上，因为它的潮湿状态可以促进霉菌的生长。这需要长时间且非常小心的清洁，以尽可能地将其从原位清理干净。

在那个阶段，可以将兵马俑碎片移到彩绘保护实验室进行加湿，这样油漆层可以进一步固结，并且用去离子水溶液浸湿的竹签精心去除表面上剩余的泥土。其他较硬的附着物，例如钙、钡和镁的盐沉淀物，在用另一种特殊溶液软化后，同样用手术刀或镊子小心地除去。

现在，可以将这些碎片拼凑起来，重新组装成兵马俑，就像我们今天看到的那样。这也是一个缓慢而细致的过程。在黏合之前，要特别小心地使用底漆，如有需要，可以在以后将碎片分开。因此，尽可能减少损害至关重要。为了保护周围和外部的区域，四肢被塑料薄膜包裹着，这样被粘住的表面才会暴露出来。清洗了外露的部件并且小心地除掉油漆和其他部分的污点之后，采用了比例为 3∶2 的改性环氧树脂和聚酰胺树脂溶液。一旦这些碎片被连接起来，就会用棉带把它们固定在合适的位置。修复者不愿意更换丢失的部件，但是展示或者展览时，偶尔会使用树脂、陶瓷粉、玻璃泡、石英粉、石膏和细沙填补。实验室的一个房间不断试验不同类型的黏土和树脂来寻找理想的混合物。

使用这些技术，彩色兵马俑，当然还有金属物体，可以很容易地从土地上转移并在理想条件下保存。但转移并保存一些不可移动的遗骸则困难重重。温度变化、空气质量差和湿度增加等主要难题可能具有破坏性。一旦遗址暴露于空气中，就必须注意以下几个问题：空气和地面湿度的影响、靠近地下水位、空气质量以及温度。湿度水平也会产生恶化因素，如真菌感染，即使暴露在明显无害的、简单裸露的土壤中也是如此。拉斯科洞窟壁画等西方人工制品造成巨大破坏，在 20 世纪 70 年代首次发掘兵马俑遗址时并没有出现。即使在今天，露天的主要博物馆哪怕使用专门的观察室和展示柜也无法密切控制这些情况。这是拥有许多新发现的露天考古遗址的国家面临的主要困难。最近一些博物馆，如汉阳陵博物馆，采用了最新的照明和通风技术，并用玻璃覆盖发掘出的俑坑，以便游客可以俯视展品，不会干扰陵墓内的大气环境，这是问题的一个解决方案。但即使这样，保存效果也没有预期的那么好，因此多年来雕像出现了裂缝并被侵蚀。在上述修复御手的过程中发现的一个问题是，由于每天的环境变化，例如昼夜温度变化、外部污染和游人数量等问题，新出土的彩色兵马俑需要 24 小时监控。因此，除了其他原因之外，研究人员不愿意开始秦始皇陵墓或者其附近陵墓的发掘，除非他们能够更好地理解这些现象，以使得陵墓得到更好的保护。

在过去几年里，持续不断的研究工作已经研究了秦始皇帝陵博物院主要坑内的保护问题。其中兵马俑的身体、颜色、石头盔甲和土质本身受到环境的影响。最近研究的重点是找到即使在露天坑中也能控制和保持湿度和温度的方法。但除了这些明显的参数之外，还需要测量大气污染物，如二氧化硫、一氧化氮、氮氧化物和臭氧，以及在恶劣环境中控制气流，例如受外界天气、大气条件影响的大俑坑中的气流以及几乎持续不断的大量游客。具体以1号坑为例，附近的火力发电厂排放出高浓度的二氧化硫。[11]极具讽刺意味的是，工业发展和兵马俑的存在导致的交通需求，对该地区财富的增加至关重要，但同时也可能对此构成威胁。事实上，在上面列举的研究中，主要俑坑的原始环境"完全被破坏"。没有任何一种环境可以同时完全与公众隔离，又完全向公众开放。

虽然为了保持原始环境并最大限度地减少对所发现的文物（特别是那些不能至少不是很快就可以移动的残骸）的破坏，为未来的发掘制造空气幕系统会更容易，但是像1号坑这样的遗址，必须在兵马俑上方留有大块空间。一种可行的解决方案是，已经发掘过的坑可以通过使用空气幕系统重新整合到较小的独立空间中："小空间将由空气过滤模块和空气幕系统组成；前者的设计目的是产生过滤后的空气，并根据需要调节适当的温度和湿度，同时设计空气幕帘以分散空气污染物和散发热量，使其不会渗透到坑内。"[12]（参见图9）这种策略成功与否可以通过研究隔离效率来衡量。以这种方式，各个俑坑，或者此例中的走廊，可以根据外部情况与屋顶下的大面积空气隔离。目前正在讨论如何安装一种屋顶，能够比40年前按照博物馆的设计标准建造的屋顶更加环保。

这项研究强调了当时可能被忽视的问题，但今天却成为反对开放秦始皇陵冢和墓室的有力论据。一些考古学家担心墓室可能会遭

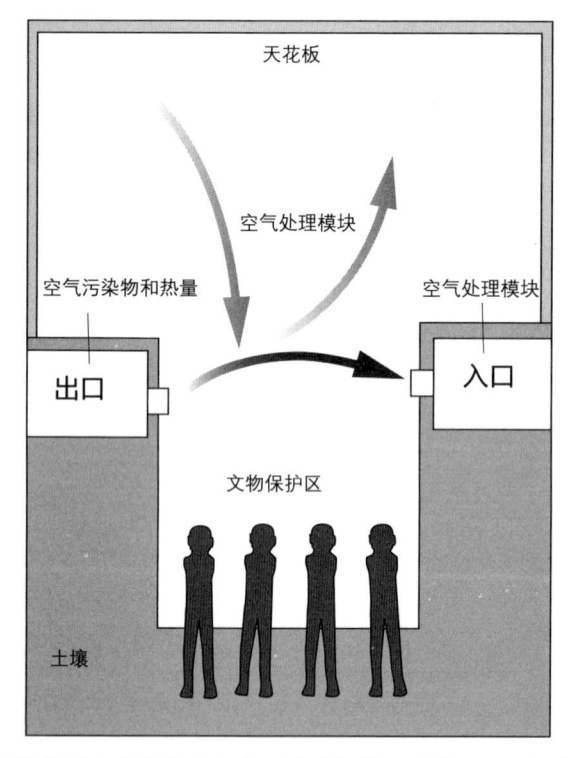

图9　用于保护历史文物的空气幕系统（根据顾兆林2013年发表的《中国考古博物馆保存文物的原始环境控制》一文）

到劫掠,或者由于地面上数百年的侵蚀而坍塌,即使这些担心可能会成为现实,但是还是要有一些勇气,来支持开放陵墓。现有的技术还不能够给出解决方案,因为机器人或摄像机的引入可能会破坏可能存在的密封物件,从而让湿气和被污染的空气进入墓室,并且像在已经被发掘的坑中那样造成严重破坏。实际上,如果墓室已被密闭并且从未重新打开,则现在打开造成的影响可能更具破坏性。

要保护给秦始皇陪葬的尸体或者珍贵文物、人俑或者文物上的颜色,以及尚且完好、代表宇宙的水银河流,最好的方式似乎是将平原上谜一般的金字塔状陵墓保持原样。在被问及坟墓被打开的可能性时,大多数考古学家和历史学家都说"我活着的时候是看不到了",或者像袁仲一对本书作者断言的那样,考古学家是"自律的,从来都是按照事实说话"。然而,尽管测试结果显示坟墓没有被抢劫,但是他自己也相信,当开启陵墓那一天真正到来时会发现"真正令人惊讶的东西"[13]。至少目前,我们对兵马俑和更广泛的陵区的进一步发现和研究感到满意。

第 12 章

最新发掘与研究现状

最近,最有意思的研究结果是,重新研究之前的发掘遗址得到了全新发现。尽管"最近"这个词对于考古学家来说是一个非常奇怪的、指代的实际时间更长一些的副词,从开始发掘到最终将发掘结果公之于众却要花费几年的时间,其间,研究人员需要小心地转移、修复、认真分析、研究文物。

2012 年 12 月,经过两年的发掘,在秦始皇陵墓正北方的内城,发现了一大片没有兵马俑或其他人物的建筑群。研究人员认为它们是陵寝建筑。这些地下室总面积为 690 米 ×250 米,是迄今为止在陵墓区发现的最大的独立建筑群,这个建筑物当然也用于举行仪式。人们认为,已故的皇帝将在特殊场合离开他的坟墓,从他的墓室出来换衣服,然后来到其他房间、神社和祭坛准备举行仪式。例如,一年四次,在每个季节的正式开始时,他将和他的大臣出现在宫廷庆典宴会上。每当此时,这些寝殿和房间将坐满他的"已故"宫廷官员和近亲。[1]大殿和房间重新排序,但坟墓主要观察点上方的铺路石上的路牌标明显示其位置和轮廓。

2013 年,在与寝殿平行的略小区域中发现了另外一处墓葬群,足足有 99 座之多,从北门进入陵墓的小路将它们分开。它们是相对简单的墓坑，仅包含裸露的骸骨和少量的小饰品以及珍珠等贵重物品。很可能在皇帝去世时，这个区域就是空的，也许本来就在秦始皇的长期计划中留作他用。埋在这里的大多数尸体都是女性。事实上，一座编号为 M17 的坟墓中有大约 20 名 30 岁左右的女人的骸骨，还有金银器、铜器、铁器、陶器和玉器，以及用于装饰的贝类、骨头、漆器和丝绸。还有一些牛、羊、猪和家禽的骨头。[2] 然而，与其他大型墓地不同，这里没有埋葬马和战士，而且没有儿童尸体，这一点也引起人们的极大关注。综合这些因素，考古学家最后得出结论，这些是秦始皇妃嫔的尸体，按照祭祀礼制，秦二世在秦始皇死后将她们安置在这里给他陪葬。自发掘工作以来，这个区域也被回填了。

2014 年夏天，在陵墓以北大约 5 公里处发现了一组墓穴，有 50 个之多，面积约为 1200 米 × 300 米。其中一些坟墓的日期可能要偏后，但其中有 45 个棺椁里有扭曲的腿，这是非秦朝贵族的墓穴特征（这意味着它们和在雍城发现的那些一样，可以被埋在大型垂直的陶瓶中）。大约有 300 件陶器和棺椁一起出土。这一处墓穴群与陵墓区相去甚远，说明这些墓葬与秦始皇陵墓的宏伟布局没有直接联系。陕西省考古研究所考古项目负责人、考古学家孙伟刚兴奋地指出，他们可能是制造兵马俑的工匠或工人。事实上，这些坟墓距离假定的、公元前 231 年建立的丽邑镇不远，司马迁告诉我们，一些家庭举家迁移到了这个地区修建陵墓。

但是最近的工作让人们产生了更多的疑虑和不确定感，特别是在发掘陵墓南部的 K9901 和 K0006 号坑的时候。

K9901 号坑泛指百戏俑坑，其名称显示，这是 1999 年进行的为期半年的发掘工作中发掘出的第一个俑坑。但是，2011 年至 2013 年，秦始皇帝陵博物院的考古工作部主任张卫星在进行第二次发掘时产生了新的想法，最终结果尚未公布。杂技演员的假设比以前更不令人信服。2012 年，另外 29 个陶俑出土，其中大多数比之前假设的纤瘦的杂技演员尺寸更大，也更强壮。事实上，他们看起来更像是举重运动员，拥有巨大的手臂和强壮的二头肌。特别是发现有一个巨大的坐姿俑。他看起来好像在休息，右肩靠后，身体好像在晃动，左手张开，手掌在他的大腿上方。他是迄今为止发现的最特别、最神秘的人物之一，用现代欧洲尺码测量，它的脚为 54 码；不算头部，他的身体大约 7 英尺（约 2.1 米）长，并且拥有健美运动员般的二头肌。他和其他人一样，显然是一个从事体力劳动的壮丁，而不是杂技演员。这些发现尚未公布，实验室无法向公众开放，但显然与其他众多兵马俑有所不同。[3] 没有官方照片，但他可能会在其外衣上粘贴的访客拍摄的照片中看到。和目前正在恢复的十几个其他人物一样，这个气宇轩昂的人物到底做何之用尚不清楚。

在同一坑的另一个区域，发现了一些铅块和石块，其中每个铅块重约 30 公斤。它们可能用于训练，但是它们的具体功能也是未知的。克里斯托普洛斯指出，运动员们利用这些重物进行力量训练，同时也用更小的圆形重物来加强他们的手指力量。[4] 重量训练的证据也为神秘的青铜鼎提供了一个新的研究背景——我们可能还记得，青铜鼎的重量是 212 公斤。因为，关于类似的青铜器皿，秦国有一个非常古老的传说。秦武王 19 岁时成为秦国国君。公元前 307 年，23 岁的秦武王来到洛阳。这位年轻的武将出身的国君为自己的体力而自豪，喜欢运动，并且有一种古怪的癖好，那就是在他的朝廷中任命有名的壮丁来担任官职。显而易见，这样一个人是非常容易受到挑战或者被激怒，去举起一个精美的红色龙纹青铜鼎以显示他的举重才能。他成功了，但当他把青铜鼎举过头顶时，他的膝盖骨断裂。他伤势很重、疼痛难忍，后来因此而亡。[5]他没有子嗣，因此只能把王位传给他的弟弟昭襄王，也就是秦始皇的曾祖父。在秦国，像举鼎这样的运动一直很受欢迎，经常被用来比喻人强壮有力。例如，为了说明反叛者项羽的力量巨大，司马迁称他力气大得可以举起一个鼎。[6]

目前正在修复的所有新发掘的人俑都有举重运动员或者摔跤手般强壮的小腿和二头肌。当然，他们需要用铅块进行训练，也许是为秦武王之前表演的绝技活动做准备。这些军事训练在秦国历史上非常重要，秦始皇时期形成"步兵战争训练制度"。[7]公元前209年，秦二世胡亥统治元年，他在甘泉修建了林光宫，意为"森林之光"，成为著名的摔跤表演场所。[8]克里斯托普洛斯对此评论道：

虽然没有证据表明先前的文化描绘了秦朝宫廷雕塑中的裸体形态，但这些雕像显示出只缠腰布的摔跤手或杂技演员有多么强壮。他们身体线条的细节和"英雄"表现让我们想起了希腊的影响，因为中国人对力量的表现形式看法不同，例如，强壮的男人一般都大腹便便。[9]

按此解释，影响变得合情合理。

但不止于此，谜团主要是关于仪式或中国古代墓葬时使用的青铜鼎，如上文提到的秦景公在雍城的王陵里的青铜鼎。哈佛大学的艺术历史学家汪悦进指出，这些假定的杂技演员面部表情严肃，但是杂技演出的场景却十分热闹并且有音乐伴奏。这时并没有乐师在场，与秦景公的王陵和此处 K0007 号坑里发掘出的鸟和乐师不同。汪悦进教授说："我们因此陷入一个难题：赤裸的躯体产生轻松的杂技效果，但是心情的沉重表明是在严肃的仪式上表演，假定是在葬礼上表演。因此，这个俑坑里的杂技效果并不轻浮，而是略显轻松的葬礼仪式。"[10] 战国时期，鼎大概是非常昂贵并且非常稀有的礼器，通常与等级密切相关，用于礼仪活动和葬礼的鼎的数量也有明确规定，比如说，皇帝或者国君用九个鼎。但是鼎的象征意义远远超过它的实际意义。我们可以回想起，秦始皇第一次巡游途中来到彭城，花费了很大的力气寻找周朝遗失的大鼎。这本身就表明，他认为周朝的鼎如神话一般，具有很大的仪式意义，是他一定要在他的陵墓中复制来代表宇宙的物件。

通过对汉初鼎及相关仪式的详细艺术讨论，以及当时墓葬中发现的物品的大量插图，汪悦进教授对杂技演员和举重运动员以及最重要的鼎做出了一些有趣的结论。此外，他将鼎称为"将朦胧的气息细化为永久经典的炉缸"。[11] 但他在这里认为，这一事件代表了中国信仰的季节性循环中的一个时刻，并且可能解释了整个陵墓包括兵马俑在内的许多奥秘。根据汉代葬礼的例子，他断言杂技"节目"实际上是季节周期的秋季阶段的庆祝仪式，是"气"或生命能量起落的基本框架，是形成身体和宇宙的基本元素。[12] 此外，K0007 号坑中野生鸟类的场景通过候鸟预示着春天和季节更替。汪悦进教授指出，这不是一个狩猎场景，因为正如所使用的箭头上的丝线所示，目标是捕获而不是杀死。这个想法是射击飞鸟以将其捕获并捆绑，而不是用箭头接触小鸟将其射杀："因此，射雁是一种特殊的狩猎，具有浓重的象征性意义。"[13] 他还以《吕氏春秋》第一章中的"月历"，关于立春的仪式为例，立春时，"天子亲率三公、九卿、诸侯、大夫以迎春于东郊"（事实上，我们可以补充说明一下，更早的史书描写的是融化坚冰的东风和此时向北"迁徙的鸿雁"——大概是在春天返回）。[14] 这是 3 世纪后期以朝臣的名义论述季节的相关精神和信仰的证据。

这个详细的论据，通过 20 多页的古代文物实例和插图，得出了一个有趣的结论：

K9901 号坑（放置鼎）和 K0007 号坑（射雁）指向一个大型的概念计划，前提是人们确信季节性周期能够代表人们想象中的死而复生或者重生。如果是这样的话，那么距离墓穴一英里远的朝东的兵马俑很可能会在东郊用于"迎春"仪式……

所谓的"灵牛"涂着白色油漆，在坟茔西侧，用于秋季仪式。在公元前 3 世纪的习惯思维中，西方、白色和秋天都是可转换、可交换的概念。[15]

用现代话来说，陵墓的总体规划是通过四季循环更替来复制宇宙的运行模式，通过这些庆祝仪式来确保皇帝死后的命运。这需要一个更为复杂的模式，兵马俑只是其中的一部分。但是，现在游客和导游一般都将兵马俑视为独立的存在。

此外，刘九生的论点颇具争议，这个有趣的理论显然加强了他的论点的说服力。汪悦进教授也指出，1号坑里的兵马俑既没有头盔也没有盾牌，让人好奇的是，秦朝在3世纪末期已经拥有用钢铁制成的高级武器，但是发掘出的40 000件武器或者武器部件都是青铜器。因此，他更加确信这些兵马俑更有可能是仪仗队而不是作战的士兵。

K0006号坑最初于2000年至2003年之间发掘，与之相关的谜团是"官署"或者其他类似表达。最近的发掘研究工作也提供了新的证据，引发新的理论。2012年，在狭长的俑坑东端进一步发掘，前面是2000年发掘的战车，可能在门外，门将其分为两部分。发掘的区域总长为48.2米，宽度在2.7米至11.8米之间，占地面积达144平方米（周围整个区域的面积是410平方米）。马的残骸被清理干净并计算总数，显示除了和战车一同发现的6匹真马之外，另外还有24匹真马被埋在一个单独的坑里，准备好在面向斜坡底部的地方使用，斜坡连着地面，位置朝西。[16] 考古学家认为这并不协调：为什么有12个男人，包括4名御手，一共30匹马（都是真马），却只有一辆战车？之前假设这是司法大臣的官署是正确的呢，还是另有解释？作为现任大臣，他的官阶足以解释为什么有6匹拴在战车上的马被埋葬。但另外24匹马又是做什么用的呢？如果扛着仪仗斧的人物是大臣本人，那么其他7个非御手又是谁呢？目前，针对这个问题没有真正的解决办法，因为不符合季节性循环的假设，但他在内墙内、靠近皇帝墓和西门的位置，这个位置可以证明，其明显与政府在死后世界的职能有关。一种可能性是，在东面的坑后部的马只是朝廷要员的马厩中的马。很容易理解，这样一位重要人物完成众多任务时会有很多备用马匹。

尽管如此，这些例子还是让我们了解到还有多少工作要做。具有讽刺意味的是，每一次新的发掘似乎都在抛出新的问题，同时也会部分地回答旧的问题。至少在某种程度上，这些困难可能是由秦始皇死时较为年轻导致的，所以他的陵墓区尚未完工。像往常一样，对陵墓做出任何断言，即使是最简单的结论也会带来新的问题。在他死后的混乱中，兵马俑坑和其他一些相关的坑肯定被项羽的叛军或其他人洗劫了。但是我们永远不知道他们到底是破坏了什么，他们可能拿走了什么。更糟的是，由于秦始皇死在距离咸阳较远的沿海地区，并且在炎热的初秋时节，如何保存尸体本身就是一个严重的问题，有些人认为秦始皇的尸体不可能从那里带回来，也没有被埋葬。

谜团依然未解。最重要的问题是，秦始皇陵墓室中都有哪些物品。如果和很多人认为的那样，秦始皇陵墓没有遭到盗掘，那就一定会发现一些可以媲美或者超过古埃及法老图坦卡门的墓穴。法老的墓穴于1922年开放，开放时几乎保持完整。

关于墓穴开放的另一个关键问题是第9章末尾提到的水银的存在。司马迁强调利用液态金属制成秦始皇的个人世界模型："以水银为百川江河入海，机相灌输。"[17]现代科学研究证实土壤中存在大量的水银。20世纪80年代的研究发现，在坟冢中心的一个区域，总面积约 12 000 平方米，水银的含量异常高。当时的考古学家段教授得出结论："这一地区，水银浓度在 70ppb 到 1500ppb（纳克级，相当于十亿分之一，10 的负 9 次方）之间变化，平均为 250ppb。在其余的墓穴水银浓度低于 70ppb。在坟冢之外，水银浓度在 5ppb 到 65ppb 之间变化，平均为 30ppb。这些数字表明，在坟冢中心发现的大量水银不是天然形成的。"[18]（参见图 10）

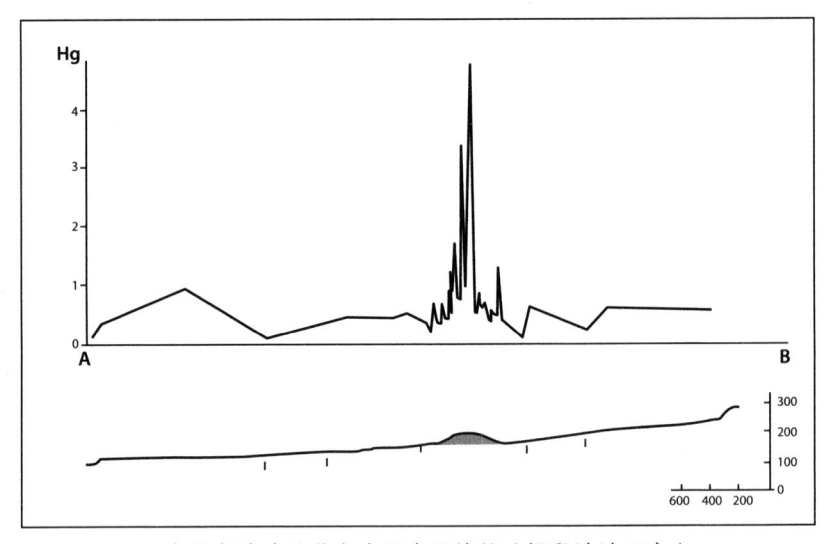

图 10　秦始皇陵遗址墓室内汞含量峰值（据段清波研究）

2003 年的其他测试进一步证实了这些结果。段清波教授的观察结果最令人兴奋的是，墓穴内的水银分布对应于一个在墓室上想象的理想地图，而不是假定它应该代表的真实河流：在西北部很少，主要集中在东北和南部。1981 年研究结果的示意图再现，量最多的水银实际上对应于可能代表的黄河区域，而其他高浓度水银区域对应于汉水和长江的位置。我们知道，炼金术士和其他皇室贵族将水银用于制药。而且，我们已经看到，秦始皇本人用其寻求永生。但是水银的含量到底是多少尚未可知。因此，虽然一些考古学家持怀疑态度，但司马迁的描述从表面上看似乎是可信的。例如，伦敦大学学院的马科斯·马提侬·托雷斯教授认为，显然异常的水银含量可能来自朱砂，朱砂研磨后制成红色或猩红色的油漆，可能涂在坟墓中的殡葬家具和其他艺术作品上。朱砂也是现在生产液态汞的贫矿石。[19]

上文提到对希腊-巴克特里亚的影响的研究，这个研究引发人们关于陵墓内容的另一种想法。克里斯托普洛斯认为，应该会在墓室中找到与摔跤和其他军事运动有关的个人物品。在脚注中，他补充道：

> 尽管这种想法是不现实的，但我认为，除非存在明确的教学过程，否则将现实的希腊化艺术风格传播到秦朝时期的中国是不合理的。临洮的12个金玉雕像也是同样的道理。当时的希腊雕刻家经常为帕提亚和巴克特里亚国王服务。如果希腊-巴克特里亚人生活在和田、楼兰或者临洮，那么他们也可以为秦始皇服务。[20]

他相信，当秦始皇的陵墓被打开时，人们就会发现证据。当然，墓室的开放，届时会有现场拍摄或者更有可能被详细记录下来，将会是那个世纪最伟大的文化事件之一，甚至是超过兵马俑的最初发现。秦始皇不是一个普通人，有着强烈的好奇心，所以他的墓室非常可能有人们意想不到的财宝和文物。就算届时发掘出的物品超过已发掘的俑坑内的数量，而且达到甚至超过司马迁的描述也是毫不夸张的事情。我们可以预料到会有反映秦始皇高雅品位的物品，会给人们留下深刻的印象，比如乐器、中国古典文学珍本、以及一个像他的祖先——秦景公那样装满陶器、玉器和宝石的私人陈列室。但是，司马迁所记录的宫殿和官署的复制品、精美的器皿、珠宝和稀有物品究竟是什么样子的呢？精美的青铜战车表明他的私人财产的质量、工艺和设计水平，很有可能超过古墓以及他本人陵墓周围的小俑坑中出土的其他文物。

其他的事情会在近期发生，比如，原本预计在 2018 年开放雍城公侯墓的新俑坑。这里有 20 多个墓穴，主墓穴于 1976 年发掘出土，但是 2003 年考古学家发现在距离主墓穴仅有几步之遥的俑坑里还有他的私人"军队"。对类似但是较小的墓穴进行探测和比较，结果表明，一同埋葬的有 50 辆战车、200 匹马、至少 50 名御手，可能还有更多的士兵。正如兵马俑遗址 2 号坑内的 64 辆轻型战车，轻型战车的标准是一个御手手上和肩上披盔戴甲，左右身旁各站一名御手，大概共有 150 人。换句话说，秦始皇遵照家族传统，而且规模更加庞大，采用的是陶俑人物而不是真人。2016 年年初时修建了一个钢结构的建筑用来保护即将开始的考古工作。

这似乎一定会带来一些惊喜，但我们能猜出战车会是什么样子吗？文学作品给出了一个答案。在《诗经》中，一位不知名的秦国女子因为她的主人已经前去和西方的部落作战不在身边而惋惜。她想象着他驾驶战车进入战场，此时，作者对他的战车进行了细致的描述，全文如下：

> 小戎俴收，五楘梁辀。
> 游环胁驱，阴靷鋈续。
> 文茵畅毂，驾我骐馵。
> 言念君子，温其如玉。
> 在其板屋，乱我心曲。
> 四牡孔阜，六辔在手。
> 骐駵是中，騧骊是骖。
> 龙盾之合，鋈以觼軜。
> 言念君子，温其在邑。
> 方何为期？胡然我念之。
> 俴驷孔群，厹矛鋈錞。
> 蒙伐有苑，虎韔镂膺。
> 交韔二弓，竹闭绲縢。
> 言念君子，载寝载兴。
> 厌厌良人，秩秩德音。[21]

这首诗准确地描述了在甘肃出土的秦战车。战车伞盖是真实存在的，马匹很有气势。它还提到用于做垫子和弓袋的虎皮，以及战车侧面的盾牌，希望我们可以在这里发现这些残留物。

然而，它也产生了一个新的问题：秦始皇陵中埋葬的战车到底是什么样子的？不是一半大小的仪仗战车而是他用于真正作战的战车吗？每一个新发现都会带来新的问题，每一种解释又会产生新的谜团。

第 13 章

秦朝为何灭亡？

无论是秦王朝还是秦始皇都无法永世长存。公元前 210 年七月丙寅，秦始皇驾崩。他得力的治国大将蒙恬入狱，并且不久就被迫服毒自杀；长时间辅佐秦始皇的丞相李斯，两年后被处以极刑。新帝国从那时开始，就注定走向衰亡。

秦始皇死后，朝廷大员立即公然将皇位继承权转给了他们更容易操控的秦始皇之子，而不是真正的继承人——那位只要假以时日适应新角色并获得全力辅政就能成为英明的秦二世的年轻人。秦始皇的长子扶苏才是真正的继承人，但是他被送往北部边境，实际上相当于流放，很明显是去监督蒙恬。因为扶苏之前和他的父亲争论过，此举是为了证明他足够强大，可以反抗群臣。秦始皇的二儿子胡亥随他的父皇一同巡察，并且秦始皇去世时他也在场。在场的还有丞相李斯，权倾朝野的太监总管赵高。李斯是秦始皇的重臣，因为他和之前的商君一样，精通法律，压制强敌。现在，李斯和赵高当然非常希望保持或者加强他们在朝廷的影响力。得到胡亥的默许，他们合谋篡改秦始皇的遗诏，不让扶苏登上皇位，并且假传圣旨命令扶苏自杀。也许是因为不敢想象这三个人胆敢伪造他父皇的旨意，扶苏照办自杀了。忠孝之全，莫过于此！

胡亥当然没有料到他会当上新皇帝。他以"秦二世"的名字当权，意为"秦朝第二个皇帝"，因为他的父皇决定以后的秦王都以数字命名，希望秦帝国能够千秋万代。但是，秦二世的性格与他的父亲秦始皇迥然不同，可能也与扶苏的性格大不相同。他是一个生性放荡不羁的年轻人，只有 21 岁，除了是秦始皇的儿子之外一无是处。此外，他当政的环境更加复杂，全国上下暴动、叛乱频发，煽动叛乱的既有农民起义军首领，还有伺机复仇的、强大的敌对家族。

由于秦始皇期望长寿，因此拒绝考虑他去世的可能性，他也总是很少考虑让他的儿子们继任的问题（这很常见，正如我们所知，之前的齐景公总是拒绝考虑或讨论继承人的问题，即使是他成了已经当政半个多世纪的老人）。[1] 除此之外，他就用沉默表明态度。在一篇题为《主道》的章节中，韩非写到了秦始皇一定知道的一句话："君无见其所欲，君见其所欲，臣自将雕琢；君无见其意，君见其意，臣将自表异。"[2] 两段后，这成为一种领导哲学："道在不可见，用在不可知。"如果意外死亡，这显然对继承人及其大臣们不利。事实上，正如我们之前所述，陵墓和兵马俑很可能因为秦始皇过早离世而没有完工。除了放置兵马俑、战车和马匹的三个坑外，还有第四个坑，在发掘时发现它是空的。这是因为在秦始皇去世后，起义军席卷全国，修陵工程被迫停工。但最有可能的原因是秦始皇已经死亡，所以陵墓再也没有建成。尽管如此，这个对治国或战争知之甚少、没有任何经验的骄纵的年轻人，突然在公元前 210 年成为皇帝。他甚至可能不知道他父亲的陵墓项目的详细计划。

也许秦二世也想努力履行自己的职责。为了纪念他的父皇，他命人修建完成阿房宫，但是据说也饿死了都城附近的村民，因为他要给保护他人身安全的 5 万弩兵发放军饷，这点上文已有论述。地方军阀、强盗和潜在的敌人迅速占领秦帝国的土地和城池。秦帝国即将分崩离析，但是此时的秦二世却将国事交给太监总管处理，他自己则在咸阳皇宫寻欢作乐。司马迁（我们认为他身上也有汉朝人对秦朝的偏见）刻画了一个狂妄自大的年轻人形象："朕尊万乘，毋其实，吾欲造千乘之驾，万乘之属，充吾号名。"[3]

这种狂妄自大的梦想仍然存在。然而，正如他承认的那样，秦帝国越来越多地被强盗骚扰。他被孤立三年，后来就像扶苏一样，他的太监"谋士"强迫他自尽。秦长久以来梦寐以求的"永恒的帝国"灭亡了。

但是，阿房宫的工程和完成皇陵修建的过程让人们看到，如有需要，将会重新分配参与皇家工程的工人需要做的工作。司马迁曾说道："罢其作者，复土骊山。"[4] 现在，秦始皇离世已经七八个月了，工程已经完工。

秦始皇死后的春天，秦二世想要效仿他的父皇，与李斯一起巡察帝国。用查尔斯·桑夫特的话来说，秦二世在举行祭祀仪式时，"表达了他的愿望，秦始皇曾与他的子民非常愉快地交流，他不希望在子民面前看起来比他的父亲秦始皇差"[5]。他来到碣石，参观泰山和会稽山的秦始皇刻石，命人在他父皇的每个刻文里加上几个字，写明这是秦始皇竖立的刻石。他担心"金石刻尽始皇帝所为也。今袭号而金石刻辞不称始皇帝，其于久远也，如后嗣为之者，不称成功盛德"[6]。他也是不乏对秦始皇的忠孝。

但他实际上把实权让给了太监总管赵高，以及他的谋士李斯。韩非再一次在他关于47个"亡征"的文章（即《韩非子·亡征》）中预见到了这样的情况："种类不寿，主数即世，婴儿为君，大臣专制……"[7]尽管李斯在秦二世登基初期担任丞相，并因此保证了政府的某些连续性，但他很快就被处死；赵高实际上统治了统治者。

这个太监曾经在秦二世面前指鹿为马。秦二世当然会嘲笑他，然而，结果却是，赵高问周围的人这是只鹿还是匹马，其中一些人认为这是马，那些否认它是马的人被当场处死。他以此来向年轻的秦二世显示他的绝对专制。秦二世太年轻，缺乏经验，无力抵抗这个狡猾残忍的对手。现在，赵高通过类似的诡计和谋杀手段立秦二世的侄子、扶苏之子子婴（有人认为子婴是秦始皇的另外一个儿子）为王。王位逐渐旁落，尽管他竭尽全力保住王位，但是在他在位46天后，秦国还是向后来的汉朝开国皇帝刘邦投降。数周之后，这座城池和咸阳皇宫被毁。所有当时在世的秦朝皇室都被砍头；赵高也和商君一样，最终被车裂分尸。秦国的荣耀消散殆尽。直到秦始皇陵兵马俑被发掘出来，我们才得以见到秦国的强大实力。

然而，这种权力随着整个氏族的死亡和秦国都城的焚毁而结束。据说，大火持续燃烧数月。由于大多数宫殿和其他建筑物都是用筑于地基上的夯土墙和木料建造的，因此这听起来更加合理可信。秦氏家族的故事迷人而又血腥，其中充满了激烈的竞争、恐怖、野心和暴力。600年的精心策划最终付之一炬；让秦朝千秋万代的设想，最终止步于15年的统治光阴。

但是，撇开司马迁的潜在偏见，还有其他可能的原因导致新帝国的迅速崩溃。秦国的衰亡非常有可能是由于秦始皇庞大的建筑项目——长城、水渠、数以百计的宫殿、陵墓——而导致的过度经济支出，想要创建和控制一个庞大的官僚机构来管理这样一个帝国。尽管秦王嬴政统治了 37 年（前八年时他只是小孩子，之后的很多年一直处在战争状态）。随着他真正地成为一国之君，开始掌控秦朝的全国经济和劳动力，他以令人难以置信的加速度开始实施建筑工程。在短短的 10 年间，他修建了 6800 公里的路、约 2800 公里的长城、2 条大运河，为 120 000 个本国被秦国征服后搬到咸阳的贵族家族修建宫殿或房屋，为自己修建了多达 700 座的宫殿和祠庙（包括有史以来世界上最大的建筑之一——阿房宫，尽管其从未完工）、他巡视期间修建的高台和宫殿以及为他的祖母和自己修建的大型陵墓。根据最近对包括朝廷大员和仆人在内的人力资源总数的详细计算，估计动用 200 万劳动力，除了工资外，在物资、运输和住房方面的成本是不可估量的，但肯定数额巨大。这意味着，根据目前对秦国人口的估计，大约有 15% ~ 30% 的有效劳动力从事这些公共建筑项目。这些计算的作者吉迪恩·谢拉赫说道："从事建筑项目的劳动力比例如此之高，已经脱离了食品和基本物资的生产。这样，从事食品和基本物资生产的人承受着巨大压力。"[8] 当然，我们现在也看到了，秦帝国的衰亡还有其他原因，但经济方面肯定是一个主要因素，也是百姓怨恨新王朝的一个主要原因。

　　西汉初年著名的学者、诗人贾谊在他的著名文章中为汉朝及其后的朝代记录了秦始皇去世后秦国的故事及其迅速地消亡的过程。贾谊于公元前 200 年出生于洛阳，后来移居西安，成为汉文帝最喜欢的儿子的太傅。这篇文章的题目是《过秦论》，全文记录在司马迁的《史记》中，作为秦始皇传记的结论部分。[9] 贾谊开篇赞颂了秦始皇即位起所取得的成就：他吞并了西周和东周两个朝代，消灭了六个敌国，完成了祖先未竟的事业；他驱逐匈奴并且修建长城；他"履至尊而制六合，执敲扑而鞭笞天下，威振四海"。[10]

但与此同时，贾谊写道，秦始皇贪婪自私，一意孤行，从来都不听从他的宫廷官员的建议；最重要的是，他从不了解民意。他并没有采取先王的治国之道，采用权术、欺骗的手段和长期的军事暴力活动实现他们的目的，而是以独裁的方式治理国家，因为在统一帝国的新环境中，那些手段不是保证和平与稳定的正确方法。[11] 不愿意听取周围人的意见使他错上加错；他的儿子秦二世即位时，继续以同样的方式治国，他残忍的本性使情况变得更糟糕。秦始皇、秦二世和秦朝的最后一个皇帝没有将帝国延续下去，因为他们被他们的傲慢狂妄所蒙蔽，从未了解他们周围的情势。简而言之，他们的亡国是必然结果。[12] 最后，评论家认为，朝廷官员和大臣已经预见到秦国灭亡，本应寻求出路避免灾难，但他们害怕说出来，担心如果他们的意见不被采纳，他们反而会被处死。这意味着由于皇帝的强势，旧的关系被推翻了。《礼记》中写道：在为统治者服务时，大臣应该公开、强烈、毫无隐瞒地指出他的缺点，应该按照明确的规则尽一切可能地侍奉他、辅佐他。[13] 尽管我们可以想象，像商君和李斯这样强大的政治人物早期时一定严格遵守《礼记》中的建议，但是很显然，他们后来一定已经遗忘了人臣这一基本职责。因此，即使反对王朝的叛乱全面爆发，朝廷大员也从未向他们的统治者报告过。这难道不可悲吗？贾谊反问道。[14]

在秦始皇去世后的一段时间里，对他的军事实力和政治权力的记忆能够维持他的统一帝国的光环。但是，他的继任者们固有的弱点是，像陈胜这样没有受过教育、出生在远离权力中心的贫困乡村的人，竟然能够设法利用以短棍为武器的贱民的力量挑战强大的秦国，在长棍上还有他们的战旗。这让人们想到了解救人们于水火的侠义之士，贾谊写道："天下云集响应，赢粮而景从。"[15] 他认为，秦二世实际上可以解决这些问题，因为所有人都期望他能够妥善地治理好国家。其中的一段话用词强硬，用一种修辞手段来批判这位新皇帝，全文引用如下：

乡使二世有庸主之行，而任忠贤，臣主一心而忧海内之患，缟素而正先帝之过，裂地分民以封功臣之后，建国立君以礼天下，虚囹圄而免刑戮，除去收帑污秽之罪，使各反其乡里，发仓廪，散财币，以振孤独穷困之士，轻赋少事，以佐百姓之急，约法省刑以持其后，使天下之人皆得自新，更节修行，各慎其身，塞万民之望，而以威德与天下，天下集矣。即四海之内，皆欢然各自安乐其处。[16]

但不幸的是，实际情况并非如此。

贵族和士兵都没有这样以让人尊敬的决心解决问题，而是缴纳过重的赋税以资助帝国实现野心。此外，贾谊说，刑罚严厉，人人自危，道路上挤满了死刑犯。在他看来，这就是为什么叛军首领陈胜虽然无权无势，但"奋臂于大泽而天下响应者，其民危也"[17]。

这里提到的是公元前 209 年秋天由陈胜领导的大泽乡起义，当时他和他儿时的玩伴吴广将 900 名民兵带到了渔阳。大泽乡在安徽省的一个平原上，长江的几十条支流穿过，洪水频发。天降大雨，他们肯定会迟到。由于担心迟到会被杀头，他们煽动农民伙伴反抗秦朝暴政。这次起义被视为叛乱的开始，最终使刘邦（未来的汉高祖）和他的家族掌权。尽管贾谊对汉朝有明显的偏见，但我们还是应该认同他的观点。他认为，这是秦朝衰亡的真正转折点。陈胜本人在公元前 208 年年初被他的一名卫兵暗杀。

大泽乡起义和之后的其他起义中，刘邦和项羽的起义军异军突起，成为两支主要的力量。

项羽被描绘成一个无情的、精神变态的首领，来自楚国（今江苏境内），在战斗中表现得坚强勇猛，是一个贵族后裔。据说，他在年轻时曾目睹了秦始皇的一次视察，甚至在那时他就声称自己可以取代皇帝的位置。[18] 他曾经参加楚国的一次叛乱，由于无数次作战和谋划中所表现出来的突出的个人能力，他获得了"西楚霸王"的美誉，定都彭城。[19] 是项羽杀了秦朝的最后一个皇帝子婴，屠杀了咸阳的居民，放火烧了皇宫。[20] 人们还认为，是他放火焚烧兵马俑上的棚木，并唆使手下盗掘陵墓。在很短的一段时间里，他有效地统治了前秦一半的土地，但在公元前 202 年，在安徽宿州附近的垓下之战中输给了他的对手刘邦。[21]

刘邦也出生在江苏，在沛县的西北部丰邑。司马迁讲述了几个关于这个年轻人的神奇故事和征兆。但可以肯定的是，他是一个杰出的战士，一个精明的政治家，他的个人品质弥补了他没有贵族背景的弱势。后来，他担任沛县的泗水亭长，成了最终推翻秦国的主要叛军首领之一。项羽自称"西楚霸王"之后，将帝国分成九个王国，给主要将官封侯拜相，将汉地分配给沛县亭长刘邦，将巴国人和蜀国人安置在陕西西南部与四川边境附近，相对安全。就这样，尽管刘邦在新都汉中只度过了不到四个月的时间，但是他还是在河的一边成为"汉王"。这位不安分的、野心勃勃的国王很快就回到了东部，因为他认为与项羽的军队发生战争在所难免。三年后，在垓下之战中打败了项羽后，他建立汉朝，自称"汉高祖"。他首先在洛阳建立了自己的都城，然后定都秦都咸阳，在新建成的长乐宫居住。项羽在战败后自杀，年仅30岁。

有趣的是，项羽和刘邦都来自江苏，曾经是楚国的所在地。楚国是当时秦国的唯一对手，最有可能诞生一位强大的君王取代秦国称霸天下。尽管有各种原因，但可能只是楚国太过遥远，文化上也与秦国文化大不相同，无法接受秦国的统治。尽管秦朝修建了长城来保卫疆土、防御外敌侵略，但是，面对被征服的子民的怨恨和反叛时，秦始皇下令修建的长城显然是多余无用的。

秦始皇再次遵循祖制，深信修筑长城的重要性。用贾谊的话来说："自以为关中之固，金城千里，子孙帝王万世之业也。"[22] 他成功地统一全国，他所认为的长城的作用和战争都不复存在了。长城内的百姓害怕受到严惩，再也不敢梦想发动战争，直到公元前209年7月至公元前209年10月间发生的秦末农民起义。一些历史学家认为，秦根本没跟上时代的步伐。例如，汉学家马克·爱德华·陆威仪对秦朝和汉朝进行了深入的研究，他认为："尽管秦国宣称开辟了彻底改变世界的新起点,但秦国仍然沿袭了战国时代的基本制度,寻求用他们征服六国的手段来统治一个统一的国家。秦国改革的远大愿景未能抵御长时间战争结束后所带来的巨大变化。"[23] 秦始皇所创建的帝国和皇帝的称号确实是创新,但他本人在世时间不长,来不及完成他的雄心壮志。统一帝国中有许多人,包括被征服的战国旧贵族和不满的帝国官员,可能只是希望回到以前的状态,回到"从前的好日子"。[24]

后来一些作家认为秦朝的灭亡完全归因于秦始皇个人。例如,杜牧曾经作诗总结唐代人对此的一致观点,此外,贾谊也在文章中对此简洁概括:

族秦者,秦也,非天下也。
....
使秦复爱六国之人,则递三世可至万世而为君。[25]

若不是秦始皇的残酷与决绝,若没有商君、李斯等大臣,秦始皇不可能在这么短的时间内取得如此大的成就。但是,事情还是更多地取决于一个人的性格。一位现代学者说道,秦国实际上形成的是秦始皇个人的意识形态而不是秦帝国的意识形态。秦始皇本人及其朝臣并不懂得建立帝国的意识形态从而来保持个人的长久帝位的必要性。[26] 在这方面,汉朝的皇帝更加明智。秦始皇突然意外死去时,他的计划彻底失败,尽管留给后世不少可取之处。

事实上,秦朝留下的最直接的财富是,从公元前206年秦朝末期一直到 400 多年后的东汉末代皇帝退位期间，汉朝延续并加强了秦始皇取得的各方面的丰功伟绩。秦国关于国家组织形式的文件对刘邦大有裨益。秦始皇小心地收集和保护各种文件。这些文件后来对刘邦顺利管理国家有所帮助，并且有助于创造统一帝国缺失的意识形态。在这些文件中，有一块刻在木头上的地图，这是秦始皇在一次刺杀计划中获得的，据沙畹说，这是中国已知的最古老的地图。当刘邦很快成为汉朝的开国皇帝时，他得到了这张地图，它给予他极大的优势，因为通过这张地图，他可以了解到具体地区的战略重要性，并了解他的新国家中有多少户人家，人口数量是多少。沙畹说，通过这些地图，刘邦已经清楚地掌握了秦始皇的重要地理战略。[27]

　　汉朝沿用并发展了秦帝国的意识形态，并充分利用了秦朝遗留给他们的行政工具。在某些方面，汉朝才是中国真正的统一者，具有更持久的影响力，这就是为什么描述这一时期的艺术、建筑和政治历史的书籍都倾向于将秦汉视为一个连续的统一体。司马迁简洁义略带奉承地说道：秦不仁，则众人起而反之。[28] 然而，这种说法符合中国历史上人们普遍认同的模式，司马迁深谙此道。考古学家张光直揭示了商朝最后一位统治者商纣王帝辛是如何被周朝推翻的："当时他因为他的专制统治而引起人们的仇恨。"[29] 和汉高祖推翻秦朝统治时一样，新朝代的开国皇帝因为推翻前朝而受到其子民的拥戴。张光直评论说："执政王朝的灭亡是因为帝王行为不端，不配继续统治国家。"[30] 汉朝历史学家司马迁也用同样的词汇来形容周王朝的开国皇帝周武王。早期的贾谊也发现，商朝后期君王也犯了类似的错误。

近千年来，秦国逐渐崛起。公元前821年秦庄公成为第一个受封的公侯，并在犬丘建立了自己的都城，拥有独立的领土并不断扩张。600年来，秦国都是公侯以及列王统治。他们有力地推翻了周朝统治，建立了一个新的政体，称为"帝国"和"新皇"，这被认为是秦庄公对子孙后代做出的最重要的贡献。[31] 这自然引起了前任列王和他的继任者们的不满。汉学家罗泰用"巨人狂躁症"这个新词简要地概括了秦国前期几位王公的共有特征，他认为秦朝的灭亡可能是由于"秦朝过度扩张，超越了周朝的文化界限，也超越了它原来的统治目标"[32]。从另一个角度来看，秦始皇鲜明的个性和魅力表明他本人并没有过度扩张，因为他已经足够强大，足以创建和维持新帝国并开始他所有的建筑工程。荀子写道，真正的君主的主要任务是让世人毫无例外地服从他，并且跟随他的思想和行动。在记述陈胜叛乱之前，他说："天下不一，诸侯俗反，则天王非其人也。"[33] 问题是秦二世、秦三世没有秦始皇那样的魅力来维护自己，而且并不是所说的那样"君权神授"。他们的子民深知这一点。

秦始皇是后人难以仿效的。他性格独特，具有尤锐·皮纳斯的新书中所说的救世主特质，热衷于王朝大兴土木，这些都需要具备非凡的头脑："秦朝在中国历史上的特殊地位既不源于其文化，也不源于其制度，而是源于其君主的特殊思想，尤其是秦始皇，他声称要结束历史，并要真正地实现他理想中的全知全能。"[34] 大约在公元前74年，汉武帝传旨给他的儿子和他的继承人。查尔斯·桑夫特在他的书中引用了一道法令，以说明汉武帝任用贤臣，善待百姓。汉武帝在位54年，和其他统治者一样，他也意识到一个强大的皇帝必须面对的难题,并以秦始皇之子为诫。该法令称:"胡亥葬送了自己的生命,毁掉了自己的声誉,断绝了秦朝的血脉。"[35]

从某种意义上来讲,秦始皇陵兵马俑并不是秦王朝成功的象征,而是秦朝狂妄自大的力证。

秦始皇陵兵马俑壮丽,令人敬畏,但是最终难逃悲惨命运。

四、展望

关于秦始皇陵兵马俑的知识积累还将持续数十年,未来发掘的范围可能还会扩大,在其他地方可能发现更多的证据,如其他的青铜铭文或囤积的竹简。新的科学技术可能会产生大量惊人的结果。但就目前而言,最新的研究使我们能够用一系列新鲜有趣的假设来结束我们的故事。

秦始皇修建陵墓的数十年间,数百家各类手工作坊建在咸阳城内和骊山下的平原上。同时,这里也有工人搭建的临时住所,就好像现代建筑工地旁的工棚。正如我们所见,伦敦大学学院考古研究所和秦始皇帝陵博物院合作团队的一项研究指出,从物流的角度来看,需要手工按比例在身体或头部雕塑铠甲、头发和五官。这些程序应该在一些位于成品所在坑附近的工坊内进行的。[1]也许这些工坊在皇家葬礼结束后被系统地摧毁,就像一些工人被杀一样,以掩盖现场的位置。或者,这些建筑物结构简易,随着时间的推移会自动解体。大概在秦始皇的葬礼之后,当然也是在王朝灭亡之后,修陵的工程就停止了,并且拆掉了有用的工具和设备。官府完成这一任务并非难事,因为所有的官府工具都受到严格控制,并做上标记。事实上,秦律规定,如果发现工具没有印上标记,那么工具负责人将被处以"一盾"的罚款。[2]和长城一样，任何幸存的工坊，或任何其他建筑物，都会被当地人当成有用的建筑材料进一步破坏、盗取。

这就需要解决运输问题。如何将原材料、成品雕像和木料等其他重物运送到最终目的地？编写这本书时，这个难题最可行的解决方案之一是正在进行的一系列的钻孔勘探，以寻找从该地向北行进至渭河的道路，直线距离仅5公里。[3]这是令人兴奋的，因为河流运输，例如运输来自该省西部森林的木材和其他建筑用品，将是最快速和最有效的。这条路的痕迹或现在被淤塞的河流港口的痕迹将成为未来几年更为重要的研究领域，并证实一个完全符合陵墓建造过程和物流研究的假设。

如果存在这样的通道，在驰道模型上，可能是条双行道，战车和大型运输车可以于此通过，运输重物，任何官办工厂或私人作坊显然都会寻找一个最近的工地便于本地制造或本地组装产品的运输。此外，还会从其他地方运来材料。非常重要的一点是，为工人住宿而建造的丽邑镇可能位于从陵墓到渭河的最短路线以西500米处。精确路线的发现将有助于现代研究人员绘制制造过程的地图，并建议寻找古代作坊时应该调查的区域。

秦始皇的理想是建立一种新秩序。我们需要重新构想整个过程以了解这些细节，想象军队和陵墓的壮观场面，来描绘更广阔的时代背景。研究人员假设，皇帝试图将他的祖先的故事和他本人的威力在同一个地理位置上彰显出来，以前从未有人做此尝试。在这个无比尊重传统同时又打破以往规则的伟人出现之前，皇家陵墓通常位于城市的城墙之内，或者至少在城墙处可及的视野之内。我们需要问一个简单的问题，而这个问题经常被人忽视：为什么陵墓建在这个特殊的地点？

历史上，周朝与同时崛起的秦朝都与渭水河谷联系密切。古代周朝的都城丰镐、秦朝的主要都城栎阳和咸阳、汉朝的都城长安都位于这一地区。骊山是秦岭山脉的一部分，紧邻南面的峡谷。用侯格睿的话说："代表中国古代秦文化的起点和顶峰。"[4] 公元前771年，在下面的平原上发生了一场重要的争斗。争斗中周幽王死在犬戎的手中。周幽王的岳父申侯发现他的外孙要被剥夺皇位继承权，因此联合犬戎一起攻打都城。[5] 确切的地点位于兵马俑西部12公里处的山脚下，距离秦始皇陵大概10公里，上面的烽火台现在仍然存在。在晴朗的夜晚，在大约50公里的距离内，从烽火台可以向军队发送信号。华清池在秦始皇陵兵马俑后面的旅游路线上，从华清池可以看到这座烽火台。

周幽王在战争中死去，标志着秦国统治的开始，因此在秦始皇的家族史中是一个情感上重要的时刻。它也对陵墓东西向12公里处的整个平原具有重要的象征意义。[6] 在危急时刻，周朝向秦国求援求庇护，请求他派人护送已故国王的儿子和继承人周平王前往东部新都洛阳。司马迁在《史记·周本纪》中特别指出，这是为了"辟戎寇"[7]。周朝的西部土地被正式让与秦国，秦国在这个平原上开始了他们的崛起。此时，在司马迁的《史记·秦本纪》中，秦襄公有自己的疆域，其中包括周朝的西部。周平王说："戎无道，侵夺我岐、丰之地，秦能攻逐戎，即有其地。"[8] 为了纪念这一关键时刻，在甘肃的一个神圣的祭坛上，秦襄公用三只红马驹、三头黄牛和三只公羊举行了相应的祭祀仪式。

在这一点上，我们应该记得占卜和祭祀对于建立或确认城市或祠庙选址的重要性，并假设当嬴政成为秦王并开始考虑他的墓地时，进行了某种形式的占卜。正如夏德安所指出的那样，占卜"是中国古代宗教神学与自然主义思想之间的典型结合体"。我们已经在司马迁所描述的陵墓中看到，秦始皇完全接受了战国的信仰。再次用夏德安的话来说："星休是神的天体表现形式。"[9] 他的陵墓必须有一个宗教神学的目的，强调他的祖先的美德和功绩。我们知道秦始皇重视地图和自然地理的力量。为了深入地了解他的新帝国，他在定都咸阳时，收集到所有现有的地图。李约瑟提出了一个有趣的见解，即秦始皇墓室里的有流动的水银河流，这可能形成一张地势图。此外，木制地图也被采用，李约瑟指的是，两个世纪后，汉朝将军用大米来模拟山脉和山谷，并向他的国君讲解他的策略。

除了地势图，我们还能够看到，这也是宇宙的再现。中国古代天文学以极点和极星为基础，与人世间的皇帝的位置相对应。用孔子的话来说："为政以德，譬如北辰，居其所而众星共之。"[10] 极点周围是二十八星宿，古代中国人用二十八星宿作为度量日月位置和运动的标志。人们认为这个数字反过来折中了 29.53 天的完整阴历周期以及 27.33 天的星球运行周期（月亮回到每一个繁星组成的星宿的时间）[11]；古人将满天星宿划分为四大星野。每个星宿包含多颗恒星，最少 2 颗，最多 22 颗。每一个星宿都有一个特殊的含义。例如，第五个星宿，心宿或者天蝎座，包含三颗恒星，它的意思与心有关；春秋之初时太阳到此。《诗经》中有关于其中八个星宿的诗作。[12] 星宿起源于夏商时期，篇幅所限，无法在此详述。但是，对复杂星宿的简要回顾足以让我们理解秦始皇在墓室天花板上绘制宇宙地图的本意，也让我们知道，他的微缩世界是仿照大宇宙修建。一幅现收藏于大英博物馆的敦煌画作，让我们看到天花板上的图案。用李约瑟的话来说，"人们必须把它们看作天体球体的一部分（如橘子瓣），以小时周期为界，并以距星所在的星座命名……作为测量赤经在该宿范围内天体经度的起点"[13]。

秦始皇仿造的宇宙由北极开始，或者更准确地说是由距离其最近的可见表现形式——极星开始。显然，从这一固定点开始，过度热衷巡视的新皇帝首要完成的计划就是以星宿映射大秦疆域。粗略计算，五次巡游大概占其在位时间的25%～30%，最后一次是从公元前211年十月一直到次年九月归葬骊山。科恩计算出，秦始皇在公元前219年至公元前218年间巡游的直线距离为5000多公里，他认为这个距离对于秦始皇来说也是"太费力气"了，[14]而实际距离一定还要更长。所有这一切，以及13次前往雍城的出行都在帝国的地图上标示出来。在墓室的顶部还有地势图上也有类似标记。但是，陵墓周围以及其他地区又是怎样的呢？当然，这位如此专注于出行路线、占卜、绘制地图和设计布局的帝王当然对于陵墓区的宏观方案有着强烈的想法，尤其是这个陵墓区对于秦国来说具有重要的历史意义。

现在，我们的新地图上已经出现了第一个部分：极星南北轴线下的是帝国和宇宙模型。让我们来看看张卫星的观察结果和详细的绘图，并注意——正如占卜者所预测的那样——陵墓南北轴线的中心位置与南方的望峰完美协调。望峰是骊山的许多小山峰之一，俯瞰群山，在陵墓内城的南门附近，像一个巨大的扶手椅。

我们现在看到了南北线，陵墓处于正中心的位置。通过进一步的研究，我们得知，此地的面积是根据以陵墓为中心的四个方向上的辐射线距离计算的，从中心点到各个方向的辐射终点的距离大概为3.75公里，四个方向的四条线形成一个正方形（每条线7.5公里）时，就形成了通常认为的56.25平方公里。现在陵墓区的主要入口在东侧。正如我们所见，兵马俑位于其东部，面向东。但等待已故皇帝的战车位于陵墓的西侧，面向西。那么皇帝到底是想去哪儿呢？

答案显而易见，只不过似乎很少有人注意到。从东西轴线向西延伸，我们来到秦朝腹地——都城咸阳。更有趣的是，这个地区还有秦国祖先、在此定都的圣主秦惠文王和他的儿子秦武王（就是那个举起青铜鼎之后死亡的秦武王，秦始皇可能钦佩秦武王力大神勇）的陵墓，此外还有雍门宫。然后，根据张教授的研究，虽然陵墓没有最后完工[15]，但是因此才能产生最令人惊讶的假设。秦始皇不仅在他的陵墓计划中绘制地图，而且完全复制了他的家族史和家族权力，并且在他自己的陵墓中创建帝国。这一过程制造神话，极富象征意义，彰显皇权，充分利用了风水学说。

然而，这又提出了一个问题：在现代制图技术没有出现、地图不够精确的时代和国家，皇帝认为什么才是地图？地形详图经常被扭曲，因为地图不是用来描绘所涉及的地形，而是"传递更多的某种空间观念或观点而非地理事实"，并创建一个示意图，如将帝国划分为九个省和五个地区。[16] 这是一个在崎岖的景观上的对称世界，构造精心、组织和谐。因此，在这种情况下，形成九个相等的正方形，每一个正方形就像魔方的一面，皇帝将他的陵墓设计在图的正中央。这就是《周礼》中描述的王之大殿的理想图像，被称为明堂。

这不仅仅是绘制一个微缩世界，而且还创造了一个微缩世界。让我们基于事实，创建我们自己的空间概念作为总结（参见图11）。

无论是在如此简单的结构中还是在图表中，所有地理定位都需要两个坐标。在这种情况下，南北轴就很容易理解，因为望峰是一个理想的起点，而南北轴是所有祭祀仪式、皇权和牺牲仪式的基础。事实上，如果北轴延伸，它将到达前文提到的秦朝倒数第二个都城栎阳。确实，被发掘出来的城墙位于这条线偏东的位置，但汉高祖父亲（汉高祖追封他为"太上皇"，公元前197年死于栎阳皇宫[17]）的坟墓在这条轴线上。秦孝公向西迁都咸阳之前定居栎阳。他的陵墓也在这个地区。可以选择在东西轴上修建陵墓。而秦都咸阳的存在使我们能够看到当时年轻的秦王嬴政多次选择的原因。这也符合秦朝在东西轴线修建陵墓的传统，如雍城的陵墓。因此，发掘西门的前景十分令人兴奋。

南面是望峰，北面和西面的两个地区是秦始皇记忆中和年代较为接近的秦国历史上的圣土。他的尸体的位置可能就在陵墓的正中心。绝对是这样。

因此，西门、西边可能的入口以及渭水上的小桥都意义非凡。按照风水学的要求，皇帝的送葬队伍可能从秦朝咸阳的中心位置出发，附近是秦始皇的近代祖先的陵墓，尤其是秦朝的第一个王——

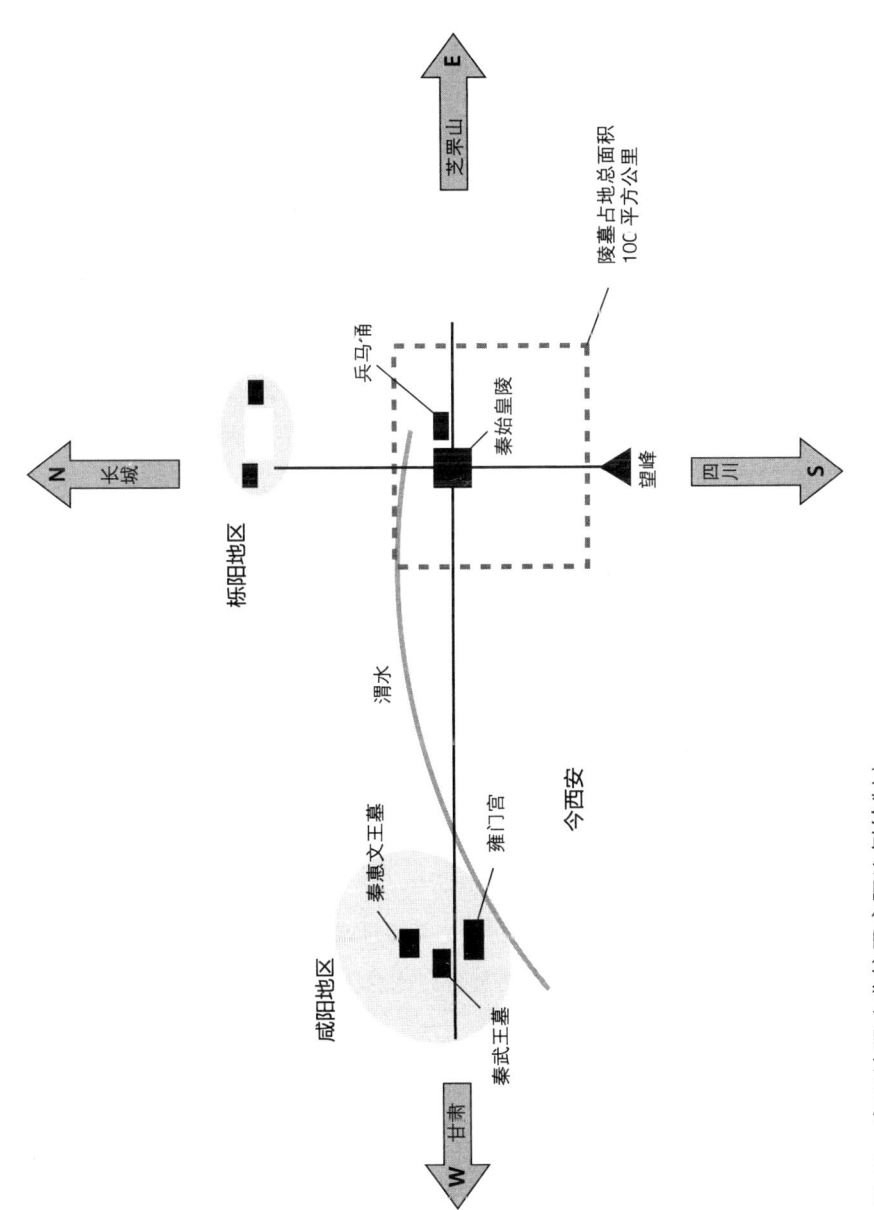

图 11 秦国地图（非按照实际比例绘制）

秦惠文王的墓。送葬队伍继续向墓地遗址行进，从西门进入陵墓内。2017年至2018年的发掘工作令人惊喜，因为迹象显示，这里有更伟大的发现。尽管整个陵墓区已经非常壮观，但是张教授认为，按照规划，墓地的规模应该更加庞大，应该不仅仅是56平方公里，而且还应该包括从渭水到骊山的整片区域。也就是说，总面积至少达到70平方公里，甚至100平方公里。他从望峰北向拍摄的照片让人们看到，这个地区一直绵延到渭水，现在遍布村落和小工厂。

但是，我们所追踪的路线不应该在咸阳止步不前，因为这些路线还包括秦始皇巡游过程中经过的很多其他的名山大川。沿渭水再往西就是雍城，之后来到甘肃临洮；沿着渭水再往东，之后来到黄河，也是同样的路线，是秦始皇征服的敌对国家的领地。大海是芝罘山东部的边界，让这个草原上的男人心驰神往。换句话说，秦始皇陵重述了城市的"宇宙魔法"意义，而轴线上产生的力量通过大门指向指南针的基本方位。保罗·惠特利（第2章）指出，雍城和其他城市的大门尺寸超过了作为出入口和防御用途所需的尺寸，也起到防御的作用，秦始皇陵的作用也不仅是安放秦始皇的陵墓。人们认为那既是鳞次栉比的微缩世界，又是秦始皇希望的包括"宇宙万物"的宏观世界。甘肃、雍城、栎阳、骊山都是秦朝历代祖先的集中地，都在陵墓中有所体现，表达其各自的含义。因此，墓顶的天空、地势图上的山河的意义更加重大。秦始皇认为，他的陵墓中心产生的能量能够不断流动，永远控制大秦帝国。

如果这个假设是正确的，那么从古至今整个世界都没有比这更为大胆。

如此大的野心非常符合我们所了解到的秦始皇的性格特征，也预示了秦始皇之后中国历代皇帝的修陵计划。唐太宗的陵墓修建在昭陵，距离临潼北部80公里，皇陵建造在真正的大山里，附近有200多座陪葬陵墓，占地总面积超过200平方公里。尽管陵墓筹建已经距今有800年的历史，但是，人们站在海拔1000多米的最高点俯瞰陪葬陵墓遗址和各个方向延伸到远方的群山时，还是会窥见帝王的宏伟愿景——当然，秦始皇也并不缺乏这种宏图伟志。他给自己陵墓的选址就已经体现出了这一点，这100平方公里即可证实。

与我交谈过的考古学家认为，上述路线是"偶然"发生的，秦始皇并没有这个计划。这显然是一种谨慎、专业的方法，然而他们并没有立即放弃这个想法。仔细阅读古代文献，如《周礼》《吕氏春秋》、祭祀仪式、对理想国都的不断寻求、巡视之后的思考、司马迁对墓的描述等，都指向了这个复杂的皇帝充满了对过去的尊重与怀念。此外，他还受到他的宇宙论、地质学和地理学观念的影响，因此，修陵这一宏伟计划似乎又是非常可能的。他倾尽全力修建陵墓，作为行使永久权力的基础。换一种方式讲：如果有证据表明确实存在这样的计划，如竹简上的文字或青铜器上的铭义，没有人会感到惊讶，因为所有事头都符合反向逻辑。因此，我认为这样一个帝国计划不仅仅是合理的，并且在一个非凡帝王的思想中还有一个更为远大的抱负，根本就没有像过去和现在的其他人那样认识世界。值得记住的是，半个多世纪以前，任何一位理性的专家都会嘲笑一个未经记录的、被埋葬的军队的概念。这些军队有多达8000名雕塑的彩色兵马俑，他们组成战斗编队或靠近帝国陵墓的仪仗队。

根据这一观点，迄今为止开展的工作仅仅是一个开始，还有很多谜底等待被揭开。也许，更重要的是，从不同的角度，哪怕带有一点质疑的眼光想象一切，也是很有意思的。让我们拭目以待吧。

根据考古学家、游人和大部分有关秦始皇陵兵马俑群的书籍（包括此书）所述，事情起源于1974年偶然发现1号坑内的陶俑和兵器。从那时起，发掘和研究工作就从未间断，只为能够合理地解释出这些兵马俑存在的目的是什么。在陵墓附近也发现了其他的俑坑和墓穴，越来越多的文物被发掘出来进行研究；这项工作需要国际研究机构开展合作进行科学研究。当发现美丽的青铜水禽时，报纸编辑们很兴奋。当游客们看到皇家战车和重建的全彩兵马俑时，会吃惊得喘不过气来。海外巡展震惊观众。发掘还在继续，研究报告已对外发布，相关认知慢慢积累。但大多数研究人员心目中的基本目标仍在解释成千上万兵马俑的存在理由。正如新闻中常说的问题：谁、什么、何时、何地以及什么原因。

秦始皇不需要解释，从他的角度来看，事情完全不同。在公元前246年项目开始时，他刚刚成为秦王嬴政，并按照上文提到的《礼记》中的习俗，当"一个统治者继承王位掌管国家，他就开始为自己准备棺椁"。年轻的秦王马上开始着手此事。他与丞相、摄政王吕不韦以及他的母后考虑他死后的葬礼。他开始按照古老的习俗和礼制进行占卜，也许是使用传统的龟甲选定理想的地点。他回顾了祖先的功绩，来到丰镐和栎阳，前往雍祠祭祀，并与占星家、地理学家、历史学家、地图绘制者和建筑大师一起研究了渭河谷地的地形。秦始皇非常清楚自己终将逝去。他问占星家如何选择栎阳的遗址，亲自来到尚存的旧城，看到晴朗的冬日里的望峰山之后，他了解到选址此地是因为这里的风水比较好。一半的任务完成了。他向南跑到山上，在命令占卜师追踪地下水源和地表溪流后，选择了最吉利的地方。然后，在研究了通过新都城的纬线和秦惠文王以及擎鼎大力士秦武工的墓地之后，他知道他不会选择其他地方建造自己的陵墓了。这一关键选择决定未来的所有决策。

之后，他与吕不韦和占星家交谈，并且效仿他小时候所见吕不韦的做法，让一些文人先贤研究《仪礼》和记述秦国历史的《吕氏春秋》，并且提出适合的方案。随着年龄的增长，秦始皇也成了知识渊博的学者。有时，类似讨论每次都要持续数日，他长大成人和继承王位之后又随之改变。他的陵墓与其祖先的陵墓一样宏伟壮观，而没有让祖先的陵墓相形见绌。公元前240年，秦始皇时年19岁。在准备为其皇祖母建陵且出席祭祀仪式的过程中，他获得了宝贵的实践经验，饶有兴致地聆听西方君主的故事。西方君主具有异国情调，曾经侵占秦始皇自己的领地。接下来的20年进行的是陵墓的规划、发掘和建设。每当他在军事作战和巡视后返回咸阳，都会定期来到这里，询问施工进度。

然后，在公元前221年，他登基称帝。他命人雕刻的东边刻石上的铭文告诉我们他是多么在意他的新地位。经过多年征战，他现在不得不重新考虑他的陵墓计划。他的愿望又增添了很多新的内容。他再次咨询了贤人雅士，为皇帝建陵提出了新的要求，同时也获得了几乎无数的材料和人力。他再次研究经典，并与他的新任丞相李斯讨论此事。他决定在他的坟墓周围建立完备的各个部门。计划的范围扩大了,并且决定制造兵马俑形成秘密军队,并产生新的计划,要维持他在死后世界重新掌权。在这种新动力的推动下,数以千计的家庭移民,一直在咸阳和阿房宫工作的工匠在此建立新作坊。在他巡游途中,当他举行古代仪式和祭祀,并在此过程中增长了新的见识,产生了新的灵感,如寻找丢失的大鼎。他要求定期向他报告工地的进展情况,并在每年中的每个季节亲自去工地视察一次,逐渐将其从渭水延伸到骊山脚下。他比以前管理得更加细致,经常在深夜研究和讨论计划,在这里除去一些东西,在那里添加一些东西。他命令蒙恬再次秘密地建造另一条直通帝国的捷径。这条捷径可以从咸阳的宫殿直达墓地。在《吕氏春秋》中没有提到这条捷径和地下军队。然而,不幸的是,正当计划最终确定和加速进行时,他在东部去世,之后工程才完全实施。

因此,秦始皇去世后,秦始皇陵成了历史上最伟大的未完成工程之一。这种新的假设,成为人们看待秦始皇陵的全新视角。

让我们以想象中的秦始皇葬礼来结束这个故事。想象的基础是我们目前所知道的内容,以及我们根据秦始皇自己仔细检查过的关于祭祀和仪式的古代著作做出的推断。那么,葬礼的规模会有多大?谁会参加?它会包含什么?我与张卫星在陵墓旁谈话时,他提出有三个可能的小假设:首先,仪式进行非常快速,因为秦始皇死于七月初,当时在中国北方白天温度大约25~30摄氏度,身体会迅速腐烂,因此可能在远离陵墓的地方举行葬礼;其次,在陵墓中可能举行了一个相当小的仪式,没有盛大华丽的场面,因为秦二世在人们的质疑声中掌权，不愿引起人民的反抗；最后，秦二世按照祖先的传统和周朝的礼制举行了一个盛大的祭祀仪式，以表对他父皇的尊重和他自己成为新君的重要性。在我看来，第三种假设的可能性最大，因为对于统治阶级来说，祭祀仪式具有重大意义，能够显示秦朝国威。当然，朝廷官员会担心，一个他们认为会永远活下去的皇帝的荣誉和尊重会被削弱吗？他们在死后又会遇到谁？

尽管《周礼》中没有关于葬礼的专门记载，我们还是可以从《周礼》中记载的不同朝廷官员在葬礼中的作用和职责了解秦朝皇室葬礼的仪轨和内容。我们可以确定的是，礼数、祭祀和仪式是朝廷和中国古代人民生活的重中之重。的确，令人惊讶的是，在一个世纪以前，普通人的葬礼仍然部分模仿这些古老的仪式，例如，在祠堂停放的死者口中放置一枚硬币，用纸片或小袋保护灵魂，在棺椁被放入坟墓时弹奏音乐。[18] 由于秦始皇总是严格遵循传统祭祖仪式，他的早逝很可能意味着没有新的仪式产生，他的朝廷大员仍然会采用古老的礼仪形式。例如，哀悼的仪式和持续时间在周朝监管严格，我们可以在此想象一些类似的东西。我们在《礼记》中读到："天子崩，三日祝先服，五日官长服，七日国中男女服，三月天下服。"[19] 巡游数周途中早逝可能影响了这些事情的时间进度，但祭祀仪式大体上是一样的。

第一项任务是在祖庙的前殿举行皇帝尸体处理仪式。当马车从东侧到达皇宫时，将秦始皇的尸体放在一张正式的床上，称为"游行床"。礼部侍郎监督这一程序。现在，在他的监督下，用黑小米制成的祭祀用酒仔细清洗尸体，这就是所谓的"小葬"仪式。接下来，礼部侍郎带领特派高官和皇室成员进入大殿参加"大葬"仪式,此间,有人给皇帝穿上寿衣。在这个仪式之后,主持礼仪的官员在先皇秦孝公于公元前 349 年命人建造的大门上贴上了一份告示,宣布在哀悼期间,出席葬礼人员应该穿戴什么样的长袍和头饰。[20]

在这个阶段,少府在宫门外设置火把;皇帝的葬礼需要在地上放置 100 个火把,在葬礼和其后的悼念期间一直燃烧不灭。[21] 现在,奉常正式地向王嗣继承人行礼,并请求王嗣继承人密封兵马俑地库。他命一小批文武高官执行此项任务,命人杀掉其余的工人,并将其埋在另外一个乱葬岗陪葬。

在咸阳皇宫,自从秦始皇的尸体从东面运回,大臣们就一直非常活跃。占星家已经阅读了占卜结果,确定了下葬的最佳时间;在都城和周围的所有庙宇内都举行了殡葬仪式。尚衣从皇家府库中选用了数匹最精致的丝绸作为裁缝缝制的布料,有的丝绸用于缝制,有的用作填料,蓝色和红色的丝绸用于刺绣皇帝身上的寿衣。[22] 皇帝穿上寿衣后,由尚玉者完成之后的程序。他开始准备皇帝的寿衣、腰带上要用的指定的玉石以及珍珠,之后再放入三个非常特殊的精雕刻件。这些是皇帝棺椁中垫着皇帝脖子的枕块,一个七角形的刮刀支撑着皇帝的下颚和牙齿,以此保持皇帝头部的威严。最后,在皇帝嘴里放入一小块精雕细刻的玉。[23]

奉常谨慎地在适当位置安排乐师和乐器,所有仪式都伴随着奉常准备的音乐进行。他们都是秦国最好的琴师和笛子演奏师,弹奏这庄严肃穆的音乐,周围只有青铜钟声和远处的鼓声。

内务官员负责确保皇室夫人穿戴这个场合适合的服饰,并且给她们安排正确的位置。现在,他的手下带领皇后完成了仪式,确保一切顺利无误,皇后之后是第二等级的九嫔。在她们身后,太监带领着皇帝的姬妾履行仪式。[24]

当负责选择颜色的官员将已逝皇帝的龙袍和头饰送去、安放到祠庙,并且在那里给皇帝招魂时,陪葬的随从就已经准备好赶赴陵墓了。[25]指定日期那天,天刚亮,用布帘覆盖的棺椁放置在马车上,马车比秦始皇陵里一半大小的模型略大,但与之非常相似,马车由内务官员从东门沿着一条蒙恬将军命人修建的新驰道牵出皇宫,马车彻夜间重新粉刷,香气扑鼻。精美的六马马车载着众皇子和皇后,后面是高官,以步行的速度行进。整个皇家列队由81辆较小的马车组成。人们在他们经过时静静地看着,由内务官员的手下监督,他们的任务是领导皇宫六区的仆人。皇宫内的一千名骑兵和大贵族骑着马,沿着河的南岸迎接跨过渭水桥的行进队伍:皇家马车上皇帝的棺椁、皇后和王子、高官和文人雅士、夫人、嫔妃和出身高贵的皇族成员、都城政府官员和帝国所有城邑的长官。他们驾车穿过西门,进入陵墓区。

负责掌管华盖的官员在未完工的坟墓入口前设置了很大的华盖,上面有黄色的遮篷。他选定华盖的样式和颜色,并且在下葬仪式前一天建好。阳光明媚的初冬早上,遮篷在微风中不断摆动;行进队伍停下脚步时,只能听到鸟鸣声,以及远处传来的那些仍在路上的马蹄声。天篷由最好的丝绸制成,有三层那么厚,下面是为皇上铺设的精心雕刻的高台。[26]当棺椁被轻轻地放到高台上时,奉常再次出现。他与特别任命的高官和皇家占星师一起对墓室进行了严格检查。他拿出了要放在坟墓里的物件。当他开始详述棺椁的正确安放方法时，他立即为已故皇帝泪流满面。[27]

最后的准备工作已经完成。负责掌管芳香植物的官员负责酒器，现在也负责为葬礼仪式准备合适的花瓶。秦国王子和大臣根据官阶和称谓进行不同时长的哀悼仪式。他们向已故皇帝敬酒，伴随着奉常指挥演奏的葬礼音乐作为对皇帝最后的道别。[28] 之后，奏响漫长而又动人的葬礼挽歌，太史在一片静默中大声宣告已故皇帝嬴政从加冕为秦王到建立统一帝国的秦始皇的丰功伟绩。语毕，轻柔、低沉的编钟和琴奏响了动人的挽歌。[29] 编钟、鼓、箫和磬再次奏响，伴随着更加庄严的音乐，皇帝的棺椁被放入坟墓。当它被放好时，乐官正式地向已故皇帝展示了演奏使用的乐器，并把它们放在靠近棺椁的坟墓接待室里，以备身后再用。[30] 少府随后监督了最后的流程。

坟墓密封后不允许任何人观看。随着一阵重重的鼓声，葬礼结束，主列队掉转方向，西行挺进国都；情况非常理想，皇家仪仗队在陵冢周围向东行进，在 1 号坑、2 号坑和 3 号坑内成排站列。只留下少量工人继续在少府的监督下完成之后的工作，将陵墓开放的部分盖上。少府站在那里，只有几个手下随行左右。一千名剃光头的刑徒工人开始在周围的路上挖坑种树。一百辆车装满了要种在陵墓上的树，从雍城由驳船运来，运往陵墓。

这里的景象很阴郁，但是在群山峻岭之间一定也非常壮观。这条道路，最后一次使用后尘封至今，已经有两千多年的历史了。

注　释

引言　传说和 1974 年的重大发现

1. 这是有关秦始皇陵的一个关键点，译者不同，译文不同。如原文"穿三泉"，华兹生翻译为"they dug down to the third layer of underground springs"（《史记: 秦朝》，第 63 页）；倪豪士翻译为"they dug through three [strata] of springs"（《史记》，第 1 卷，第 155 页）；沙畹首次翻译时，将其译为法语"on creusa le sol jusqu'à l'eau"。但是，之后他在引用荷兰汉学家高延的著作《中国的宗教系统及其古代形式、变迁、历史及现状》（1910）时给出的注释中改译为"they excavated the ground underneath three wells of groundwater"，在其他一处改译为"they dug up three wells of groundwater"。后来，他引用《后汉书》的注，解释称《史记》原文的"三泉"实际上仅仅表示泉水深，因为"三是表达一整套的最小数字"（沙畹，《史记》，第 2 卷，第 66 页，注释 418，第 292 页）。这看起来微不足道，但是实际上对于第 9 章中对秦始皇陵墓产生不同的解读，这点非常重要；对于不懂古文的读者来说，这样解读似乎更加合理。

2. 由法国汉学家爱德华·沙畹翻译，《史记》，第 2 卷，第 66

页。此版本的司马迁的《史记》中有关秦朝和汉朝的引用以下列形式出现，即只标明书卷号和页码：司马迁，第 2 卷，第 66 页；其他版本《史记》的引用会另有说明。汉朝宫廷占星家似乎有多种作用，这也就是为什么司马迁有多重称谓，如占星家、作家、史学家。他子承父业，接替父亲司马谈担任太史之职。

3. 维克多·谢阁兰从小就是一位热衷于摄影的人。早在 19 世纪 90 年代，他就在位于布雷斯特的家中的阁楼里有一个暗室。1896 年 3 月 13 日，他在雷恩的学校给他父亲写了一封信，信中提到了暗室，并补充说他期待在即将到来的假期中继续摄影。谢阁兰，《往来函件 1》，第 65 页。

4. 谢阁兰，《第一篇专题介绍》，第 971 页。

5. 给伊冯·谢阁兰的信，1914 年 2 月 16 日（谢阁兰，《往来函件 2》，第 310 页）。

6. 中国官方报纸《人民日报》内参文章，标题为《秦始皇陵出土一批秦代武士陶俑》（《人民日报·情况汇编》第 2396 期）。

7. 这段描述是基于 2017 年 4 月 26 日在袁仲一家中与他的一场深入对话。

8. 美国新泽西州的一家主要出版中文书籍的小公司，出版了一本简短的插图书译本，只有 150 页不太密集的文字（袁仲一，《秦兵马俑》）。

9. 参见皮纳斯等著《帝国的诞生》中的总结，第 9—10 页。

第 1 章 武士楚

1. 这是作者在陕西历史博物馆拍摄的照片。与秦始皇帝陵博物院不同，陕西历史博物馆允许公众更近距离地接触展品。

2. 这一年，秦始皇的父亲秦庄襄王成为秦王；他叫子楚，他的养母是楚国人。

3. 今新郑，河南省会郑州附近。

第 2 章 秦始皇的祖先

1. 迈克尔·鲁惟一和爱德华·L.夏含夷合著的《剑桥中国古代史》中的时间是公元前1045年；2000年出版的《夏商周年表》中的时间是公元前1046年，以此为标准日期。其他的日期也有提及，但是除了这点细微的差别，这个年代还是十分清晰的。个别君王的执政日期上差别更大。

2. 不同的出处，数字可能不同。"列国"的数量一般不会超过城市及其附近地区或者峡谷的数量。但是毫无疑问，这些"列国"的数量由商朝早期的数千个减少到战国末期的寥寥几个——此处列举的7个国家，此外还有前商周领土外的其他国家。张光直引用了17世纪权威的中文资料中记载的数字，即周初时1800个国家，公元前771年周朝东迁时有1200个国家，公元前481年春秋末期时仅有100多个国家。这100多个国家中，"仅有十四个主要的国家"（张光直《美术、神话与祭祀》，第27页）。下面将讨论一些典型的"小"

国家，如安徽的萧城、湖北的夏城以及今四川地区的巴国和蜀国。

3. 这个地区是长平，位于山西省东南部，今高平市部分地区，不是人们熟悉的北京西北部的昌平地区。

4. 司马迁，第 1 卷，第 10 页。

5. 赵化成，《先秦文化新探》，第 53 页。

6. 司马迁，第 2 卷，第 6 页。

7. 赵化成，《先秦文化新探》，第 63 页。

8. 基于历史学家、秦始皇帝陵博物院前研究室主任徐卫民的研究结果。徐卫民著有《秦都城研究》一书，此书篇幅不长，文字密集，是主要论述秦朝历代都城的重要文献。

9. 据《礼记》记载，在古代中国，贵族分为五个等级，习惯上按照降序排列，分别为：公、侯、伯、子、男。现在，这些旧的称谓已经不再使用了。在最近有关秦朝的学术研究的文献综述中，编者认为，统一帝国建立之前这些称谓都是不固定的，有些称为"公"，有些特意称为"王"（皮纳斯等著《帝国的诞生》，第 11 页）。鉴于许多文献、博物馆和展览手册都使用"公"和"王"的称谓，本书也将采用这种称谓。我认为非常有必要区分公爵统治者和众所周知的名字，如商君，商君并不是统治者。正如美国汉学家埃德温·蒲立本（Edwin Pulleybank）在一篇学术文章中所解释的那样，这不是中世纪欧洲的封建分封制，因为周朝的政治组织基础是世袭制而不是封建制。世袭制并不是主人和他的附庸相互履行义务的契约关系，而是一个更为直接的"由周王负责确保周朝世代相传的代表团"（蒲立本，《姬与姜：异姓氏族在周整体组织中的角色》，第 7 页）。

10. 埃里克·泰克曼，《领事官员中国西北游记》，剑桥：剑桥大学出版社，1921年，第47页。

11. 徐卫民，《秦都城研究》，第64—65页。

12. 田亚岐，《秦都雍城布局研究》，第64页。

13. 据《周礼》记载，祭祀用的动物有两种规格：祭祀用牛是最高等级，祭祀用羊是第二等级。毕瓯《周礼》第1卷第2篇注释，第30页。

14. 司马迁，第1卷，第27页。

15. 同上，第2卷，第9—10页。

16. 同上，第5卷，第107页（第47篇《孔子世家》）。

17. 保罗·惠特利，《四方之极》，第459—460页，为简便，略编辑。

18. 徐卫民，《秦都城研究》，第71页，以及与他的谈话。

19. 田亚岐，《秦都雍城布局研究》，第63页。

20. 保罗·惠特利，《四方之极》，第435页。

21. 吉德炜，《商代史料》，第266—268页。

22. 武丁约有60位嫔妃，妇好是其中之一，她死于约公元前1250年。1976年，在商朝都城殷墟（今河南省西北部安阳市）发现了保存完好的妇好墓。

23. 秦武公（沙畹译为法语"le duc Ou"），司马迁，第2卷，第9页；秦穆公，司马迁，第2卷，第19页。

24. 理雅各（译），《诗经》，第4卷，第1篇，第5节，第359页。

25. 中国国家博物馆综合考古部游富祥副研究馆员提供采访材

料。采访视频在中国国家博物馆官方社交媒体账号以中文播放，网址为：http://mp.weixin.qq.com/s/TMqlb1WMSQ8r7LabTYgNZw。

26. 毕瓯（译），《礼记》，第1卷，第21篇，第20—26页。

27. 这些细节为宝鸡先秦陵园博物馆馆长景宏伟在雍城遗址与本书作者交谈时告知本书作者。

28. 个人交谈。

29. 司马迁，第2卷，第38页。此处，沙畹将正式的帽子翻译为"chapeau viril"；在别处，他称之为"bonnet viril"（例如，司马迁，第2卷，第27页；第5卷，第12页）。华兹生称之为"冠礼"（《史记：秦朝》，第37页）。倪豪士将其翻译为"the king was capped and put on a sword"（《史记》，第1卷，第130页）。

30. 侯格睿，《冠礼》，第75页。

31. 中国古代女孩子的成年礼叫作笄礼。笄礼没有像冠礼那样被人熟知。笄礼仪式中，人们将成人的发簪戴在女孩子的头上，就像是在男孩子举行冠礼时给刚刚成年的他们戴上成人的帽子或者冠巾一样。

32. 理雅各（译），《礼记》，第40篇，第11—46节，第427页。

33. 司马迁，第2卷，第24页。

34. 中国社会科学院考古研究所官网资料，2015年11月2日，网址：http://www.kaogu.cn/en/News/New_discoveries/2015/1102/51873.html。

35. 新华社，2017年1月17日。

36. 巫鸿，《战国时期的艺术与建筑》，第673页。

37. 原法语译文为：cela prouve assez clairement qu'à leurs yeux le personnage poétique appelé empereur était à Lo-yang；mais que l'autorité se trouvait avec Hiao-kong à Hien-yang，彭亚伯，《秦国史》，第123页。这是音译变化的好例证。

38. 戴闻达（译），《商君书》，第185页，第3段。

39. 同上，第207页。

40. W.K 廖（译），《韩非子》，第7篇，《二柄》；赵侯公元前362年至公元前333年在位。廖翻译的《韩非子》版本非常好，可读性非常强，网上可以阅读双语版，网址：http://www2.iath.virginia.edu:8080/exist/cocoon/xwomen/texts/hanfei/tpage/tocc/bilingual。很多页都没有页码，很多章节只有一页。

41. 同上。

42. 何四维，《秦律辑佚》，第26页。

43. 同上，D53，第6页。值得注意的是，何四维是多位荷兰汉学家精心培育的好学生，他在莱顿大学师从戴闻达，戴闻达师从于高延（去法国大学读书之前，师从沙畹，增进了研究）。

44. 同上，D53，第138页。

45. 同上，D83，第146页。

46. 马克·爱德华·陆威仪，《早期中华帝国》，第49页。

47. 戴闻达（译），《商君书》，第17—19页。我采用该版本的司马迁《史记·商君列传》的译文，戴闻达已经在《商君书》中全文列出，他的注释非常全面，非常实用。英译本中，我只是将"Ch'in"改为"Qin"。

48. 理雅各（译），《孟子》，第1篇，《梁惠王章句上》，第6节，第2段，第12页，（拼音，名字为"惠王"；梁是梁惠王统治时期魏国的别称）。

第3章　由地方割据霸权到全国统一皇权

1. 拉斯洛·托迪，《骑射兵》，第27页。

2. 狄宇宙，《古代中国及其强邻——东亚历史上游牧力量的兴起》，第129页。

3. 华兹生（译），《史记：汉朝》，第2分册，第129—162页。

4. 里士曼·拉蒂摩尔，《中国长城的起源》，第108页。

5. 史蒂芬·塞奇，《古代巴蜀与中国之统一》，第107—115页。

6. 同上，第108—110页；塞奇采用"石牛道"这个词语。

7. 哈罗德·韦恩斯，"蜀道"，第585页。

8. 亚瑟·威利在译文中采用了古体拼写"Szechwan Road"。威利，《李白传（701—762）》，东西部公司，1919年，第20页。

9. 巴里·布莱克利，《楚国地理》，第18页。

10. 史蒂芬·塞奇，《古代巴蜀与中国之统一》，第115页。

11. 出自《华阳国志》，史蒂芬·塞奇的《古代巴蜀与中国之统一》中引用，第127页。当然，现在的成都比当时的咸阳甚至西安都大了很多。

12. 约翰·诺布洛克（译），《荀子》，第2卷，《强国》，第246页。

13. 司马迁，第 3 卷，第 17 页。

14. 布拉姆韦尔·西顿·邦斯尔（译），《战国策》，第 3 卷，《战国策·秦一》（第 14 页）。未出版的《战国策》英文版译者为布拉姆韦尔·西顿·邦斯尔神父（1890—1960）。他在中国工作、学习 15 年，于 1926 年回国，获得伦敦大学翻译学博士学位。他也翻译过中国四大名著之一的《红楼梦》。虽未出版，但译文非常精彩地道。

15. 陈景元，《兵马俑真相》。

16. 引自柯润璞（译），《战国策》，第 115 页。

17. 穰，今邓县，河南省西南部；陶，今山东西南部的定陶，河南省附近。

18. 即今河南新郑。

19. 华兹生（译），《史记：秦朝》，第 119 页。

20. 司马迁，第 2 卷，第 31 页。

21. 传说这两个人都是被吕不韦毒死的，为了嬴政能够即位。

22. 为了清晰性和一致性，英译文本段中的列国名称和地名都改为现代拼音形式。正如我们所见，征服四川（"Sichuan"）的蜀国。巴（邦斯尔译为"Pa"）国为四川东部、重庆地区较小的古代列国，蜀国于公元前 316 年被秦国征服后，归秦国管辖。

23. 我认为"胡貉"指的是马贩子，即纠缠客人强行推销的"持证流动商贩"（"牛津英语词典"中"badger"的解释是"指代人，乞丐，叫卖小贩，或者骗子"，或者"作动词，还价"；后者始用于 1875 年，邦斯尔刚出生不久）。"代"也是一个贩马的游牧民族，他们生活在今山西省北部大同附近。

24. 巫山（邦斯尔译为"Mt Wu"）横跨巫峡，著名的长江三峡之一，在四川省南部边界；黔中（邦斯尔译为"Chien-chung"）是重庆西南部地区，靠近今四川省、湖北省和贵州省的交界处。

25. 崤和函（邦斯尔译为"Hsiao"和"Hsien"）分别为今安徽省和湖北省的两个地方。

26. 布拉姆韦尔·西顿·邦斯尔（译），《战国策》，第3卷，《战国策·秦一》（第14页）。

27. 同上。

28. 柯润璞（译），《战国策》，第51页。

29. 约翰·诺布洛克和里格尔（译），《吕氏春秋》，第12章，第5节，第4行，第270页。

30. 词尾"子"是敬称，意为大师，如，荀况被称为"荀子"，韩非被称为"韩非子"，此外还有孔子，早期拉丁译法为"Confucius"，孟子译为"Mencius"。过去，词尾"子"的译法为"tzu"，因此，孙子，译为"Sun Tzu"，拼音写法为"Sunzi"。

31. 今漯河东南部的一座小县城，郑州至武汉主干道附近，沿古路深入湖南楚地中心地带，汉水至长江入口处。上蔡是之前的独立小国蔡国的所在地，公元前447年被楚国推翻。

32. 华兹生（译），《史记：秦朝》，第179页；引自《李斯列传》（非沙畹译本），第87页。

33. 布拉姆韦尔·西顿·邦斯尔（译），《战国策》，第3卷，《战国策·秦五》（第54页）。

34. 德克·卜德，《政治家和爱国者》，第68页。在其代表作《中国古代历史》第327页中，德国汉学家夏德写道："有关秦朝的亲缘关系，曾有人怀疑年轻的秦王嬴政的生父是谁。秦王当然不会轻率地叫丞相这个称呼（即'仲父'），吕不韦当然也无意于诱导嬴政授之这个称谓。"

35. 约翰·诺布洛克和里格尔（译），《吕氏春秋》引言，第11页。

36. 赛尔韦拉·希门尼斯，《秦始皇传》，第538页。

37. 约翰·诺布洛克和里格尔（译），《吕氏春秋》，第3章，第1节，第4行，第96—97页。

38. 司马迁，第2卷，第40页。"挚鸟""豺"二词，沙畹译为"oiseau de proie"和"chacal"；华兹生译为"hawk"和"jackal"（《史记：秦朝》，第38—39页）；柯润璞在译著《尉缭子》的引言部分译为"vulture"和"jackal"（《战国策》，第231页）。所有这些变体均生动地描写了他的性格。

39. 柯润璞（译），《战国策》，第210页。

40. 约翰·诺布洛克（译），《荀子》，第2卷，第246—247页。

41. 翟林奈（译），《孙子兵法》第3篇《谋攻篇》，第1段，第17页。

42. 张春树，《中华帝国的崛起》，第38页。

43. 罗伯特·伊诺，《儒家天堂》，第23页。

44. 理雅各（译），《孟子·尽心章句下》，第21节，第2段，第335页。

45. 天人关系形象地体现在统治者的称谓——"王"上。简单的三步就可以让人对中国文化产生深入的了解：首先，"王"这个字由三条平行线组成，分别代表天、人、地，由一条竖线相连，代表连接天和地的人；其次，汉字"玉"也是表示"王"，只不过在"王"字上加了一个点"、"，以和"王"字区分，"玉"字也体现出中国人对玉石的重视（第5章做出解释）；再次，简化了的汉字"国"（如，"中国"中的"国"）由一个代表边界或土地的大"口"和里面代表国王或统治者的"玉"字组成。因此，有关王权的政治理论体现在文字上，也是中国语言文化的一部分，这点与其他任何文明都有所不同。同时，这也是当今中国人民对自己的祖国——中国的称谓，之前周朝时期叫作"中原"（"中"表示居中的、中心的）。所以，"中国"这个词（之前被译为"中间的国家"）体现出国家的中心性以及与天的联系。因此，"中国"这个词还可以翻译为"中心地带的文明国家，由奉天谕的皇帝统治"，这个译法比较准确，但是译文却有些蹩脚。皇帝控制的疆域叫作"天下"，换言之，"宇宙"。

第4章 短暂帝国的建立

1. 秦始皇为了强化自己的地位，显示他胜于其他君王，取"皇"这个称号，因为传说中中国历史初期为"三皇"统治，"三皇"为伏羲、神农和黄帝。每个神话人物在中国古代文化中都占有重要地位：传说，伏羲教会他的子民狩猎、捕鱼、畜牧；神农发明了农具并且发现了许多植物的药用价值；黄帝即为"轩辕氏"，被尊为中华"人文初祖"。之后，秦始皇又在"皇"字后面加上"帝"（"神王"之意）字，同样是来源于传说中的"五帝"。因此，他巧妙地将中国古代文化的两个重要来源结合到一起，取"三皇"和"五帝"这两个词中的第二个字组成了"皇帝"这个称号，来加强他统治天下的合法性。"皇帝"在英语里经常译为"emperor"。

2. 华兹生（译），《史记：秦朝·李斯列传》，第180页。

3. 他们的祖父蒙骜曾拜秦始皇的祖父昭襄王的上卿和昭襄王的继任者庄襄王的大将军，在秦国征服六国的众多战役中立下汗马功劳。他们的父亲蒙武也是皇家军队的大将军。秦始皇称帝前两年，蒙武率军攻打楚国，不仅打败楚军，还擒获楚王。

4. 华兹生（译），《史记：秦朝·蒙恬列传》，第208页。

5. 狄宇宙，《古代中国及其强邻——东亚历史上游牧力量的兴起》，第142页。

6. 同上，第145—146页。

7. 威廉·埃德加·盖尔，《长城》，第118页。

8. 同上，第121页。

9. "除道"，即"秦直道"，类似今天从西安北部出发穿过铜川和延安的延西高速公路G65W。

10. 华兹生（译），《史记：汉朝》，第2分册，第133页。

11. 朱莉娅·洛弗尔，《长城》，第53页。

12. 理雅各（译），《诗经》，第2分册，第5篇，第9节，第243页。

13. 毕瓯（译），《周礼》，第1分册，第15篇，第341—342页。

14. 李约瑟（译），《中国科学技术史》，第4卷，第3分册，第28页。

15. 司马迁，第2卷，第58页。

16. 查尔斯·桑夫特，《交流与合作》，第114页。

17. 同上，第121页。

18. 理雅各（译），《礼记》，第3篇，第13—14节，第216—218页。

19. 理雅各在脚注中称，这里的"诗"包括歌曲和民谣，因此也是流行音乐（同上，第216页）。

20. 司马迁，第1卷，《史记·夏本纪》，第27—31页。此处基于《礼记》中记载的内容。

21. 这个宫殿也是赵武灵王去世时所在的宫殿。上文阐述赵武灵王实行骑兵作战改革时有所提及。

22. 据沙畹记载，一共有七个摹本，这个摹本是最好的（沙畹，《史记·秦本纪》，第486页）。

23. 沙畹，《泰山志》，第3页。

24. 司马迁，第3卷，第225页。

25. 马克·爱德华·陆威仪，《汉武帝的封禅大典》，第50页。

26. 沙畹，《泰山志》，第12页，法语原文为"Le T'ai chan est le Pic de l'Est; il préside, en cette qualité, à l'Orient, c'est-à-dire à l'origine de toute vie. De même que le soleil, ainsi toute existence commence du côté de l'Est"。

27. 马丁·科恩，《碑文》，第119页。

28. 司马迁，第2卷，第48页。

29. 同上，第 50 页。

30. 查尔斯·桑夫特，《交流与合作》，第 80 页。

31. 司马迁，第 2 卷，第 51—52 页详述。

32. 司马迁，《史记·封禅书》，第 3 卷，第 245 页。

33. 查尔斯·桑夫特，《交流与合作》，第 82 页。

34. 司马迁，第 3 卷，第 227 页。

35. 马丁·科恩，《碑文》，第 109 页。

36. 爱德华·吉本，《罗马帝国衰亡史》，J.B. 伯里（编辑），伦敦：梅休因出版社，1897 年，第 1 卷，第 50 页。伯里注释，4080 罗马公里等于 3740 英里。

37. 华兹生（译），《史记：汉朝》，第 2 分册，第 54 页。

38. 司马迁，第 2 卷，第 46 页。

39. 马克·爱德华·陆威仪，《早期中华帝国》，第 89 页。

40. 保罗·惠特利，《四方之极》，第 464 页。

41. 此处根据建筑史学家刘叙杰、夏南悉等著《中国古代建筑史》，第 39 页。

42. 司马迁，第 2 卷，第 58—59 页。

43. 夏南悉，《中国古代建筑史》，第 40 页。

44. 夏德安，《战国：自然哲学和神秘思想》，第 831 页。

45. 司马迁，第 2 卷，第 59 页。

46. 网页 http://www.lcwangpress.com/essays/e-pang-palace.html. 译文。

47. 巫鸿，《中国古代美术和建筑中的"纪念碑性"》，第 108 页。

48. 司马迁，第 2 卷，第 58 页。

49. K.W. 廖（译），《韩非子》，第 14 篇，"奸劫弑臣"。

50. 同上，第 13 章。译者认为这一事件在司马迁的《史记》等其他书籍中并无记载。

51. 理雅各，《中国汉籍经典英译名著》，第 1 卷，第 10 页。

52. 马丁·科恩，《碑文》，第 15 页。

53. 同上，第 17—18 页。

54. 《史记·刘敬叔孙通列传》，华兹生（译）《史记：汉朝》，第 240—246 页；马丁·科恩在《碑文》第 184—187 页中有更详尽的描写。

55. 马丁·科恩，《碑文》，第 49 页。

第 5 章　秦始皇期待的长生不老

1. 葛兰言，《中国人的宗教信仰》，第 419 页（神圣对于新道家来说，本质上就是不死的艺术）。

2. 鲍德威，《马王堆三座汉墓》，《世界考古学》，第 7 卷，第 34 页。

3. 李约瑟，《中国科学技术史》，第 5 卷，第 3 分册，第 304 页。

4. K.W. 廖（译），《韩非子》，第 32 章，《外储说左上》。

5. 李约瑟，《中国科学技术史》，第 5 卷，第 2 分册，第 95 页。

6. 齐威王和齐宣王（在位时间分别为前 356—前 320 以及前 319—前 301），燕昭王（前 311—前 279 在位）；司马迁，第 3 卷，第 227 页。

7. 司马迁，第 3 卷，第 258 页。

8. 保罗·U. 文树德，《中医思想史》，第 122—123 页。

9. 夏德安，《战国：自然哲学和神秘思想》，第 827 页。

10. 司马迁，第 2 卷，第 53—54 页。

11. 贝特霍尔德·劳费尔，《玉器：中国考古学和宗教研究》，第 24 页。

12. 理雅各（译），《礼记》，第 11 篇，第 1 节，第 11—46 行，第 1 页。

13. 同上，第 3 篇，第 19 页。

14. 毕瓯（译），《周礼》，第 1 章，第 6 篇，第 125 页。

15. 同上，第 20 篇，第 492 页。

16. 高延，《中国的宗教系统及其古代形式、变迁、历史及现状》，第 1 卷，第 1 篇，第 271—273 页；第 2 卷，第 1 篇，第 395 页。

17. 毕瓯（译），《周礼》，第 1 卷，第 20 篇，第 483—490 页。

18. 贝特霍尔德·劳费尔，《玉器：中国考古学和宗教研究》，第 122 页。

19. "汞（Hg）以纯元素物质（如液态汞）的形式存在，如朱砂（HgS，硫化汞）和甘汞（Hg_2Cl_2，氯化亚汞）等矿石中的无机汞，另外还存在于氯化汞（$HgCl_2$）和醋酸汞等化合物中。"查尔斯·马苏尔，《礼仪与精神实践中汞的古今应用回顾》，第 314 页。

20. 来源于 2017 年 2 月 23 日的私人谈话。

第 6 章 什么是陵墓？

1. 此处以及本卷出现的发掘日期均是根据作者与秦始皇帝陵博物院的考古工作部现任主任张卫星教授的谈话以及张主任 2016 年出版的著作《礼仪与秩序》中的年代表给出，第 23—27 页。

2. 2015 年出版的《文物》杂志刊发了初步研究结果（许卫红，《秦始皇帝陵一号兵马俑陪葬坑 2009～2011 年发掘简报》）；2017 年年初发表了详细报告（许卫红、申茂盛，《秦始皇帝陵兵马俑一号坑第三次发掘记事（2009—2011）》。详情参见下面第 10 章。

3. 毕瓯，《论中国古代风俗习惯》，第 335—336 页。

4. 袁仲一，《秦始皇陵考古发现与研究》，第 92—100 页；袁仲一，《秦兵马俑》，第 30 页。

5. 拉尔夫·索耶（译），《武经七书》，第 251 页。

6. 同上，第 245 页。

7. 袁仲一，《秦兵马俑》，第 81 页。

8. 毕瓯（译），《周礼》，第 2 章，第 44 篇，第 580 页。

9. 同上，第 32 篇，第 241—242 页。

10. 弩箭军事专家拉尔夫·佩恩-盖洛维认为，直到 1894—1895 甲午中日战争，中国人还在使用弩箭。（《弩之书》，第 273 页）。

11. 参见网址：http://www.ucl.ac.uk/terracotta-army/logistics/weapons。

12. 马提侬·托雷斯等，《为兵马俑制造武器》，第 70 页。

13. 杰西卡·罗森，《图像的力量》，第 149 页。

14. 详见袁仲一《秦兵马俑》，第 80—81 页；研究分析所用金属的伦敦大学学院马提侬·托雷斯教授对此表示怀疑（私人谈话中谈及）。

15. 马提侬·托雷斯等，《四万件武器》，第549页。

16. 马提侬·托雷斯等，《为兵马俑制造武器》，第6—8页。

17. 约翰·科姆斯，《中国兵马俑的规模》，第1页。

18. 同上，第2页。

19. 巫鸿，《战国时期的艺术与建筑》，第652页。

20. 该书中文版第75页照片。

21. 伯爵完美地记述了他们的旅行：奥古斯都·吉尔伯特·德·瓦赞伯爵，《在中国写下》，巴黎：弗卢里出版社，1913年。

22. 谢阁兰，《往来函件2》，1914年2月20日，第318—320页；发表于《管理局》1914年6月16日刊。

23. 例如，杰西卡·罗森，《图像的力量》，第132页。

24. 理雅各（译），《礼记》，第3卷，第13篇，第1—10行，第193页。

25. 同上，第97页。

26. 袁仲一，《秦兵马俑》，第108—114页。

27. 吉尔伯特·马儿道，《秦石鼓》，第165—166页；这些石鼓现藏于北京的故宫博物院。

28. 斯特拉博说"束棒，斧头，祭祀，占卜，以及罗马人使用的所有音乐"都是从伊特鲁里亚传到罗马的（琼斯，《地理学》，第2卷，第339页；第5篇，第2.2节）。20世纪时，束棒象征法西斯主义。

29. 源自2017年2月22日的私人交谈。

30. 段清波，《从秦始皇陵考古看中西文化交流》，第 1 章，第 14 页。

31. 袁仲一，《秦兵马俑》，第 118—119 页。

32. 段清波，《死后世界的娱乐》，第 200—201 页。

33. 巫鸿，《战国时期的艺术与建筑》，第 734 页。

34. 张卫星在私人交谈时强烈提出这种观点。

第 7 章　谁建造了如此庞大的兵马俑军团？

1. 司马迁，第 2 卷，第 67 页。

2. 同上，第 66 页。

3. 这个城市在今西安城区西北部。过去数十年的研究和考古调查揭示了其布局设计以及许多细节，让人们看到部分城墙以及主大门的地基。这里现为保护遗址，建有一座有趣的小博物馆，收藏在那里出土的汉代文物。

4. 这是一种传统的征兵方法。《周礼》记载了每户征兵人数的标准：拥有上等土地的家庭，如果有七个家庭成员（男性和女性），那么有三个适合或有资格服兵役；拥有中等土地的家庭，如果有六个家庭成员，那么每两个这样的家庭中有五人适合或有资格服兵役；拥有下等土地的家庭，如果一个家庭有五个家庭成员，那么这个家庭中可以有两人适合或有资格服兵役。区长负责将征召的士兵送到他们的上级长官那里。毕瓯（译），《周礼》，第 1 章，第 10 篇，第 223 页和第 233 页。

5. 安东尼·巴比里·洛,《帝制早期的中国艺术工匠》,第221—222页。

6. 何四维,《秦律辑佚》,第15页。

7. 司马迁,第2卷,第70页。

8. 韩献博,《帝制中国早期女性》,第69页。

9. 孙伟刚,《戏、丽邑与丽山园》,第68页。

10. 罗宾·叶山,《士兵、文士和女人》,第359页。

11. 安东尼·巴比里·洛,《帝制早期的中国艺术工匠》,第72页。

12. 何四维,《秦律辑佚》,第63页。

13. 同上,第14—18页。

14. 安东尼·巴比里·洛,《帝制早期的中国艺术工匠》,第223页。

15. 同上,第212—213页。

16. 同上,第241页。

17. 马颖,《刑徒和工人的位置追踪》。2016年6月,本文经知识分享授权在线发表,并没有标明页码。网址:https://www.ncbi.nlm.nih.gov/pmc/articles/PMC4890548/#。

18. 高正耀等,《秦始皇陵兵马俑原料来源的中子活化分析》,《中国科学:A辑》,46:1(2002年10月),第62—70页。

19. 马提侬·托雷斯等,《为兵马俑制造武器》,第74页。

20. 马提侬·托雷斯等,《四万件武器》,第552页。

21. 卢卡斯·尼克尔,《秦始皇兵马俑》,第161—164页。

22. 安东尼·巴比里·洛,《帝制早期的中国艺术工匠》,第75页。

23. 李约瑟、布兰纳,《中国早期的写作与素养:哥伦比亚早期中国讲座》，第 373 页。

24. 雷德侯，《万物》，第 70 页。

25. 同上，第 73 页。

26. 华兹生，《公元 900 年前的中国艺术》，第 87 页。

27. 埃尔文·埃默林，《目的与结果》，第 17 页。

28. 勒格纳，《描绘加固彩绘漆器的新方法》，第 46—47 页。

29. 蒂姆，《涂层和颜料》，第 53 页。

30. 同上，第 52 页。

31. 袁仲一，《秦始皇陵兵马俑服装色彩研究》；巫鸿等，《古董雕塑的多彩性》，第 13—15 页。

32. 与秦始皇帝陵博物院文物保护部主任夏寅的交谈中获得此技术信息，夏寅主任 20 年来致力于颜色以及其他秦始皇陵保护问题研究。

第 8 章　兵马俑存在的意义？

1. 罗宾·叶山，《秦国崛起》，第 34—35 页。

2. 司马迁，第 4 卷，第 38—39 页（第 32 章，"秦太公"）。墓穴和已经发掘的马在淄博的遗址博物馆展出。

3. 同上，第 39 页。

4. 高延，《中国的宗教系统及其古代形式、变迁、历史及现状》，第 2 卷，第 1 篇，第 723 页。

5. 理雅各（译），《礼记》，第 3 章，第 2 篇，第 3 节，第 14 页。

6. 司马迁，第5卷，第107页（第47章，《史记·孔子世家》）。

7. 汪悦进，《秦始皇死后世界的精神世界》，《秦始皇》，第210—217页。

8. 理雅各（译），《诗经》，第1章，第6篇，第6节，第162—163页。

9. 埃兹拉·庞德，《诗经：孔子定义的经典选集》，美国马萨诸塞州坎布里奇：哈佛人学出版社，1954年，第63页。

10. 拉吉斯拉夫·柯思纳，《独一无二的秦始皇陵兵马俑》，《艺术通报》，第116页。

11. 奥斯伍尔德·喜仁龙，《中国画论》，纽约：多弗尔出版社，2005年，第9页。

12. 参见劳伦斯·宾雍，《远东绘画》，伦敦：爱德华·阿诺德出版社，1913年，第46页。

13. 拉吉斯拉夫·柯思纳，《独一无二的秦始皇陵兵马俑》，《艺术通报》，第129页。

14. 刘九生，《秦始皇帝陵与中国古代文明》，第156页。

15. 同上，第190页；他提供袁仲 2002年出版的著作作为参考，第236页。

16. 安格斯·格雷厄姆，《争论》，第16—17页。

17. 杰西卡·罗森，《图像的力量》，第126页。

18. 马克·爱德华·陆威仪，《战国政治史》，第621页。

19. 詹姆斯·林，《死后世界的盔甲》，第189页。

第 9 章　秦始皇陵墓里究竟所存何物？

1. 杰西卡·罗森，《图像的力量》，第 132 页。

2. 理雅各（译），《庄子》，第 3 章，第 32 篇，第 212 页。

3. 理雅各（译），《礼记》，第 2 篇，第 1 节，第 156—157 页。

4. 约翰·诺布洛克和里格尔（译），《吕氏春秋》，第 10 卷，第 3 章，第 1 节，第 230 页。

5. 同上，第 10 卷，第 2 章，第 4 节，第 228 页。

6. 马丁·科恩，《碑文》，序言，第 7 页。

7. 焦南峰，《形状因子分析》，第 73 页。

8. 参见华兹生（译），《史记：汉朝》，第 313 页。

9. 焦南峰，《试论西汉帝陵的建筑理念》，第 80 页。

10. 同上，第 79 页。

11. 私人交谈中谈及的数字。

12. 焦南峰，《试论西汉帝陵的建筑理念》，第 83 页。

13. 马丁·科恩，《碑文》，第 105 页。

14. 蒲慕州，《秦朝的宗教生活》，第 192、194 页。

15. 侯格睿，《青铜与竹简的世界》，第 5 页。

16. 洛克，《荀子》，第 1 卷，第 112 页。

17. 马丁·科恩，《青铜铭文》，第 153 页。

18. 查尔斯·桑夫特，《交流与合作》，第 80 页；卜佳德，《牺牲》，第 135—138 页。

19. 此处来源为与陕西省考古研究院商周研究室主任、考古学家张天恩的对话，以及他 2008 年以中文出版的报告和短文。报告全文正在编辑整理中。

20. 司马迁，第 2 卷，第 38 页。

21. 张天恩，《陕西长安神禾塬战国秦陵园遗址田野考古新收获》，《考古与文物》2008 年第 5 期，第 111—112 页。

22. 华兹生（译），《史记·吕不韦列传》，第 164 页。

23. 同上，第 206 页。

24. 大多数学者现在认为本书为汉代书籍，但是书籍中的很多观念比汉代更早；事实上，司马迁对秦始皇推崇五德的描述似乎可以证实这一点。

25. 马塞尔·格拉内，《生与死》，第 12—13 页。

26. 同上，第 20 页（参见前文注释 2）。

27. 约翰·诺布洛克和里格尔（译），《吕氏春秋》，第 10 卷，第 2 章，第 3 节，第 228 页。

28. 张天恩，《陕西长安神禾塬战国秦陵园遗址田野考古新收获》，《考古与文物》2008 年第 5 期，第 111 页。

29. 司马迁，第 2 卷，第 45 页。沙畹称："有效率。"

30. 原文为："国家的灭亡与存续。"马塞尔·格拉内，《生与死》，第 22 页。

31. 侯格睿，《青铜与竹简的世界》，第 49 页。

32. 约翰·诺布洛克和里格尔（译），《吕氏春秋》，第 10 卷，第 3 章，第 1 节，第 230 页。

33. 侯格睿，《青铜与竹简的世界》，第 182 页。

34. 白珍,《秦始皇》,第 207 页。

35. 同上。

第 10 章　最新发现和研究

1. 许卫红等,《秦始皇帝陵一号兵马俑陪葬坑 2009～2011 年发掘简报》,第 7 页。

2. 谢阁兰,《中国伟大的雕塑艺术》,第 15 页;《全集》,第 869 页。

3. 段清波,《从秦始皇陵考古看中西文化交流》,第 1 章,第 9 页。

4. 卢卡斯·尼克尔,《秦始皇》,第 420 页。

5. 阿里安,《亚历山大远征记》,第 1 卷,第 4 篇,第 19 节,第 403 页。

6. 罗林森,《巴克特里亚》,附录 3,第 158 页。

7. 琼斯,《地理学》,第 5 章(第 11 篇,第 11 节,第 1 段)。

8. 罗林森,《巴克特里亚》,第 74 页。

9. 南希·哈奇·杜普里,路易斯·杜普里和 A.A. 莫塔麦迪,《阿富汗国家博物馆:图解指南》,喀布尔:阿富汗旅游组织,1974 年,第 7 页。

10. 阿里安,《亚历山大远征记》,第 1 卷,第 4 篇,第 3 节,第 345 页。

11. 杜普里等,《阿富汗国家博物馆》,第 5 页。

12. 卢卡斯·克里斯托普洛斯,《希腊格斗运动》,第 432 页。

13. 司马迁，第3卷，第17页。

14. 赵化成，《先秦文化新探》，第54—57页。

15. 王辉，《张家川马家塬墓地相关问题初探》，《文物》2009年第10期，第61—62页。

16. 周秀琴，《昭陵：唐太宗陵》，第161—163页。

17. 理雅各在译文中用"西部游牧部落"来指代他们，并且用"Jung"将"rong"罗马化（《中国汉籍经典英译名著》，第5卷，第1篇，"序言"，第3.6节，第123页）。

18. 卢卡斯·克里斯托普洛斯，《古代中国的希腊人和罗马人》，第5页。

19. 理雅各，《中国汉籍经典英译名著》，第5卷，第2篇，"秦襄王"，第14年，第464页。

20. 司马迁，第2卷，第46页。

21. 卢卡斯·尼克尔，《秦始皇》，第437页。

22. 卢卡斯·克里斯托普洛斯，《古代中国的希腊人和罗马人》，第12页。

23. 马丁·科恩，《碑文》，第52页，第11段。

24. 卢卡斯·克里斯托普洛斯，《古代中国的希腊人和罗马人》，第11页。

25. 卢卡斯·尼克尔，《秦始皇》，第441页。

26. 阿里安，《亚历山大远征记》，第1卷，第29篇，第1节，第97页。

27. 巫鸿，《中国古代美术和建筑中的"纪念碑性"》，第110页。

28. 段清波，《从秦始皇陵考古看中西文化交流》，第 3 章，第 12 页。

29. 班宗华，《亚历山大在中国？——关于中国考古学之提问》，《行到水穷处：班宗华画史论集》，第 331 页。

30. 同上，第 335 页。

31. 同上，第 338 页。

32. 同上，第 340 页。

33. 段清波，《从秦始皇陵考古看中西文化交流》，第 1 章，第 10 页。

34. 2006 年的采访，网址：http://archive.archaeology.org/online/interviews/mair.html。

35. W.W. 塔恩，《巴克特里亚和印度的希腊文化说明》，《希腊研究杂志》，1902 年第 22 期，第 292 页。

36. 华兹生（译），《史记：汉朝》，第 2 分册，第 235—236 页。

37. 贝特霍尔德·劳费尔，《中国伊朗编：中国对古伊朗文明史的贡献》，第 185 页。

38. 卢卡斯·尼克尔，《秦始皇》，第 442 页。

39.《最宏伟的陵墓》，2016 年 10 月 16 日上映。很多日报中的宣传材料均称："古希腊人可能修建了中国著名的秦始皇陵。"

第 11 章　研究、复原、保存新技术

1. 李约瑟，《中国科学技术史》，第 5 卷，第 6 分册，第 140 页。

2. 李约瑟，《中国科学技术史》，第 3 卷，第 499 页。

3. 马提侬·托雷斯等，《四万件武器》，第 549 页。

4. 李秀珍等，《弩箭与帝国工艺组织》，第 138 页。

5. 李秀珍等，《印刻加工》，第 170—172 页。

6. 同上，第 178 页。

7. 贝文等，《计算机视觉》，第 252 页。

8. 夏寅等，《中国钡铜硅酸盐颜料的研制》，第 500—501 页。分析所用器材为比利时杰森制药有限公司提供，它与西安的合资公司出资赞助在遗址成立一家研究机构，于 2001 年对外开放。

9. 同上，第 508 页。

10. 后三段的内容来自 2014 年出版的科学报刊，《文物保护与考古科学》（兰德省，《彩绘秦俑清理方法实践》）。

11. 顾兆林，《原始环境控制》，第 1505 页。

12. 同上，第 1508 页。

13. 私人交谈。

第 12 章　最新发掘与研究现状

1. 这些评论的理论根据是段清波教授发表的文章内容，该文章已经被中国权威考古学杂志采用。

2. 张卫星，《礼仪与秩序》，第 284 页。

3. 张卫星教授目前负责该葬坑的新的发掘工作，据张教授当时讲，2018 年应该会发表一篇短小的期刊文章，之后会完成一份内部研究报告（私人交谈；我的摄像机和电话在进入实验室时就已经存放在门口）。

4. 卢卡斯·克里斯托普洛斯，《希腊格斗运动》，第452页。

5. 司马迁，第2卷，第29页；同上，第5卷，第27页。

6. 同上，第2卷，第91页。

7. 卢卡斯·克里斯托普洛斯，《古代中国的希腊人和罗马人》，第11页。作者称，本书引用了来自《文献通考》的材料。《文献通考》出版于1307年，它汇编了各种中国古代文献。

8. 卢卡斯·克里斯托普洛斯，《古代中国的希腊人和罗马人》，第9—10页。

9. 同上，第14页。

10. 汪悦进，《死后世界娱乐》，第61页。

11. 汪悦进，《秦始皇死后世界的精神世界》，《秦始皇》，第42页。

12. 汪悦进，《死后世界娱乐》，第85页。

13. 同上，第87页。

14. 约翰·诺布洛克和里格尔（译），《吕氏春秋》，第6页。

15. 汪悦进，《死后世界娱乐》，第90页。

16. 张卫星，《礼仪与秩序》，第260、276页；第261页有葬坑草图。

17. 司马迁，第2章，第66页。

18. 段清波，《高浓度水银科学研究》，第204页。

19. 2017年4月4日，伦敦大学学院，私人交谈。

20. 卢卡斯·克里斯托普洛斯，《古代中国的希腊人和罗马人》，第 30 页，第 53 行。

21. 理雅各（译），《诗经》，第 1 章，第 11 篇，第 4 节，第 159 页。

第 13 章　秦朝为何灭亡？

1. 司马迁，第 4 卷，第 40 页。

2. W.K. 廖（译），《韩非子·主道第五》。

3. 司马迁，第 2 卷，第 72 页。

4. 同上，第 70 页。

5. 查尔斯·桑夫特，《交流与合作》，第 84 页。

6. 司马迁，第 2 卷，第 68 页。

7. W.K. 廖（译），《韩非子·亡征第十五》，第 29 条。

8. 吉迪恩·谢拉赫，《瓦解或转变？》，第 131 页。

9. 司马迁，第 2 卷，第 72—84 页。

10. 同上，第 79 页。

11. 同上，第 82 页。

12. 同上，第 78 页。

13. 理雅各（译），《礼记》，第 2 篇，第 121 页。

14. 司马迁，第 2 卷，第 79 页。

15. 同上，第 81 页。

16. 同上，第 83—84 页。

17. 同上，第 84 页。大泽乡在安徽省宿州市西南部，不是位于邻省江苏省更有名的苏州市。

18. 同上，第 90 页。

19. 同上，第 109 页；华兹生将"西楚霸王"翻译为"Dictator King of Western Chu"（《史记：汉朝》，第 2 分册，第 35 页）。

20. 司马迁，第 2 卷，第 106 页。

21. 参见前文第 7 章注释 14。

22. 司马迁，第 2 卷，第 81 页。

23. 马克·爱德华·陆威仪，《战国政治史》，第 53 页。

24. 参见杜敬轲对此的讨论意见，《反秦叛军》，第 316—317 页。

25. 参见 http://www.lcwangpress.com/essays/e-pang-palace.html。

26. 杜敬轲，《秦朝的合法性》，第 5 页。

27. 沙畹，《这是一种古老的文化》，第 237—238 页。

28. 华兹生（译），《史记：汉朝》，第 2 分册，第 18 页。

29. 张光直，《美术、神话与祭祀》，第 34 页。

30. 同上，第 35 页。

31. 尤锐·皮纳斯，《展望永恒帝国》，第 109 页。

32. 尤锐·皮纳斯等，《帝国的诞生》，第 1 章引言，第 49 页。

33. 约翰·诺布洛克（译），《荀子》，第 2 卷，第 107—108 页。

34. 尤锐·皮纳斯等，《帝国的诞生》，第 1 章引言，第 279 页。

35. 查尔斯·桑夫特，《交流与合作》，第 147 页。

四、展望

1. 李秀珍等，《印刻加工》，第174页。

2. 何四维，《秦律辑佚》，第82页。

3. 2017年1月与考古队副队长申茂盛的私人交谈中提到。

4. 侯格睿，《青铜与竹简的世界》，第183页。

5. 司马迁，第1卷，第72—73页。爱德华·肖尼西称这个故事"是明显杜撰的，但是是根据史实杜撰出来的，这点毫无疑问"（肖尼西，《西周历史》，第350页，第144行）。

6. 张卫星的《礼仪与秩序》文末用彩图清楚地标志出这一地点，尤其是8号彩图（没有页码）。

7. 司马迁，第1卷，第73页。

8. 同上，第2卷，第7页。

9. 夏德安，《战国：自然哲学和神秘思想》，第817页。

10. 理雅各（译），《论语》，第1章，第2篇，第9页。

11. 此时的日历实际上已经非常准确了，因为7世纪末，每19年就要设置7个闰月以弥补缺失的日子（恩底弥翁·威尔金森，《中国历史手册》，美国马萨诸塞州坎布里奇：哈佛大学出版社，2000年，第171页）。

12. 根据李约瑟和汪悦进的天文学研究成果《中国科学技术史》（第3卷，第229—242页）的详细表格与解释做出此处概述。

13. 同上，第231页。

14. 马丁·科恩，《碑文》，第107页，第112行。

15. 张卫星，《礼仪与秩序》，第375—376页。

16. 多拉费瓦·里希特曼，《地球组织概念》，第61—62页。

17. 华兹生（译），《史记：汉朝》，第80页。

18. 参见耶稣会学者禄是遒的作品《中国民间信仰研究》（M.肯内利翻译）中对仪式的描述，上海：T'usewes出版社，1914年，第1卷，第47—62页。

19. 理雅各（译），《礼记》，第2篇，第194页。

20. 毕瓯（译），《周礼》，第1章，第19篇，第451页。

21. 同上，第7篇，第153页。

22. 同上，第162页。

23. 同上，第6篇，第123—124页。

24. 同上，第7篇，第145页。

25. 同上，第170页。

26. 同上，第6篇，第120页。

27. 同上，第19篇，第452页。

28. 同上，第2章，第20篇，第467页。

29. 同上，第23篇，第51页。

30. 同上，第22篇，第40页，第23篇，第61—62页。

参考书目

Arrian, *Anabasis of Alexander*, trans. E. Iliff Robson, 2 vols, London: William Heinemann, 1954

Ball, Philip, 'Flowing Rivers of Mercury', *Chemistry World*, 7 January 2015, https://www.chemistryworld.com/feature/flowing-rivers-of-mercury/8122.article

Barbieri-Low, Anthony J., *Artisans in Early Imperial China*, Seattle: University of Washington Press, 2007

Barnhart, Richard M., 'Alexander in China? Questions for Chinese Archaeology', in Yang, *New Perspectives on China's Past*, vol. I, pp. 329–43

Bevan, Andrew; Cao, Wei; Li, Xiuzhen; Ma, Shengtao; Martinón-Torres, Marcos; Green, Susan; Rehren, Thilo; Xia, Yin; Zhao, Kun; and Zhao, Zhen, 'Computer Vision, Archaeological Classification and China's Terracotta Warriors', *Journal of Archaeological Science*, 49:1 (2014),pp. 249–54

Biot, Édouard, 'Sur les mœurs des anciens Chinois, d'après le *Chi-king*', *Journal Asiatique*, série 4, 2 (1843), pp. 345 56 and 430–47

——(trans.), *Le Tcheou-Li ou Rites des Tcheou*, Paris: L'Imprimerie Nationale, 1851

Bishop, Heber R., *Investigations and Studies in Jade, Rahway*, NJ: The Mershon Company Press, 1902

Blakely, Barry B., 'The Geography of Chu', in Cook and Major, *Defining Chu*, pp. 9–20

Blänsdorf, Catharina; Emmerling, Erwin; and Petzet, Michael (eds), *The Terracotta Army of the First Chinese Emperor Qin Shihuang*, Munich: Bayerisches Landesamt für Denkmalpflege, 2001

——, *Studien zur Farbfassung von Figuren der Terrakottaarmee undaus anderen Beigabengruben der Grabanlage des Ersten Chinesischen Kaisers Qin Shihuang*, Munich: Siegl, 2015

Boardman, J., *The Diffusion of Classical Art in Antiquity*, London: Thames & Hudson, 1994

Bodde, Derk, *China's First Unifier: A Study of the Ch'in Dynasty as Seen in the Life of Li Ssu*, Leiden: E. J. Brill, 1938

——, *Statesman, Patriot, and General in Ancient China; Three Shih Chi Biographies of the Ch'in Dynasty (255–206 B.C.)*, New Haven, Conn.: American Oriental Society, 1940

——, 'The State and Empire of Ch'in', in Denis Twitchett and Michael Loewe (eds), *The Cambridge History of China*, vol. I, Cambridge: Cambridge University Press, 1986, pp. 20–102

——, 'The Idea of Social Class in Han and Pre-Han China', in W. L.

Idema and E. Zürcher (eds), *Thought and Law in Qin and Han China*, Leiden: E. J. Brill, 1990, pp. 26–41

Bonsall, Bramwell Seaton, 'Records of the Warring States: Zhan Guo Ce', unpublished typescript of translation, late 1920s, available online at Hong Kong University Library. (http://lib.hku.hk/bonsall/)

Buck, David D., 'Three Han Dynasty Tombs at Ma-Wang-Tui', *World Archaeology*, 7:1 (June 1975), pp. 30–45

Bujard, Marianne, *Le Sacrifice au Ciel dans la Chine ancienne: théorie et pratique sous les Hans occidentaux*, Paris: École Française d'Extrême-Orient, 2000

Bujard, Marianne and Pirazzoli-T'Serstevens, Michèle, *Les Dynasties Qin et Han: histoire générale de la Chine (221 av. J.-C.–220 apr. J.-C.)*, Paris: Les Belles Lettres, 2017

Burman, Edward, *Xi'an through European Eyes: A Cultural History in the Year of the Horse*, Xi'an: Shaanxi People's Press, 2016

Cervera Jiménez, José Antonio, 'Qin Shihuang: La historia como discurso ideológico', *Estudios de Asia y África*, 44:3 (2009), pp. 527–58

Chang, Chun-shu, The Rise of the Chinese Empire, vol. I: *Nation, State & Imperialism in Early China ca. 1600 B.C.–A.D. 8,* Ann Arbor: University of Michigan Press, 2007

Chang, Kwang-chih, *The Archaeology of Ancient China*, New Haven: Yale University Press, 1968.

——, *Art, Myth, and Ritual: The Path to Political Authority in Ancient*

China, Cambridge, Mass.: Harvard University Press, 1983

Chang, Yong and Li, Tong, 'Application of Mercury Survey Technique over the Mausoleum of Emperor Qin Shi Huang', *Journal of Geochemical Exploration*, 23:1 (January 1985), pp. 61–9

Chavannes, Édouard, 'Les Inscriptions des Ts'in', *Journal Asiatique, série* 9, 1 (1893), pp. 473–521

——, *Les Mémoires historiques de Se-ma Ts'ien traduits et annotés*, 5 vols, Paris: Adrien Maisonneuve, 1895–1905

——, *Introduction aux mémoires historiques de Se-ma Ts'ien*, vol. I, Paris: Ernest Leroux, 1895

——, 'Les Deux Plus Anciens Spécimens de la cartographie chinoise', *Bulletin de l'École Française d'Extrême-Orient*, 3 (1903), pp. 214–47

——, *Le T'ai Chan: essai de monographie d'un culte chinois* (Annales du Musée Guimet), Paris: Ernest Leroux, 1910

陈景元，《兵马俑真相》，北京：华文出版社，2009 年

Chia, I., 'The Faults of Ch'in', in de Bary and Bloom, *Sources of Chinese Tradition*, pp. 228–31

Christopoulos, Lucas, 'Hellenes and Romans in Ancient China (240BC–1398 AD)', *Sino-Platonic Papers*, Number 230, August 2012, http://www.sino-platonic.org/complete/spp230_hellenes_romans_in_china.pdf

——, 'Greek Combat Sports and their Transmission to Central and East Asia', *Classical World*, 106:3 (2013), pp. 431–59

Ciarla, Roberto, *The Eternal Army: The Terracotta Soldiers of the First Chinese Emperor*, Maidstone: Vercelli, 2005

Cook, Constance A. and Major, John S. (eds), *Defining Chu: Image and Reality in Ancient China*, Honolulu: University of Hawai'i Press, 1999

Couvreur, S., *Li Ki ou Mémoires sur les bienséances et les cérémonies: texte chinois avec une double traduction en français et en Latin*, 2 vols, Ho Kien Fou [Hejian, Hebei]: Imprimerie de la Mission Catholique, 1913

Creel, Herrlee G., *The Origins of Statecraft in China*, vol. I: *The Western Chou Empire*, Chicago: University of Chicago Press, 1970

Crump, J. I., *Legends of the Warring States: Persuasions, Romances and Stories from Chan-kuo Ts'e, Selected, Translated, and Edited*, Ann Arbor: Centre for Chinese Studies, University of Michigan, 1998

de Bary, William Theodore and Bloom, Irene (eds), *Sources of Chinese Tradition*, vol. I, revised edn, New York: Columbia University Press, 1999

de Groot, J. J. M., *The Religious System of China: Its Ancient Forms, Evolution, History and Present Aspect. Manners, Customs and Social Institutions Connected Therewith*, 6 vols, Leyden: E. J. Brill, 1892–1910

Di Cosmo, Nicola, *Ancient China and its Enemies: The Rise of Nomadic Power in East Asian History*, Cambridge: Cambridge University Press, 2002

——, *Military Culture in Imperial China*, Cambridge, Mass.: Harvard University Press, 2009

Dorofeeva-Lichtmann, Vera V., 'Conception of Terrestrial Organization in the Shan Hai Jing', *Bulletin de l'École Française d'Extrême-Orient*, 82 (1995), pp. 57–110

Duan, Qingbo, 'Entertainment for the Afterlife', in Portal, *The First Emperor*, pp. 192–203

——, 'Scientific Studies of the High Level of Mercury in Qin Shihuangdi's Tomb', in Portal, *The First Emperor*, pp. 204–7

——《秦始皇帝陵园考古研究》，北京：北京大学出版社，2011 年

——, 'The Cultural Interaction between East and West: From the Perspective of the Archaeological Findings of the Mausoleum of Qin Shi Huang', *Journal of Northwest University* (Philosophy and Social Sciences Edition), Part I, 45:1 (January 2015), pp. 8–15; Part II, 45:2 (March 2015), pp. 8–14; Part III, 45:3 (May 2015), pp. 8–13

Dull, Jack L., 'The Legitimation of the Ch'in', in *Conference on the Legitimation of Chinese Regimes Sponsored by the Committee on the Study of Chinese Civilization of the A.C.L.S.*, Monterey, California, 15–24 June 1975

——, 'Anti-Qin Rebels: No Peasant Leaders Here', *Modern China*, 9:3 (July 1983), pp. 285–318

Duyvendak, J. J. L., *The Book of Lord Shang: A Classic of the Chinese School of Law*, trans. from the Chinese, with Introduction and Notes,

London: Arthur Probsthain, 1928

Emmerling, Erwin, 'Aims and Results of the Chinese–German Project for the Preservation of the Terracotta Army', in Wu et al., *The Polychromy of Antique Sculptures*, pp. 16–18

Eno, Robert, *The Confucian Creation of Heaven: Philosophy and the Defense of Ritual Mastery*, New York: State University of New York Press, 1990

Falkenhausen, Lothar von, *Chinese Society in the Age of Confucius (1000–250 BC): The Archaeological Evidence*, Los Angeles: Cotsen Institute of Archaeology, University of California, 2006

——, 'Culte des ancêtres et système funéraire à Qin à l'époque pré-impériale', in *Les Soldats de l'Éternité*, pp. 33–45

Fields, Lanny B., 'The Ch'in Dynasty: Legalism and Confucianism', *Journal of Asian History*, 23:1 (1989), pp. 1–25

Gao, Zhengyao, et al., 'Neutron Activation Analysis of Sources of Raw Material of Emperor Qin Shi Huang's Terracotta Warriors and Soldiers', *Science in China Series G: Physics, Mechanics & Astronomy*, 46:1 (February 2003), pp. 62–70

Geil, William Edgar, *The Great Wall of China*, New York: Sturgis & Walton, 1909

Giles, Herbert A. (trans.), *Chang Tzu: Mystic, Moralist, and Social Reformer*, London: Bernard Quaritch, 1889

Giles, Lionel (trans.), *Sun Tzu on the Art of War*, London: Luzac, 1910

Graham, A. C., *Disputers of the Tao: Philosophical Argument in Ancient China*, Chicago and La Salle, Ill.: Open Court, 1989

Granet, Marcel, 'La vie et la mort: croyances et doctrines de l'antiquité chinoise', *L'Annuaire de l'École Pratique des Hautes Études, Section des sciences religieuses*, 33:29 (1919), pp. 1–22

——, *La civilisation chinoise*, Paris: La Renaissance du Livre, 1929

——, *La pensée chinoise*, Paris: La Renaissance du Livre, 1934

Han Fei Tzu, *Basic Writings*, trans. Burton Watson, New York: Columbia University Press, 1964

Hardy, Grant, 'The Reconstruction of Ritual: Capping in Ancient China', *Journal of Ritual Studies*, 2:7 (1993), pp. 69–90

——, *Worlds of Bronze and Bamboo: Sima Qian's Conquest of History*, New York: Columbia University Press, 1999

Harper, Donald, 'Warring States, Ch'in, and Han Periods', *Journal of Asian Studies*, 54:1 (1995), pp. 152–60

——, 'Warring States Natural Philosophy and Occult Thought', in Loewe and Shaughnessy, *The Cambridge History of Ancient China*, pp. 813–84

Hinsch, Bret, *Women in Early Imperial China*, Lanham, Md.: Rowman & Littlefield, 2002

Hirth, Friedrich, *The Ancient History of China to the End of the Chóu Dynasty*, New York: Columbia University Press, 1908

Hulsewé, A. F. P., *Remnants of Ch'in Law: An Annotated Translation* of the Ch'in Legal and Administrative Rules of the 3rd Century B.C. Discovered in Yûn-meng Prefecture, Hupei Province, in 1975 (Sinica Leidensia*, vol. XVII), Leiden: E. J. Brill, 1985

焦南峰，《试论西汉帝陵的建筑理念》，《考古》，2007 年，第 78—87 页

——《西汉帝陵形制要素的分析与推定》，《考古与文物》，2013 年，第 72—81 页

Jones, Horace Leonard (trans.), *The Geography of Strabo*, 8 vols, London: William Heinemann, 1954

Keightley, David N., 'The Quest for Eternity in Ancient China: The Dead, their Gifts, their Names', in G. Kuwayama (ed.), *Ancient Mortuary Traditions of China: Papers on Chinese Ceramic Funerary Sculptures*, Los Angeles: Los Angeles County Museum of Art, 1991

——, 'The Shang: China's First Historical Dynasty', in Loewe and Shaughnessy, *The Cambridge History of Ancient China*, pp. 232–91

—— (ed.), *The Origins of Chinese Civilization*, Berkeley: University of California, Center for Chinese Studies, 2000

Kern, Martin, *The Stele Inscriptions of Qin Shihuang: Text and Ritual in Early Chinese Imperial Representation*, New Haven: American Oriental Society, 2000

——, *Text and Ritual in Early China*, Seattle: University of Washington Press, 2005

——, 'Bronze Inscriptions, the *Shijing* and the *Shangshu*: The Evolution of the Ancestral Sacrifice during the Western Zhou', in John Lagerway and Marc Kalinoski (eds), *Early Chinese Religion, Part One: Shang through Han (1250 BC–220 AD)*, Leiden: E. J. Brill, 2009, pp. 143–200

Kesner, Ladislav, 'Likeness of No One: (Re)presenting the First Emperor's Army', *Art Bulletin*, 77:1 (March 1995), pp. 115–52.

足立喜六,《长安史迹研究》(日语), 东京: 东洋文库出版社, 1933 年;《长安史迹研究》(中文), 三秦出版社, 2003 年

Knoblock, John, X*unzi: A Translation and Study of the Complete Works*: vol. I: *Books 1–6*, Stanford: Stanford University Press, 1988

——, *Xunzi: A Translation and Study of the Complete Works*: vol. II, *Books 7–16*, Stanford: Stanford University Press, 1990

Knoblock, John and Riegel, Jeffrey, *The Annals of Lü Buwei: A Complete Translation and Study*, Stanford: Stanford University Press, 2000

Komlos, John, 'The Size of the Chinese Terracotta Warriors', *Antiquity*, 77 (June 2003), http://antiquity.ac.uk/projgall/komlos296/

Kuwayama, George (ed.), *The Great Bronze Age of China: A Symposium*, Seattle: University of Washington Press, 1983

Lan Desheng; Wang Dongfeng; Zhou Tie; and Xia Yin, 'Conservation of a Polychrome Terracotta Warrior of the Qin Dynasty: Newly Excavated from Vault 1 in Xi'an, Shaanxi, China', *Studies in Conservation*, 59 (2014), pp. S70–S80

Lattimore, Owen, 'Origins of the Great Wall of China: A Frontier Concept in Theory and Practice', in *Studies in Frontier History: Collected Papers 1928–1958*, London: Oxford University Press, 1962

Laufer, Berthold, *Jade: A Study in Chinese Archæology & Religion* (Anthropological Series, vol. X), Chicago: Field Museum of Natural History, 1912

——, *Chinese Clay Figures, Part I: Prolegomena on the History of Defensive Armor* (Anthropological Series, vol. XIII, no. 2), Chicago: Field Museum of Natural History, 1914

——, 'Sino-Iranica: Chinese Contributions to the History of Civilization in Ancient Iran, with Special Reference to the History of Cultivated Plants and Products' (Anthropological Series, vol. XV, no. 3), Chicago: Field Museum of Natural History, 1919, pp. 185–630

Ledderose, Lothar, *Ten Thousand Things: Module and Mass Production in Chinese Art* (The A.W. Mellon Lectures in the Fine Arts, Bollingen Series, XXXV, 46), Princeton, NJ: Princeton University Press, 1998

Legge, James (trans.), *Chinese Classics*, vol. I: *Confucian Analects, The Great Learning, and The Doctrine of the Mean*, London: Trübner, 1861

—— (trans.), *Chinese Classics*, vol. II: *The Works of Mencius*, London: Trübner, 1861

—— (trans.), *Chinese Classics*, vol. V, Part I: *Dukes Yin, Hwan, Chwang, Min, He, Wan, Seuen and Ch'ing, and the Prologomena*, London: Trübner, 1872

—— (trans.), *The She King, or Book of Ancient Poetry*, London: Trübner,

1876

—— (trans.), *The Sacred Books of China: The Texts of Confucius, Part III, The Lî Kî*, I–X, Oxford: Clarendon Press, 1885

—— (trans.), *The Sacred Books of China: The Texts of Confucius, Part IV, The Lî Kî*, XI–XLVI, Oxford: Clarendon Press, 1885

——(trans.), *The Writings of Chuang Tzu*, in F. Max Müller (ed.), *The Sacred Books of the East*, vol. XL, Oxford: Clarendon Press, 1891

Lewis, Mark Edward, 'Warring States Political History', in Loewe and Shaughnessy, *The Cambridge History of Ancient China*, pp. 587–649

——, 'The *Feng* and *Shan* Sacrifices of Emperor Wu of the Han', in McDermott, *State and Court Ritual in China*, pp. 50–80

——, *The Early Chinese Empires: Qin and Han*, Cambridge, Mass.: Harvard University Press, 2007

Li, Feng, *Landscape and Power in Early China: The Crisis and Fall of the Western Zhou, 1045–771 BC*, Cambridge: Cambridge University Press, 2006

Li, Feng and Branner, David Prager (eds), *Writing & Literacy in Early China: Studies from the Columbia Early China Seminar*, Seattle and London: University of Washington Press, 2011

Li, X. J.; Bevan, A. H; Martinón-Torres, M.; Rehren, T.; Cao, W.; Xia, Y.; and Zhao, K., 'Crossbows and Imperial Craft Organisation: The Bronze Triggers of China's Terracotta Army', *Antiquity: A Quarterly Review of Archaeology*, 88:339 (2014), pp. 126–40

Li, X. J.; Martinón-Torres, M.; Meeks, N. D.; Xia, Y.; and K. Zhao, 'Inscriptions, Filing, Grinding and Polishing Marks on the Bronze Weapons from the Qin Terracotta Army in China', *Journal of Archaeological Science*, 38 (2011), pp. 492–501

Li, Yu-ning (ed.), *The First Emperor of China*, White Plains, NY: International Arts and Sciences Press, 1975

Liang, Yun and Tian, Yaqi, 'The Tomb Occupants and Layout of the Mausoleums of the Dukes of the Qin State in Yongchen', *Archeology and Cultural Relics*, April 2015, pp. 15–19 (in Chinese)

Liao, W. K., *The Complete Works of Han Fei Tzu*, London: Arthur Probsthain, 1939

Lin, James, 'Armour for the Afterlife,' in Portal, *The First Emperor*, pp. 181–9

刘九生，《秦始皇帝陵与中国古代文明》，北京：科学出版社，2014 年

Liu, Yang (ed.), *China's First Emperor, the Terracotta Army and the Qin Culture*, Minneapolis: Minneapolis Institute of Arts, 2012

——(ed.), *Beyond the First Emperor's Mausoleum: New Perspectives on Qin Art*, Seattle: University of Washington Press, 2015

Loewe, Michael, *Ways to Paradise: The Chinese Quest for Immortality*, London: Allen & Unwin, 1979

——, *The Government of the Qin and Han Empires: 221 BCE–220 CE*, Indianapolis: Hackett, 2006

Loewe, Michael and Shaughnessy, Edward L. (eds), *The Cambridge

History of Ancient China: From the Origins of Civilization to 221 B.C., Cambridge: Cambridge University Press, 1999

Lovell, Julia, *The Great Wall: China against the World 1000 BC–AD 2000*, London: Atlantic Books, 2006

Ma, Ying, et al., 'Tracing the Locality of Prisoners and Workers at the Mausoleum of Qin Shi Huang: First Emperor of China (259–210 BC)', Scientific Reports, 6 (2016)

Mair, Victor H. (ed.), *Contact and Exchange in the Ancient World*, Honolulu: University of Hawaii Press, 2006

Man, John, *The Terracotta Army: China's First Emperor and the Birth of a Nation*, London: Bantam Press, 2007

Martinón-Torres, Marcos, et al., 'Making Weapons for the Terracotta Army', *Archaeology International*, 13 (2011), p. 70

——, 'Forty Thousand Arms for a Single Emperor: From Chemical Data to the Labor Organization behind the Bronze Arrows of the Terracotta Army', *Journal of Archaeological Method and Theory*, 21:3 (September 2014), p. 549

Masur, L. Charles, 'A Review of the Use of Mercury in Historic and Current Ritualistic and Spiritual Practices', *Alternative Medicine Review*, 16:4 (2011), pp. 14–20

Mattos, Gilbert L., *The Stone Drums of Ch'in*, Nettetal: Steyler, 1988

Needham, Joseph and Lu, Gwei-Djen, *Science and Civilisation in China*, vol. V: *Chemistry and Chemical Technology, Part II: Spagyrical*

Discovery and Invention: Magisteries of Gold and Immortality, Cambridge: Cambridge University Press, 1974

Needham, Joseph, Ho, Ping-Yu and Lu, Gwei-djen, *Science and Civilisation in China*, vol. V: *Chemistry and Chemical Technology, Part III: Spagyrical Discovery and Invention: Historical Survey, from Cinnabar Elixirs to Synthetic Insulin*, Cambridge: CUP, 1976

Needham, Joseph and Lu, Gwei-Djen, *Science and Civilisation in China*, Vol. 5: *Chemistry and Chemical Technology, Part V: Spagyrical Discovery and Invention: Physiological Alchemy*, Cambridge: CUP, 1983

Needham, Joseph and Wang, Ling, *Science and Civilisation in China*, vol. II: *History of Scientific Thought*, Cambridge: Cambridge University Press, 1956

Needham, Joseph and Wang, Ling, *Science and Civilisation in China*, vol. III: *Mathematics and the Sciences of the Heavens and the Earth*, Cambridge: Cambridge University Press, 1972

Needham, Joseph, Wang, Ling and Lu, Gwei-Djen, *Science and Civilisation in China*, vol. IV: *Physics and Physical Technology, Part III: Civil Engineering and Nautics*, Cambridge: Cambridge University Press, 1971

Needham, Joseph, Yates, Robin D., Gawlikowski, Krzysztof, McEwen, Edward; and Wang, Ling, *Science and Civilisation in China*, vol. V: *Chemistry and Chemical Technology, Part VI. Military Technology:*

Missiles and Sieges, Cambridge: Cambridge University Press, 1994

Nickel, Lukas, 'The Terracotta Army', in Portal, *The First Emperor*, pp. 159–79

——, 'The First Emperor and Sculpture in China', *Bulletin of the School of Oriental and African Studies*, 76:3 (October 2013), pp. 413–47

Nienhauser, William H., Jr (ed.), *The Grand Scribe's Records,* vol. I: *The Basic Annals of Pre-Han China by Ssu-ma Ch'ien*, Bloomington and Indianapolis: Indiana University Press, 1994

——, *The Grand Scribe's Records*, vol. II: *The Basic Annals of Han China by Ssu-ma Ch'ien*, Bloomington and Indianapolis: Indiana University Press, 2002

Nylan, Michael and Loewe, Michael, *China's Early Empires: A Reappraisal*, Cambridge: Cambridge University Press, 2010

Olberding, Amy and Ivanhoe, Philip J. (eds), *Mortality in Traditional Chinese Thought*, Albany: State University of New York Press, 2012

Payne-Gallwey, Ralph, *The Book of the Crossbow,* London: Longmans, Green, 1903

Pines, Yuri, 'L'Idéologie de Qin: créer l'empire', in *Les Soldats de l'Éternité*, pp. 171–81

——, *Envisioning Eternal Empire: Chinese Political Thought of the Warring States Era*, Honolulu: University of Hawaii Press, 2009

Pines, Yuri, von Falkenhausen, Lothar, Shelach, Gideon and Yates, Robin D. S. (eds), *Birth of an Empire: The State of Qin Revisited*, Berkeley:

University of California Press, 2014

Poo, Mu-chou, 'Religion and Religious Life of the Qin', in Pines et al., *Birth of an Empire*, pp. 187–205

Portal, Jane (ed., with the assistance of Hiromi Kinoshita), *The First Emperor: China's Terracotta Army*, Cambridge, Mass.: Harvard University Press, 2007

Prusek, Jaroslav, *Chinese Statelets and the Northern Barbarians in the Period 1400–300 BC*, New York: Humanities Press, 1971

Puett, Michael J., *To Become a God: Cosmology, Sacrifice and Self-Divinization in Early China*, Cambridge, Mass.: Harvard University Press, 2002

Pulleybank, Edwin G., 'Ji 姬 and Jiang 姜: The Role of Exogamic Clans in the Organization of the Zhou Polity', *Early China*, 25 (2000), pp. 1–27

Rawlinson, H. G., *Bactria: The History of a Forgotten Empire*, London: Probsthain, 1912

Rawson, Jessica, *Mysteries of Ancient China: New Discoveries from the Early Dynasties*, New York: G. Braziller, 1996

——, 'The Power of Images: The Model Universe of the First Emperor and its Legacy', *Historical Research*, 75:188 (May 2002), pp. 123–54

——, 'The First Emperor's Tomb: The Afterlife Universe', in Portal, *The First Emperor*, pp. 114–45

Rogner, 'New Methods to Characterise and to Consolidate the

Polychrome Qi-lacquer of the Terracotta Army', in Wu et al., *The Polychromy of Antique Sculptures*, pp. 46–51

Sage, Steven F., *Ancient Sichuan and the Unification of China,* Albany: State University of New York Press, 1992

Sanft, Charles, 'Progress and Publicity in Early China: Qin Shihuang, Ritual, and Common Knowledge', *Journal of Ritual Studies*, 22:1 (2008), pp. 21–43

——, *Communication and Cooperation in Early Imperial China: Publicizing the Qin Dynasty*, Albany: State University of New York Press, 2014

Sawyer, Ralph D., with Mei-chün Sawyer, *The Seven Military Classics of Ancient China*, Translation and Commentary, Boulder, Col: Westview Press, 1993

Segalen, Victor, 'Premier Exposé des résultats archéologiques, in *Œuvres Complètes: Cycle Chinois*, pp. 915–81

——, *Œuvres Complètes: Cycle Chinois; Cycle Archéologique et Sinologique*, Paris: Robert Laffont, 1999

——, *Les Origines de la statuaire de Chine*, Paris: Minos, La Différence, 2003

——, *Correspondance I: 1893–1912*, Paris: Arthème Fayard, 2004

——, *Correspondance II: 1912–1919*, Paris: Arthème Fayard, 2004

Selby, Thomas G., *Chinese Archery*, Hong Kong: Hong Kong University Press, 2000

Shaughnessy, Edward L., 'Western Zhou History', in Loewe and Shaughnessy, *The Cambridge History of Ancient China*, pp. 292–351

Shelach, Gideon, 'Collapse or Transformation? Anthropological and Archaeological Perspectives on the Fall of Qin', in Pines et al., *Birth of an Empire*, 2014, pp. 113–38

Sivin, Nathan, *Chinese Alchemy: Preliminary Studies*, Cambridge, Mass.: Harvard University Press, 1968

——, 'The Theoretical Background of Elixir Alchemy', in Joseph Needham, *Science and Civilisation in China*, vol. V: *Chemistry and Chemical Technology, Part IV: Spagyrical Discovery and Invention: Apparatus, Theories and Gifts*, Cambridge: Cambridge University Press, 1980

——, *Medicine, Philosophy and Religion in Ancient China: Researches and Reflections*, Aldershot: Variorum, 1995

Les Soldats de l'Éternité: l'armée de Xi'an (catalogue of exhibition held 15 April–14 September 2008), Pinacothèque de Paris, 2008

Steele, John (trans.), *The I-Li or Book of Etiquette and Ceremonial*, 2 vols, London: Arthur Probsthain, 1917

Steinhardt, Nancy S. (ed.), *Chinese Architecture*, New Haven and London: Yale University Press, 2002

秦始皇帝陵博物院，《秦始皇帝陵园考古报告（2009—2010）》，北京：科学出版社，2012

孙伟刚，《戏、丽邑与丽山园》，《考古与文物》，2009 年第 4 期，

第 67—71 页

Thieme, Cristina, 'Paint Layers and Pigments on the Terracotta Army', in Wu et al., *The Polychromy of Antique Sculptures*, pp. 52–7

田亚岐,《秦都雍城布局研究》,《考古与文物》, 2013 年 5 月, 第 63—71 页

Torday, Laszlo, *Mounted Archers: The Beginning of Central Asian History*, Edinburgh: Durham Academic Press, 1997

Tschepe, Albert, *Histoire du Royaume de Ts'in (777–207 av. J.-C.)*, Shanghai: Imprimerie de la Mission Catholique, 1909

Twitchett, Denis and Fairbank, John K. (eds), 'The Ch'in and Han Empires, 221 B.C.–A.D. 220', in Denis Twitchett and Michael Loewe (eds), *The Cambridge History of China*, vol. I, Cambridge: Cambridge University Press, 1986

Unschuld, Paul U., *Medicine in China: A History of Ideas*, Berkeley: University of California Press, 1978

——, *Huang Di nei jing su wen: An Annotated Translation of Huang Di's Inner Classic – Basic Questions*, vol. I, Berkeley: University of California Press, 2011

Waldron, Arthur, *The Great Wall of China: From History to Myth*, Cambridge: Cambridge University Press, 1990

Wang, Eugene Y., 'Ascend to Heaven or Stay in the Tomb?', in Olberding and Ivanhoe, *Mortality in Traditional Chinese Thought*, pp. 37–84

——, 'What Happened to the First Emperor's Afterlife Spirit?', in Liu

Yang (ed), *China's First Emperor*, pp. 210–27

——, 'Afterlife Entertainment: The First Emperor's Tomb', in Liu Yang, *Beyond the First Emperor's Mausoleum*, pp. 59–95

Wang, Hui, 'On the Issues Relevant to the Majiayuan Cemetery in Zhangjiachuan County', *Chinese Archaeology*, 11 (2011), pp. 60–4

Watson, Burton (trans.), *Records of the Grand Historian. Qin Dynasty, by Sima Qian*, New York: Columbia University Press, 1993

——, *Records of the Grand Historian: Han Dynasty I, by Sima Qian*, revised edn, New York: Columbia University Press, 1993

——, *Records of the Grand Historian: Han Dynasty II, by Sima Qian*, revised edn, New York: Columbia University Press, 1993

Watson, William, *The Arts of China to AD 900* (Pelican History of Art), New Haven and London: Yale University Press, 1995

Wheatley, Paul, *The Pivot of the Four Quarters: A Preliminary Enquiry into the Origins and Character of the Ancient Chinese City*, Edinburgh: Edinburgh University Press, 1971

Wiens, Harold J., 'The Shu Tao or Road to Szechwan', *Geographical Review*, 39:4 (October 1949), pp. 584–604

Wu, Hung, *Monumentality in Early Chinese Art and Architecture*, Stanford: Stanford University Press, 1995

——, 'The Art and Architecture of the Warring States Period', in Loewe and Shaughnessy, *The Cambridge History of Ancient China*, pp. 651–744

Wu, Yongqi; Zhang, Tinghao; Petzet, Michael; Emmerling, Erwin; and Blänsdorf, Catharina (eds), *The Polychromy of Antique Sculptures and the Terracotta Army of the First Chinese Emperor: Studies on Materials, Painting Techniques and Conservation*, Paris: ICOMOS, 2001

Xiuzhen, Janice Li; Bevan, Andrew; Martinón-Torres, Marcos; Rehren, Thilo; Cao, Wei; Xia, Yin and Zhao, Kun, 'Crossbows and Imperial Craft Organisation: The Bronze Triggers of China's Terracotta Army', *Antiquity*, 88 (2014), pp. 126–40

Xiuzhen Li; Bevan, Andrew; Martinón-Torres, Marcos; Xia, Yin; and Zhao, Kun, 'Marking Practices and the Making of the Qin Terracotta Army', *Journal of Anthropological Archaeology*, 42 (June 2016), pp. 169–83

Xu, Pingfang, 'The Archeology of the Great Wall and Han Dynasties', *Journal of East Asian Archeology*, 3:1–2 (2001), pp. 259–81

许卫红等,《秦始皇帝陵一号兵马俑陪葬坑 2009—2011 年发掘简报》,《文物》, 2015 年第 9 期, 第 4—38 页

秦始皇帝陵博物院,《秦始皇帝陵一号兵马俑陪葬坑发掘报告 (2009—2011 年)》, 北京: 文物出版社, 2018 年

徐卫民,《秦都城研究》, 西安: 陕西人民教育出版社, 2000 年

——《秦始皇与兵马俑》, 上海: Better Link Press, 2006 年

徐卫民、雍际春主编,《早期秦文化研究》, 西安: 三秦出版社, 2006 年

Yang, Xiaoneng (ed.), *New Perspectives on China's Past: Chinese Archaeology in the Twentieth Century*, New Haven and London: Yale University Press, 2004

Yates, Robin D. S., 'The Rise of Qin and the Military Conquest of the Warring States', in Portal, *The First Emperor*, pp. 31–57

——, 'Soldiers, Scribes and Women: Literacy among the Lower Orders in Early China', in Li and Branner, *Writing & Literacy in Early China*, pp. 339–69

Yin, Xia; Ma, Qinglin; Zhang, Zhiguo; Liu, Zhendong; Feng, Jian; Shao, Anding; Wang, Weifeng; and Fu, Qianli, 'Development of Chinese Barium Copper Silicate Pigments during the Qin Empire Based on Raman and Polarized Light Microscopy Studies', *Journal of Archaeological Science*, 49 (2014), pp. 500–9

袁仲一,《秦始皇陵考古发现与研究》, 西安: 陕西人民出版社, 2002 年

——, *China's Terracotta Army and the First Emperor's Mausoleum: The Art and Culture of Qin Shihuang's Underground Palace*, Paramus, NJ: Homa & Sekey Books, 2011

——《秦兵马俑的考古发现与研究》, 北京: 文物出版社, 2014 年。

刘庆柱, 李毓芳,《秦汉栎阳城遗址的勘探和试掘中》,《考古学报》, 1985 年, 第 3 期, 第 353—389 页

Zhang, Boduan; Liu, Yiming; and Cleary, Thomas F., *Understanding Reality: A Taoist Alchemical Classic*, Honolulu: University of Hawaii

Press, 1987

张天恩，《陕西长安神禾塬战国秦陵园遗址田野考古新收获》，《考古与文物》，2008 年，第 5 期，第 111—112 页。

张卫星，《礼仪与秩序：秦始皇帝陵研究》，北京：科学出版社，2016 年

Zhao, Huacheng, 'New Explorations of Early Qin Culture', in Pines et al., *Birth of an Empire*, pp. 53–70

Zhaolin Gu; Luo, Xilian; Meng, Xiangzhao; Wang, Zanshe; Ma, Tao; Yu, Chuck; Rong, Bo; Li, Ku; Li, Wenwu; and Tan, Ying, 'Primitive Environment Control for Preservation of Pit Relics in Archeology Museums of China', *Environmental Science and Technology*, 47 (2013), pp. 1504–9

Zhou, Xiuqin, 'The Mausoleum of Emperor Tang Taizong', *Sino-Platonic Papers*, No. 187, April 2012, http://www.sino-platonic.org/complete/spp187_taizong_emperor.pdf

致　谢

　　首先，我要感谢陕西省文物局的局长和高级工作人员，他们负责监督省内所有的博物馆和考古遗址，包括现在的秦始皇帝陵博物院（下文称为"帝陵博物院"）和西安市内宏伟的陕西历史博物馆：陕西省文物局原局长赵荣、现任陕西省文物局局长罗文利、文物交流合作处处长张彤和副处长刘永正、帝陵博物院院长侯宁彬。副主任刘珺在安排采访和访问考古遗址时提供了大力支持。此外，在博物院工作了30年的官方摄影师张天柱提供了一些最新的图片。

　　帝陵博物院的考古工作部主任张卫星教授非常热情地讨论原有的和新出现的未解之谜，并且亲自前往陵墓附近的主要遗址；他的最新相关著作《礼仪与秩序》中文版于2016年年末出版，书中提供了很多启发性的新想法，本书中有所论及。帝陵博物院的考古工作部副主任申茂盛也在长时间的讨论中提出自己的见解，并且提供了一本他本人编写的、2017年出版的有关1号坑最新发掘的书籍。科研规划部主任朱学文、帝陵博物院总工程师周铁提供了不懈的帮助，文物保护部主任夏寅提供了最新研究成果资料，尤其是他本人对颜料领域的专业研究成果。原陕西省考古研究所秦始皇陵考古队长段清波后为西安西北大学教授，他提供了数篇他翻译的相关论文，坦诚地探讨一些新的想法和假设。他对秦始皇的相关研究的无限热情本身就是一种极大的鼓舞。更早的考古队长、博物院名誉院长袁仲一教授也是如此热情，在对秦始皇兵马俑进行了四十多年的辛勤研究之后依然热情不减；他个人的相关回忆和出版物就是重要的信息来源。事实上，本段中提到的每位专家都兢兢业业地研究秦始皇陵兵马俑数十载，他们的研究和出版资料为我们现在对秦始皇陵兵马俑的认知奠定了基础。

陕西省考古研究院的主要考古学家也慷慨地贡献了他们的时间和文献，特别是汉代研究专家和所长焦南峰，他负责发掘汉景帝的墓群（2017 年他是哈佛燕京研究所的一名客座教授）。此外，还有秦代专家张天恩教授，他发掘了秦始皇祖母陵。我还要感谢另一位曾任帝陵博物院研究员的徐卫民教授，他出版了一部论述秦朝早期都城的专著，影响深远。他热情地提供他珍藏的书籍，很多书籍现在已经很难找到。凤翔县（即以前的雍城）宝鸡先秦陵园博物馆馆长景宏伟在我访问期间分享了在该遗址工作十年所获得的专业知识，是一位极富耐心的导游。

维也纳大学艺术史系教授卢卡斯·尼克尔斯向我提供了他 2013 年发表的一篇文章，内容是关于秦始皇和雕塑。伦敦大学学院考古研究所的马科斯·马提侬·托雷斯教授提供了他自 2006 年以来协调的项目的对话记录，"帝国后勤保障：兵马俑的制成"，以及一些极好的照片。慕尼黑大学的凯瑟琳娜·布兰斯多夫博士提供了她在分析古代色彩颜料方面的重要工作成果，然后创造出武士模型来验证她的假设。其他提供友好和建设性帮助的专家包括阿什维尔的北卡罗莱纳大学的侯格睿教授，以及哈佛大学艺术史与建筑史系的汪悦进教授。

特别感谢北京中国研究中心主任吉姆·凯梅神父。北京中国研究中心是闹市中幽静的避风港。他允许我借阅该中心安东藏书室珍藏的三万木有关中国的英文原版书籍，其中有很多珍本和大家之作。此外，我也特别感谢2017年2月卸任的研究所主任阿曼达·贝瑞博士，以及图书管理员希瑟·臭布雷。

感谢苏珊娜·李尔为《秦俑两千年》这部书的最初创作提出了重要的意见和建议！

感谢我的代理人迈克尔·阿尔科克和出版商，韦登菲尔德和尼科尔森出版公司的阿兰·萨姆森！感谢他们对于此书出版的极大热情！感谢本书的编辑露辛达·麦尼尔和设计师海伦·尤因，感谢他们为此书做出的图片设计！感谢审稿编辑彼得·詹姆斯帮我修改文稿！

最后，我想要感谢我的朋友和合作伙伴，西安的王友群（英文名Wilson）。感谢他在我最初提出撰写此书时的大力支持以及后期的会议促成及后勤援助！